Otto F. Best: Peter Weiss

OTTO F. BEST

Peter Weiss

VOM EXISTENTIALISTISCHEN DRAMA

ZUM MARXISTISCHEN WELTTHEATER

EINE KRITISCHE BILANZ

FRANCKE VERLAG BERN

UND MÜNCHEN

Die Arbeit an dieser Studie wurde vom *General Research Board* der *University of Maryland* durch ein Forschungsstipendium gefördert, wofür an dieser Stelle nachdrücklich gedankt sei.

«Tatsächlich gibt es nicht ‹eine› unserer
Handlungen, die, indem sie den Menschen schafft, der wir sein wollen, nicht
gleichzeitig ein Bild des Menschen
schafft, so wie wir meinen, daß er sein
soll.»
J.-P. Sartre, *L'Existentialisme est un
Humanisme.*

«Habt ihr die Welt verbessernd die
Wahrheit vervollständigt, so vervollständigt die vervollständigte Wahrheit.»
Bertolt Brecht, *Das Badener Lehrstück
vom Einverständnis.*

Vorbemerkung

«Meine eigene Entwicklung zum Marxismus hat viele Stadien durch-
laufen, von surrealistischen Experimenten, von Situationen des Zweifels, der Skepsis und der absurdistischen Auffassung aus bis zur radikalen politischen Stellungnahme.» Dieser Satz, 1967 geschrieben,
steht in einem Brief an den Tschechoslowakischen Schriftstellerver-
band[1]. Er charakterisiert den Weg des Autors Peter Weiss von der
egotistisch-autistischen Nabelschau zur politischen Aktion innerhalb
des Kollektivs, vom existentialistischen Drama zum marxistischen
Welttheater. Auseinandersetzung mit etablierten, seine frühe Existenz bestimmenden Werten führte bei ihm zu Wertfreiheit und
schließlich zu neuer Wertbezogenheit. Die Peripetie, auf der Bühne
bloßgelegt, bildet der Dialog zwischen Marat und Sade. Sades Wort,
daß nie andere Wahrheiten zu finden seien «als die veränderlichen
Wahrheiten der eigenen Erfahrungen» (D 1,184)[2], bis dahin gültig,
wird nunmehr bezweifelt. Selbstanalyse, Analyse, die auch den totalen, Geist wie Leib befreienden Anspruch der Revolution in seiner
Widersprüchlichkeit durchschaute, führte zu politischer Stellungnahme und Beurteilung der gesellschaftlichen Verhältnisse unter dem
Blickwinkel des historischen Materialismus. Die ästhetisch-philoso-
phische Entwicklung des Autors suchte zur Freiheit im subjektiven
Erlebnis und formalen Experiment die totale Freiheit im Politischen.
Läßt sich beides, Psychoanalyse und Politik, Individuum und Kollektiv, Ästhetik und Aktion miteinander verbinden? Oder bedeutet der
Kampf für das eine nicht zwangsläufig den Verzicht auf das andere,
wie die politisch-philosophische Diskussion zwischen Sade und Marat
zeigte? Welcher Preis wird für die Erlösung aus der Verlorenheit,
für die «Sinn»-gebende Aufnahme ins Kollektiv bezahlt? Die folgende «kritische Bilanz», erste Gesamtdarstellung von Weg und
Werk des Schriftstellers Peter Weiss, will versuchen, eine Antwort
auf diese Fragen zu formulieren.

Das Œuvre von Peter Weiss, gegründet in Selbstdarstellung und
Selbstanalyse, bildet eine Einheit; es präsentiert sich als dichterisches
Selbstbekenntnis in einer Geschlossenheit, die das Ergebnis konse-
quenter Ausformung bestimmter, bis in die frühen Anfänge des
Autors zurückzuverfolgender Themen, Motive und Strukturen ist.
Persönliche Existenz, Biographie und schriftstellerische Arbeit sind in

seinem Falle mithin auf geradezu extreme Weise miteinander ver-
flochten. «Ich konnte mir keine Regeln für meine Arbeit denken»,
heißt es in *Fluchtpunkt*. «Das Spiel mit frei erfundenen Figuren erschien mir wie eine Konstruktion, eine Notlösung. Ich wollte mich
nicht aufteilen in fingierte Personen und meine Angelegenheiten von
Fürsprechern austragen lassen, sondern nach dem Dieb, dem Krämer,
dem Gewalttäter, dem Scheinheiligen, dem Weltverbesserer, dem
Gleichgültigen und tausend anderen Kostümierungen in mir selbst
suchen (F 166). Seine «Arbeit» sei «Teil» seines «täglichen Lebens»,
sagt Peter Weiss von sich, er könne sich «keine abgesonderten Kunst-
werke denken, nur einen unmittelbaren Ausdruck für eine gegen-
wärtige Situation, für eine fortlaufende Veränderung und Umwer-
tung», und deshalb gebe es für ihn «nur ein Journalführen ... ein
Aufzeichnen von Notizen, Skizzen, Bildstadien ... doch nie diese
Bremsklötze eines Romans, eines durchgeführten Bildes» (F 167).
Von einem Gegensatz zwischen «frühem» und «spätem» Weiss zu
sprechen, wäre also ein Fehler, obwohl manches für eine solche Zäsur
sprechen mag, da die prae-maratschen Arbeiten als Bedingung der
Möglichkeit der post-maratschen zu nehmen sind, der Wunsch nach
einer «eindeutigen, exakten Welt» (F 38) aus der Erfahrung von
Qual und Zerrissenheit verständlich wird. Die Worte, die er Strindberg widmete, treffen nicht weniger auf ihn selber zu: «Er wagt es,
den inneren Widerstreit auszusprechen, er wagt es, sich in seinen
Gegensätzen zu zeigen» (R 76). Aber was ihn von dem folgenrei-
chen Schweden radikal unterscheidet: Strindberg hatte die Fähigkeit,
«das Erreichte zu widerrufen», sich zu revidieren, Peter Weiss fehlt
sie. Mit entelechischer Konsequenz ging er seinen Weg, eigensinnig
und starr, einen Weg, der ihn schließlich in ein geistiges Niemandsland führte. Der Wechsel von privater Problematik zu politischer,
der Übergang von der Surrealgroteske zum sogenannten politischen
Dokumentationstheater vollzog sich in einem Prozeß, der den Dichter schließlich wieder als Sänger höherer Ordnungen inthronisierte.
Analyse führte zur Befreiung: aber der Geheilte fühlt sich zum Kün-
der berufen. Die Worte, mit denen er die Veränderung fordert, seiner
Zeit ein Metanoeite zuruft, tönen hohl und sind es.

Ein Muster liegt der Entwicklung vom *Turm* zum *Viet Nam Diskurs*, ja, zu *Trotzki im Exil* zugrunde, das sich mit dem Dualismus,
den Antithesen passiv–aktiv, Sohn–Vater, Vergewaltigung–Befreiung, Opfer–Henker, Individualist–Revolutionär, Unterdrücker

–Unterdrückter, Ausgebeuteter–Ausbeuter annäherungsweise umschreiben läßt. Diese gegensätzlichen Begriffe, in denen öffnende Objektivierung subjektiv-privater Problematik zu einem größeren, weltgeschichtlichen Zusammenhang hin erkennbar ist, fassen ein Spannungsfeld, das von Zeichen der Gewalt, der Obsession beherrscht ist. Von der phantastischen Welt stummer Bedrohung in *Der Schatten des Körpers des Kutschers* führt der Weg nach Analyse und Benennung jener Qual, Ekel und Isolation bedingenden und die Notwendigkeit von Revolte und Aufbruch begründenden Kräfte über das *Marat*-Stück zur fragenden Konfrontation von Opfer und Henker in *Die Ermittlung* und *Viet Nam Diskurs*, wo die Spannung ideologisch gedeutet und in einen größeren, eindeutigeren Dualismus einbezogen wird. An die Stelle der psychologischen, im Biographischen verankerten Frage nach der möglichen Identität von Lamm und Wolf, die angesichts der alptraumhaften Katastrophe in unserem Jahrhundert die Frage schlechthin ist, treten die politischen Themen von Unterdrückung als einer in einem Gesellschaftssystem begründeten Erscheinung und von Widerstand gegen diese Unterdrückung. Es zeigt sich, daß im Werk Peter Weiss', chronologisch betrachtet, ein Prozeß sich spiegelt, in dem die Antithesen zu Lösung und Versöhnung in einer postrevolutionären Utopie der Solidarität und Identität drängen.

ERSTER TEIL

Fesselung als Befreiung

Der Turm

«Ich bin hier, um mich auszubrechen.»
(D 1, 13)

Völlig zu Unrecht wird der als Hörspiel konzipierte Einakter *Der Turm* als *quantité négligeable*, als Jugendsünde des späteren Autors von *Marat/Sade* abgetan. 1948 an einer Experimentierbühne in Stockholm aufgeführt und von der Presse recht negativ beurteilt, liegt das Stück erst seit 1963 gedruckt vor. Gewiß, es ist der früheste uns zugängliche dramatische Versuch von Peter Weiss und, wie sich zeigen wird, mit den schwer zu übersehenden Mängeln des Erstlings behaftet, aber es dürfte, dessen ungeachtet, wertvoll sein für unser Verständnis der Entwicklung des Schriftstellers Peter Weiss und die Ausformung eines Werks *sui generis*. Wo das Stück zur Kenntnis genommen wurde, hat man es mißverstanden, vor allem den Schluß falsch gedeutet[1] und es unter Berufung auf Peter Suhrkamp, dessen Stellungnahme absolut setzend, in Bausch und Bogen verworfen. Dieses Verfahren ist doppelt fragwürdig, da Peter Suhrkamps Äußerung zu dem früheren unveröffentlichten Stück *Der Vogelfreie*[2], die man als angeblich treffende Parallele heranzieht, an die Perspektive des Verlegers gebunden ist, der nun einmal auch an Publikum und «Konsumierbarkeit» denkt und zu denken hat. Für den Literaturkritiker spielt diese Komponente keine Rolle; er betrachtet das einzelne Werk im Kontext des Gesamtschaffens. Der hierdurch bedingte Stellenwert ist im Falle von *Der Turm* beträchtlich und rechtfertigt über den Primat des Chronologischen hinaus, daß wir unsere Betrachtungen mit diesem Stück beginnen.

Der Titel *Der Turm* verweist auf Calderon und Hofmannsthal wie auf W. B. Yeats. Doch Anklang oder Anspielung scheinen vom Autor nicht intendiert zu sein; eine Beziehung, die über die vordergründige Tatsache der gemeinsamen Verwendung des Turmsymbols hinausginge, liegt nicht vor. Denn der Turm versinnbildlicht bei Peter Weiss nicht etwa das «Turmzimmer», von wo, wie Hofmannsthal sagt, der Schreibende die Welt überschaut, sondern meint die Gefängniszelle, den Turm, in den das seine Identität suchende Ich eingeschlossen ist. Thema des Stücks ist das Bewußtsein von Gefangenschaft und der Wunsch nach Befreiung, Loslösung von einer Gemeinschaft, die von Vergangenheitswerten und Tradition bestimmt ist, befreiende Selbsterfüllung in der eigenen Identität – ein Thema, das die Literatur des zwanzigsten Jahrhunderts vielfältig durchzieht.

Pablo, der Held, kehrt in den Turm, diese symbolische Örtlichkeit, zurück. Vor vielen Jahren hat er dort gelebt, im Kreis seiner Familie, die als Zirkusgemeinschaft gesehen und gedeutet wird. Aus seiner Vergangenheit, seiner Herkunft, war Pablo ausgebrochen, um sein Leben in die eigene Hand zu nehmen. Den Turm, die Welt des Turms im eigenen Innern war er jedoch nicht losgeworden. Grund für seine Rückkehr in den Sperrkreis der Eingeschlossenheit ist die Erkenntnis, die Überzeugung, daß er sich mit ihr auseinanderzusetzen hat, nicht einfach davonlaufen kann: nicht Flucht – Bewältigung, Verarbeitung der eigenen Vergangenheit – Befreiung, nicht als eskapistisches Überdecken, sondern als klärende Konfrontation, selbst auf die Gefahr definitiver Niederlage hin. Dem entsprechen Pablos Rollen im Zirkus des Turms: er begann als Balanceur, wurde dressiert wie ein Tier, welches unbewußt das von ihm Verlangte reproduziert, trat dann als Erhängungskünstler auf, der mit dem Tode spielte. Seine Ahnung von Freiheit definierte sich mithin *ex negativo*, da er der Freiheit, nur im Nachlassen des Würgedrucks, den der Strick ihm verursachte, inne wurde. Autoritäre, persönlichkeitszerstörende Erziehung, Dressur sind leicht in der ersten Nummer zu erkennen, die Antwort darauf im Spiel mit Tod und Selbstmord in der zweiten. Die dritte Nummer, derentwegen Pablo zurückgekehrt ist in die Zirkus-«Familie», soll ihm Befreiung bringen: er will als Entfesselungskünstler auftreten, sich zum Leben, zu sich selbst, befreien. «Ich bin hier, um mich auszubrechen» (D 1,13).

Als odysseeischer Nemo, als «Niente», Nichts, tritt Pablo «spät nachts» – aber es «hätte noch später werden können» (D 1,9) – in den Turm ein, um sich durch den beabsichtigten Akt endgültiger Befreiung den eigenen Namen zu verdienen. Der Autor macht sich die uralte Vorstellung zunutze, daß die Identität eines Menschen sich in seinem Namen ausspricht, Namenlosigkeit gleichbedeutend ist mit Identitätsverlust oder der Suche nach Identität. Zurückgelassen im Gefängnis hatte Pablo sein Alter ego, Carlo, der hier Pablos Weiterexistenz im Turm als Gefangener versinnbildlicht, die Unentrinnbarkeit im Falle des Verzichts auf klärende Auseinandersetzung. Statt der Aktion Pablos sucht er Ausweg und Ersatz in der Pantomime oder, besser gesagt, in der Kunst, im Ästhetischen.

Als bestimmende Figur der Welt, der «Zwingburg» des Turms, die von Echoeffekten, von Uhrenticken, die das Gleichmaß, das ewige Sichgleichbleiben andeuten, erfüllt ist, erscheint der Zauberer. In ihm «verkörpert sich alles Todessüchtige», er, «scheinbar beschäftigungslos, ist die stärkste Macht des Turms» (D 1,259). Der Tod als ständig anwesende, mögliche Alternative zur Gefangenschaft. Leiden an der Zeit als Gefangener, Flucht aus der Zeit, als Selbstmörder, oder Aktion gegen die Zeit, als Revolutionär – das sind die existenziellen Möglichkeiten, wie sie im Werk von Peter Weiss, mehr oder weniger direkt, zur Diskussion und Darstellung gelangen. Wieder streckt der Zauberer nach Pablo, der zurückgekehrt ist, die Hand aus, lockend sucht er ihn einzuspannen in den Dressurakt, doch der einstige Balanceur weiß jetzt, wie die Welt draußen aussieht, er besitzt nun andere Maßstäbe. Auch wenn er nur «äußerlich» draußen war, da er «innerlich» nie wirklich freikam, fühlt er sich verändert.

Völlig unverändert ist indessen das Innere des Turms, die Tatsache bestätigend, die charakteristisch ist für die Frühphase im Schaffen von Peter Weiss, daß der Mensch als Einzelner sich lösen kann von seiner Umwelt, daß er sich in sich selbst zurückziehn, sich wandeln und im Wandel finden kann, daß er das soziale Gehäuse, in das er geboren wird und wo er aufwächst, jedoch zu nehmen hat, wie es ist, als etwas Unwandelbares. In einer Traumszene, der zweiten Ebene des bereits in einem traumhaften Zwischenreich, der Welt der inneren Vorstellung, der Wirklichkeit von Erinnerung und Vision spielenden Stücks, wird die Atmosphäre tyrannischen Familienlebens wiederbeschworen, dem Pablo sich durch die Flucht entzogen hatte: «Da ist der Direktor und die Verwalterin. Unter ihren Händen ist er aufgewachsen. Von ihnen ist er dressiert worden zu einem Artisten in der Zirkusvorstellung des Turms» (D 1,259). Er bedauert sie; ob er um ihretwillen hierhergekommen sei, fragt er sich. Die Antwort: «diese beiden Alten – was hab' ich mit denen zu tun?» (D 1,13). Die «Verwalterin» schlug ihn, unterdrückte ihn. «Als mir zum ersten Mal der Ball bewußt wurde, auf dem ich stand, da war ich schon fertig dressiert» (D 1,15). Von «draußen» durfte er nichts wissen, wenn er fragte, legten die Alten «den Finger auf den Mund» (D 1,15). «*Hier* haben wir unsere Arbeit und *hier* bleiben wir. Erst mußt du mal zeigen, daß du was kannst. Daß du deine Aufgaben beherrschst. Erst deine Pflichten erfüllen!» (D 1,15). Ordnung, Pflicht, Berufung auf Tradition, Forderung nach Disziplin, Unterwerfung, Einordnung

(D 1,21). Wir haben nur «dein Bestes» gewollt, heißt es. «Wenn du einmal daran denken würdest, was wir für eine Mühe mit dir gehabt haben» (D 1,23). Verpflichtung zu Liebe und Dankbarkeit sind denn ein ständiger Druck, der auf dem jungen Menschen lastet. Er, der in Aufruhr ist, hinausstrebt, sich nicht unterkriegen lassen will, leugnet die «Blutsbande» (D 1,14), wehrt sich gegen das Faktum «Mutter», dagegen, daß er «hier geboren» (D 1,14) ist, will seine Eltern aus sich «herausreißen» (D 1,17), die in ihn, der «offen» für sie war, «eingedrungen» sind (D 1,17). Ein Selbstmordversuch, die Versuchung des Zauberers, scheitert; der Zauberer, das Todessüchtige im Menschen, lehrte ihn, daß man «sich töten mußte, wenn man freikommen wollte» (D 1,16). Daneben aber gab es noch eine andere Stimme in ihm, die ihn hinauftrieb auf den Dachboden, wo er durch ein Fenster das Draußen, die Welt mit ihren Möglichkeiten der Verwirklichung sah. Todessucht aus Verzweiflung und Lebenstrieb aus Neugier, komplementäre Kräfte, stehen einander gegenüber. Mit dem Löwen des Zirkus, Sinnbild des unbändigen, aber eingekerkerten, gefesselten Lebens, wagt er die Flucht. An die Stelle resignierender Todessehnsucht tritt das Abenteuer mit dem wilden starken Leben, was deutlich dadurch wird, daß der Löwe in dem Augenblick stirbt, von des Zauberers Hand erlegt, als Pablo die Freiheit, die äußere zwar nur, erreicht hat. So wird später auch Carlo in dem Augenblick verschwinden, als es Pablo gelingt, sich der Fesseln zu entledigen. Wie der Löwe das Leben symbolisiert und der Turm die Unfreiheit, so Nelly die Liebe, die fordernde, selbst Teil des Gefängnisses bildende Liebe. Hieraus wird verständlich, daß Pablo sich Nelly, dem «Gespenst der Liebe» (D 1,259), zunächst verweigert, nach ihrem Tod aber «jede Nacht» (D 1,18) bei ihr war in einer offenen, faktisch von Bindungen ledigen Liebe, während Carlo, sein Alter ego, «bei ihr in den Nächten» (D 1,18) war und solcherart doppelte Bindung erfuhr. Zurückgeblieben im Turm, wo die alles beherrschende Tradition nicht etwa Solidarität stiftet, sondern Einsamkeit, Fremdheit (D 1,22), ist nach Pablos Flucht Carlo mit seinen «echten, tieferlebten Gefühlen» (D 1,30) als Ersatz für Freiheit und Aktion; die Rolle des Löwen wurde vom Zwerg übernommen, der als verkrüppeltes Leben, steril, devot geworden, eine Möglichkeit in Carlos und damit Pablos Existenz darstellt. So ungefährlich ist die Lebenskraft in seiner Gestalt geworden, zahnlos und vom Draußen unverführbar, daß er den Turm jederzeit verlassen darf.

Schließlich kommt es zu Pablos großem Auftritt im Zirkus, dessentwegen er in den Turm zurückgekehrt ist. Der Ausbrecher Niente wird vor den Augen des Publikums von Zwerg und Zauberer, den «altbewährten Kräften» des Zirkus, wie es in der Ansage heißt (D 1,28) gefesselt. Während Pablo sich müht, seine Fessel zu lösen, eine Anstrengung, die längere Zeit in Anspruch nimmt als vorgesehen, weshalb das Publikum ungeduldig wird, führt man parallel zu Pablos Entfesselungsakt die folgenden Nummern vor, in denen sich die Alternative zu Pablos Befreiung spiegelt: Carlo tanzt seine Gefühle: Liebe, Furcht, Demut, Hingabe (D 1,30), Sklaventugenden, wie Nietzsche sagen würde, die ganz auf Erhaltung des *status quo* in der Welt ausgerichtet sind; der Spiegelfechter führt ein «Duell mit sich selbst» vor, siegt über sich selbst (D 1,31), die Dompteuse bietet eine Dressurnummer, und zwischendurch beschreibt der Zauberer, «hastig wie ein Ansager», den Kampf des Ausbrechers, den «Mächte» gebunden haben, «von deren Stärke er nichts geahnt hatte» (D 1,31). Und in dem Maße, wie Pablo sich freiarbeitet, geht das Tor auf, die Welt draußen dringt herein. «Plötzlich bricht ein Wirbel von Karussellmusik, Fanfaren, singenden Stimmen, Glocken, Klingeln, Autohupen, Motorendröhnen in den Raum» (D 1,31). Am Ende ist Carlo frei, der Turm versinkt, mit ihm die lähmende Tradition, die Vergangenheit, und Pablo erhebt sich.

Seltsamerweise ist gerade diese im Stil einer Sportreportage konzipierte Entfesselungsnummer Anlaß zu Mißverständnissen gewesen. Die Befreiung führt keinesfalls zum Tod, zum Selbstmord wider Willen – sie schafft Veränderung und damit Vergangenheit – «alles ist Vergangenheit – ich bin frei» (D 1,33) –, öffnet Pablos Sein zum Leben, zur Existenz, läßt zum «Sein» die «Zeit» treten. «Der Turm – wo ist der Turm» (D 1,33), ist Pablos letzte Frage. Befreiung als Geburt, sie könnte nicht eindeutiger demonstriert werden. «Man muß schon frei sein, bevor man anfängt. Das Ausbrechen ist dann nur eine Beweisführung» (D 1,10), hieß es zu Anfang des Stücks. Der Anklang an existentialistische Gedankengänge ist unverkennbar.

Es könnte mithin um das existentielle Seinkönnen zur «Eigentlichkeit» gehen, so wir uns der fundamental-ontologischen Terminologie Heideggers bedienen. Daß Peter Weiss sich mit *Sein und Zeit* befaßt hat, ist nicht anzunehmen. Die Gedanken Sartres dürften ihm indes, wie wir aus *Fluchtpunkt* wissen (F 191), vertraut gewesen sein, als er das Stück *Der Turm* schrieb. Pablo ist in der Situation dessen, der seine

17

Gegenwärtigkeit auf die Zukunft und ihre Möglichkeiten hin über-
schreiten, sie zur Vergangenheit machen, den «Turm» hinter sich lassen
und er selbst werden will. Es kann kaum Zweifel bestehen, daß das
Drama *Der Turm* dem Existentialismus Sartrescher Prägung verpflichtet ist, auch wenn wir einschränkend sagen müssen, daß unseren
Überlegungen zwangsläufig etwas Hypothetisches anhaftet. Pablo
kehrt freiwillig in den Turm zurück, steht dort «frei in der fremden
und doch eigenen Situation»[3]. Er bestätigt seine Freiheit, indem er
sich engagiert, «sich zur Situation entschließt, sich in ihr bindet»[4].

Wir hatten gehört, daß das Binden als «Fesseln» und «Entfesseln»
auf bildhafte Weise in Erscheinung tritt. Auch Sartres Orest (*Les
Mouches*) kehrt als Fremder an die Stätte seiner Geburt zurück. Er
bestätigt seine Freiheit, indem er sich bindet, auf seine Freiheit als
freier Mensch verzichtet. Durch Pablos existentialistisch motivierte,
als analytisches Drama vollzogene Rückkehr in die eigene Vergangenheit wird ihm das eigene Leben zum Gegenstand, er erlebt es noch
einmal wie später Sade einen Aspekt des seinen in Marat.

«Der Mensch ist nichts anderes als sein Entwurf, er existiert nur in
dem Maße, in dem er sich verwirklicht», heißt es in Sartres Essay
L'Existentialisme est un Humanisme. Das bedeutet: er «ist nichts
anderes als wozu er sich macht». Die Freiheit seiner Wahl zwingt
ihn, sich zu «machen» statt zu «sein», d. h. die Existenz kommt vor
der Essenz, Dasein vor Wesen. Der Mensch «entwirft» sich selbst in
Freiheit und Verantwortlichkeit.

Deuten wir die «Zwingburg» des Turms als eine Welt des «An-
sich», starr, «unveränderlich» (D 1,27), in Übereinstimmung mit
sich selbst, ohne Vergangenheit, in der die Uhren schlagen, ohne Zeit
zu künden, denn der «ganze Turm ist voll von Zeit» (D 1,29), «end-
los», «immer schon», als «Welt der Anderen», so steht in einem
Spannungsverhältnis zu ihrer Geschlossenheit das «Für-sich» als
Entwurf eigenen Seins, das Pablo zu erreichen sucht. Sein «Für-sich»
als Entwurf nach «Draußen», in die Zukunft, ist bedingt durch
«Nichtung» der eigenen Vergangenheit, die zugleich die Gegenwart
des Turms ist. Die Wirklichkeit entsteht durch Aktion, die Vergangenheit schafft, d. h. die Gegenwärtigkeit überschreitet und zum
«An-sich» werden läßt. Deshalb kann Pablo zum Schluß sagen: «Die
Peitsche trifft mich nicht – nichts mehr hier kann mich anrühren –
alles ist Vergangenheit – ich bin frei» (D 1,33). Angst bestimmte sein
Leben zuvor. «In der Angst ergreift der Mensch das Bewußtsein sei-

ner Freiheit, oder wenn man will, die Angst ist die Seinsweise der Freiheit des Bewußtseins des Seins, in der Angst ist die Freiheit in ihrem Sein sich selbst fraglich» (*L'Etre et le Néant*). «Aus Furcht vertraute ich mich dir an», sagt Pablo zum Zauberer, der die Möglichkeit des Nichts verkörpert. «Ich hatte Angst vor deinem weißen, reglosen Gesicht!» (D 1,12). Dennoch oder, besser, gerade deswegen kehrt er zurück. Die Angst, nicht ohne Grund gebraucht Peter Weiss den Begriff hier, verbindet Pablo mit dem Nichts, das die Möglichkeit zum Tode, zum Selbstmord genauso einschließt wie jene zur Freiheit des «Für-sich». Pablo findet zur «Wirklichkeit», weil er die Möglichkeit zur Freiheit durch «bindende» Aktivität erfüllt. Wie heißt es bei Schiller? «Ohne die Zeit, das heißt, ohne es zu werden, würde er (der Mensch) nie ein bestimmtes Wesen seyn; seine Persönlichkeit würde zwar in der Anlage, aber nicht in der That existieren⁵.»

Der dritte Teil von *L'Etre et le Néant* ist der Untersuchung der Beziehungen der «Für-sich-Seienden» zueinander gewidmet. Wie soll der Mensch, der sich zu wählen sucht, auszubrechen aus dem Turm, als individuelles Subjekt, das sich im «Für-sich» entwirft, existieren, ohne das Sein der «anderen» zu stören? Das Angewiesensein auf den Umgang mit den anderen erweist sich als Ur-Unglück für das Selbstsein: «Die Hölle, das sind die andern», wie es in *Huis Clos* heißt. Sartre nennt zwei fundamentale Verhaltensweisen: «Masochismus», der sich der Existenz des anderen unterwirft, «Sadismus», der sie negiert und beherrscht. Von dieser «pessimistisch-solipsistischen Grundhaltung» (Hans Heinz Holz) unterscheidet sich die dritte Möglichkeit, die Sartre in *L'Existentialisme est un Humanisme* erwähnt: die der universellen Gesetzgeberschaft: «Tatsächlich gibt es nicht ‹eine› unserer Handlungen, die, indem sie den Menschen schafft, der wir sein wollen, nicht gleichzeitig ein Bild des Menschen schafft, so wie wir meinen, daß er sein soll.» Hölle, der «Ort der Verdammnis», das «Inferno», ist einer der Schlüsselbegriffe im Werk von Peter Weiss. Die Hölle, das sind die anderen – ein anthropologisches Problem, das schließlich politische Deutung erfahren wird. Während für Pablo die Hölle «der Turm» ist, so später für Lenin (T 57) die vorrevolutionäre Gesellschaft. Auf die Erfahrens- und Verhaltensweisen von Masochismus, Sadismus, wie Sartre sie beschreibt, folgt die der universellen Gesetzgeberschaft des Marxismus. Entwicklungsstadien eines Autors? Die folgenden Analysen mögen Antwort sein.

Der Zauberer im *Turm*, hatten wir, im Einklang mit dem Autor gesagt, verkörpere alles «Todessüchtige», er sei die stärkste Macht im Turm. Wir sollten ergänzen: Zugleich steht er für die gesellschaftsbestimmenden Kräfte der Religion, des Mythos, die dem (bürgerlichen) Menschen fertige Denk- und Existenzschablonen anbieten und ihm, so er die bereitgestellte Hohlform annimmt und sich ihrer prägenden Gesetzlichkeit entsprechend verwirklicht, weitere Suche, weiteres Fragen nach der Identität überflüssig erscheinen lassen[6]. Zu ihnen, ihrer sedativen Macht, tritt der Funktionär, repräsentiert durch den Zwerg, Vertreter der verwalteten, angepaßten Welt, in der das Leben nur mehr in einer repressiven Erscheinungsform, d. h. als Krüppel, sichtbar wird. Beide Figuren sind typisch für das Innere des Turms. «Wie ich hier hereinkam», sagt Pablo, «war es, als käme ich in einen Brunnen. Diese faule, eingeschlossene Luft hier. Kein Fenster. Die Dachluke verrammelt. Jetzt sehe ich diesen Turm von innen» (D 1,27). Der Brunnen, das Sinnbild der Vergangenheit, ihrer Abgründigkeit. Zugleich ist er eine Gruft, «des Brunnens Gruft», daraus die Menschen «gegraben» sind, wie es in *Jesaja* 51,1 heißt. Der Tod, das angsteinflößende Nichts, dem Pablo seine hoffende, bindende Aktion entgegenstellt.

Suchen wir das Stück, das seine Geschlossenheit der Rückkehr und dem erneuten Aufbruch Pablos verdankt[7], in seinem Kern zu erfassen, entkleiden wir es seiner traum- und märchenhaften Gewandung, so bleibt als Gerüst eine Parabel. Konflikt der Generationen, Aufruhr des Sohnes gegen den Vater, Fortschritt gegen Beharrung, Selbstverwirklichung gegen die Macht der Tradition sind ihre Themen. «Ich war ein Teil von euch», sagt Pablo in einem imaginären Gespräch zu Direktor und Verwalterin, die in der verschlüsselten Welt des Turms für «die Eltern» stehen, «ein aufrührerischer Teil, der unterdrückt werden mußte – zugunsten des Turms» (D 1,24). Von hier aus gesehen, stellt das Stück eine Verkehrung der Parabel vom Verlorenen Sohn dar, die als Variante der ihr von Rilke im *Malte* gegebenen Deutung gelten kann. Pablo kehrt heim, aber nicht als reuiger Sohn, der den Teil der erhaltenen Güter mit Prassen durchgebracht hat. Vielmehr wird ihm sein Teil, sein Ich verweigert, und man kann sicher sein, daß er das Seine mehren würde. Der «Verlorene» Sohn kommt zurück als «unterdrückter» Sohn, der sein Recht, nicht Gnade fordert. In dieser Formel, in der Gestalt des *homme révolté*, wird uns das Thema greifbar, die Unterdrückung in ihren vielfältigen Formen, Grundthema, von dem Peter Weiss' Werk geprägt ist. Familienvater – Monarch (*Marat/Sade*, D 1,180) – Kolonialherr als Erscheinungsformen des «Vaters». Der Autor hat das Motiv vom Verlorenen Sohn übrigens noch zweimal aufgegriffen: in *Abschied* (A 138) und *Fluchtpunkt* (F 47).

Wie bereits erwähnt, kam das Stück bei Presse und Publikum schlecht an. Der Grund hierfür ist ganz gewiß nicht darin zu suchen, daß die «Visionen ... Phantasien einer innerlichen Welt» bleiben, daß die Realität von Peter Weiss «nicht die Realität von anderen Menschen» ist[8]. Getrost kann behauptet werden, daß eher das Gegenteil der Fall ist. Die fehlende Resonanz mag sich zum Teil aus dem Hörspielcharakter des Stücks erklären. Denn sonst wird im Hörspiel faßbare Gestalt zu schwebendem Klang, sie löst sich vom Körperlichen. Zu den Gesichtern treten die Gesichte, beides als Stimme. Eine Art höherer, abstrakter Wirklichkeit entsteht, in der Gefühle und Gedanken körperlose, aber tonvolle Realität gewinnen. Bewußtes und Unbewußtes, die geheimnisvolle Landschaft des Innern, Traumbild und Stimmung, wie sie den Lyriker tragen, erscheinen im Spiel mit Klangräumen und -ebenen als transzendierte Wirklichkeit, geläutert und intensiviert. Auftauchend und zerrinnend machen sie die Frage nach wann, wo und wer überflüssig wie im Gedicht, das weder Psychologie noch Charakterisierung sucht. Was Eigenart des Hörspiels ausmacht, Wegfall des Optischen, Konzentration auf den Klang, muß sich, so man die Produktion vom Studio einfach auf die Bühne überträgt, als Mangel auswirken und den Eindruck von Ungenügen fördern. Zudem fehlt es dem Vorwurf des *Turm* an thematischer Originalität, an Aussagefähigkeit und einer das Interesse des Zuschauers erweckenden Spannung. Trotz kunstvoller Allegorisierung, überzeugender symbolischer Einkleidung wirkt das Stück eher platt, zu allgemein – ein Mangel, der nicht zuletzt durch die Forderung der Bühne nach Entsubjektivierung bedingt sein mag, die das Allgemeine des Vorwurfs, zumal wenn die artistisch-akustischen Zutaten des Hörspiels entfallen, nackt und überdeutlich in Erscheinung treten läßt. Der Autor war deshalb gut beraten, als er den gleichen Stoff ein zweites Mal aufnahm, diesmal in seiner ganzen Subjektivität und auf adäquate, menschlich höchst bewegende und künstlerisch erfüllte Weise: in den beiden autobiographischen Werken *Abschied von den Eltern* und *Fluchtpunkt*.

Der erste gedruckte dramatische Versuch von Peter Weiss ist

Strindbergs subjektiver analytischer Ich-Dramatik verpflichtet, die in der inneren Vorstellung und im Autobiographischen, in der «Entwicklungsgeschichte der eigenen Seele» verankert ist, da man, nach Strindberg, «nur *ein* Leben, sein eigenes ...» kennt[9]. Peter Weiss' zweites Stück wird einen Neuansatz suchen und bei Iwan Goll anknüpfen. Beide, Strindberg wie Goll, erlangten für den Expressionismus Bedeutung, so daß bereits hier eine Tradition sichtbar wird, die nicht ohne Einfluß auf Peter Weiss geblieben ist.

Als Verfechter der bestehenden Ordnung gilt dem Expressionismus der Familienvater. Er übt Zwang auf den Sohn aus; ihm ist es zuzuschreiben, daß das bürgerliche Heim zur Zwingburg wird. Ihn, den Tyrannen, Sinnbild verhaßten Drucks, trifft die radikale Negation. Repräsentant der bürgerlichen Gesellschaft, kennt er nur eines, den Sohn ins eigene Fahrwasser zu lotsen, ihn als Nachfolger, als «Junior-Chef», zu sehen. Kafkas «Brief an den Vater» (1919) gibt Zeugnis von dieser Spannung und Opposition. Da er, der Vater, Normen setzt und repräsentiert, bestimmt, was «produktiv» ist, führen Selbstbefreiung und Selbstbehauptung zugleich zu einem Gefühl der Nutzlosigkeit; Schuldgefühl ist die Folge. So bedingen die Motive von Generationskonflikt, Künstlerproblematik und Schuldbewußtsein einander. Kafka und Trakl kannten den Ausbruch nicht. Bei Peter Weiss wird die Revolte sich mit der Idee der Revolution und schließlich der Weltrevolution verbinden. In *Abschied* und *Fluchtpunkt* berichtet der Autor unverhüllt über diese Probleme.

Wie in Walter Hasenclevers Drama *Der Sohn*, einem der wichtigsten Theaterstücke des Expressionismus, liegt dem Stück *Der Turm* das Erlebnis der äußeren und inneren Befreiung zugrunde. Nachgezeichnet wird der Prozeß der Selbstfindung im Widerstand gegen eine Lebensform, die dem Helden aufgezwungen wurde. Als Projektion aus dem Innern des «Helden» heraus, seinem Ich, bietet es konzentrierten, symbolisierten Einblick in dessen psychologische Untergründe, wobei das Persönliche ins Typische überhöht erscheinen soll. Wie der «Sohn» und der «Freund» in Hasenclevers Stück *eine* Figur sind, der «Freund» eine Ich-Projektion des Sohnes darstellt, eine Wunschgestalt, so ist auch Carlo ein Alter ego von Pablo. Der Freund, als Ich-Projektion des Sohnes, tritt, ähnlich Emil Sinclairs «Freund» Demian[10], in dem Augenblick von der Bühne ab, da dieser sich endgültig emanzipiert. Freilich wäre es falsch, in Carlo eine «Wunschgestalt» Pablos zu sehen; sie ist lediglich die Ich-Projektion einer

Seinsweise, auf deren Überwindung das dramatische Geschehen zielt. Die solcherart erreichte «Verkürzung der dramatischen Perspektiven»[11] ist zwar nicht typisch für die Dramatik des Expressionismus, verweist jedoch auf diese und zugleich auf Strindberg.

Das Bemühen, Pablos Aktion und Carlos Kunst miteinander zu verbinden, als Möglichkeit im *Turm* nicht zu Ende diskutiert, dürfte einer der Gründe sein, die den Autor sich einem Ganzheit verheißenden Marxismus zuwenden ließen. Jedenfalls findet sich in den Figuren Pablo und Carlo der Dualismus fixiert, welcher, neben jenem von Unterdrücker und Unterdrücktem, als Grundmuster das Werk des Autors prägt.

Ehe wir zu einer Betrachtung dessen übergehen, was als Klammer zwischen *Turm* und autobiographischen Werken gedeutet werden kann, ist es unerläßlich, zur möglichen Beeinflussung des Stücks durch Kafka, auf die hingewiesen worden ist, ein Wort zu sagen. Es ist genauso falsch, das Stück eine «Parabel im epigonalen Kafka-Stil»[12] zu nennen, wie es unzutreffend ist, daß es sich um «ein autistisches Spiel ohne Welt im Theater des Innern» handle. Auch ist nicht einzusehen, weshalb sich der Peter Weiss des *Turm* «in Kafkas Falle gefangen»[13] haben soll. Die Tatsache der Parabel macht noch keinen Kafka, zumal Peter Weiss' hier eher diskursiv ausgeschriebene, auch schrille Effekte nicht meidende Sprache nicht das Geringste mit Kafkas Sprödheit, seiner behutsamen Klarheit und knappen Durchsichtigkeit gemein hat. Die Zuordnung zu Kafka hängt mit dem völligen Verkennen des Schlusses und mit schlichter Anwendung von Kafka betreffenden Äußerungen in *Fluchtpunkt* (F 99, 164) auf den *Turm* zusammen. Der *Turm* ist keineswegs ein Werk des Scheiterns, der Resignation; es weist über Kafka hinaus, da Pablo *nicht* zugrunde geht, sondern in ihm genau jenes utopische «Freisein für das eigene Seinkönnen» im Felde einer Möglichkeit, jene Eigengesetzlichkeit als Gegenkraft einer allgemeinen Weltgesetzlichkeit verwirklicht wird, zu der es bei Kafka nie kommt. Die Erklärung für das Mißverständnis ist freilich auch in der modischen Neigung zu suchen, alles, was mit Parabel und Scheitern zu tun hat, dem Einfluß und der Tradition des großen Pragers zuzuschreiben. Peter Weiss wird sich erst dann als Utopist erweisen, wenn er nach dem klärenden Dialog zwischen Marat und Sade sein Schreiben in den Dienst eines Programms stellt.

Würde man streng dem chronologischen Ablauf folgen, hätte an dieser Stelle das 1952 entstandene Drama *Die Versicherung* behandelt zu werden, in dem der Autor sich von der subjektiven Dramatik ab- und seiner Zeit und ihrer Gesellschaft zuwendet, um sie in der Groteske mit harter, böser Ironie lächerlich zu machen. Wir wenden uns jedoch, ehe wir die vor-maratschen dramatischen Versuche des Autors betrachten, zunächst den beiden autobiographischen Werken zu, in denen die bereits im *Turm* aufgegriffenen Entwicklungs- und Befreiungsprobleme noch einmal modellhaft, klärend verarbeitet wurden.

Selbstanalyse und Bekenntnis

Abschied von den Eltern · Fluchtpunkt

> «Ich war auf dem Weg, auf der Suche
> nach einem eigenen Leben.» (A 146)
> «Dies war der Augenblick ..., in dem ich
> hinausgeschleudert worden war in die
> absolute Freiheit ...» (F 194)

Abschied und *Fluchtpunkt* sind bedeutende Beiträge zur Bekenntnis-
literatur, wie sie in der Romantik zu hoher Blüte gelangt war. Verzicht auf den Versuch, die Vergangenheit *in toto* zu rekonstruieren,
das Bild von Kindheit, Jugend und frühem Mannesalter «objektiv»
wiederzugeben, kennzeichnet beide Werke und macht nicht zuletzt
ihren Reiz aus. Im Bekenntnis wird Gestalt, was für den Erzähler als
Erwachsenen noch relevant, was in seiner Gegenwart als Vergangenheit lebendig ist, prägend und geprägt. Ein Mensch gibt Rechenschaft
über die widersprüchliche Natur, die er in sich entdeckte, mit der er
sich immer wieder auseinandersetzte und die ihm, zurückblickend,
für Milieu und Epoche repräsentativ erscheint. Die Wahrhaftigkeit
subjektiver Rückhaltlosigkeit zeichnet sie aus, Intensität des Erlebens,
gebändigt in einem klaren, der Strenge klassischer Tradition ver-
pflichteten Prosastil.

Steht *Abschied von den Eltern*, so wir einen anspruchsvollen Vergleich wagen wollen, eher in der Tradition der *Confessiones* und von
Rousseaus *Bekenntnissen*, die Selbstanalyse mit Beichte verbinden,
so knüpft *Fluchtpunkt* an bei Bildungs- und, vor allem, Entwick-
lungsroman, wobei allerdings die Auseinandersetzung mit der for-
menden Umwelt unter einem negativen Vorzeichen steht. Am Ende
findet sich der Verlorene Sohn mit der Freiheit und der Sprache als
einzigem Besitz. «Die Sprache gehörte ihm, mit allen Unzulänglich-
keiten, mit ihrer Tendenz zur Selbstauflösung und mit ihrer plötzlich
auftretenden Klanglosigkeit. Im Vergleich mit der Leere, durch die er
gegangen war, war dies schon viel» (R 187).

Die Erzählung *Abschied von den Eltern*, 1960–61 entstanden, bietet das Protokoll einer Gefangenschaft; sie ist der Niederschlag einer
Auseinandersetzung mit den Kräften, die das Bild der Kindheit, den
Prozeß des Erwachsenwerdens und den suchenden Aufbruch nach
dem eigenen Leben bestimmten. Rückschauend erkennt der Erzähler,

daß der Versuch von Zusammenleben, «in dem die Mitglieder einer Familie ein paar Jahrzehnte lang beieinander ausgeharrt hatten» (A 7), gänzlich mißglückt ist, von der «Unmöglichkeit gegenseitigen Verstehen» (A 9) gekennzeichnet gewesen war. Den Ausgangspunkt bilden der Tod des Vaters auf einer Geschäftsreise in Belgien, die Heimkehr des Sohnes mit der Urne und die Auflösung des «Heims», die endgültige Destruktion der Familie, deren Sterben schon mit dem Tod der Schwester in Berlin begonnen hatte (A 81). Von Deutschland war die Familie nach England gegangen: «Zwischen den silbergrünen Weidenbäumen einer englischen Landschaft wurde das Heim in einem roten Ziegelhaus errichtet, in der bösartigen Enge einer böhmischen Industriestadt wurde das Heim in einer schmutziggelben Villa errichtet, in dem großen, dunkelbraunen Holzhaus am Rand eines schwedischen Sees wurde das Heim zum letzten Mal errichtet, und dort vollzog sich der Untergang ...» (A 81). Und mit dem Tod der Schwester, welcher der Erzähler durch eine ähnliche Liebe verbunden gewesen war wie Trakl der seinen, begannen die Versuche, sich aus der «Vergangenheit zu befreien» (A 82). Der Wunsch nach Erlösung, nach Ganzheit und «Sinn» bestimmt seinen weiteren Lebensweg. Die Impulse aus der «frühesten Epoche» seines Lebens steigen in dem Abschiednehmenden auf: «Seit Jahrzehnten hatte ich die Allee nicht mehr gesehen, und als ich sie nun wiedersah fühlte ich meine Kindheit wie ein dumpf schmerzendes Geschwür in mir» (A 25f.). Er erlebt noch einmal «die Hilflosigkeit, das Ausgeliefertsein und die blinde Auflehnung» aus jener Zeit, in der fremde Hände ihn «bändigten, kneteten und vergewaltigten» (A 14). Schon das Kind erlebt den Gegensatz zwischen dem «Dumpfen», «Eingeschlossenen» (A 16) des Hauses – in seinem ersten Stück versucht Peter Weiss dies mit dem Bild des «Turms» auszudrücken – und dem «Draußen», in dem er ein Reich sieht, das nur ihm gehört. Doch dieses «Reich» ist ein «Exil» (A 16). Damit ist bereits Entscheidendes über die frühen Eindrücke gesagt: Bedrohung durch Unfaßbares, das Gefühl der Verlorenheit, Grauen, Qual. Nicht von Zuflucht spricht der Autor, wenn er die Lieblingsplätze des Kindes bezeichnet, erst die Gartenlaube, dann der Dachboden, sondern, wie gesagt, von Exil, dem Ort der Verbannung, ein Begriff, der uns noch häufiger begegnen wird und als Schlüsselbegriff gelten kann. Dieses Bewußtsein, ausgeschlossen, anders zu sein, und zugleich in eine Rolle, eine fremdbestimmte Norm gezwungen zu werden, von welcher der Name ein Teil ist, läßt ihn seinen Namen ignorieren, sich taub stellen. «Ich versuchte oft, mich anders zu nennen, doch wenn der Ruf meines einzigen Namens auf mich zuflog, schreckte ich zusammen, wie eine Harpune schlug er in mich ein, ich konnte ihm nicht entgehen. Flüsternd rufe ich mich an mit meinem eigenen Namen, und erschrecke mich damit, es ist als käme der Name weit von außen her auf mich zu, aus der Zeit in der ich noch formlos war. Und dann fühle ich die rasende, ohnmächtige Wut, das Antoben gegen etwas Unangreifbares, gegen etwas unendlich Überlegenes, und dann wird mein Gestammel von einer unsichtbaren Hand erstickt» (A 17). Namensgebung als erste Vergewaltigung. Man erinnere sich der Tatsache, daß Pablo im *Turm* auf seinen Namen verzichtete, sich Niente nannte und sich durch Selbstbefreiung erst seinen eigenen Namen verdienen wollte.

Mit dem ersten Schultag steigert sich die Furcht zur Panik, die in Bildern der Obsession Gesicht gewinnt. Die Welt wirkt «verhext», die Häuser «festungsähnlich», Männer erscheinen mit «Messern», «die Haut ihrer Gesichter war rötlich straff und seidig glänzend, wie die dünne Haut über heilenden Wunden, und hinter ihnen, auf einem Reisighaufen, lag ein Schwein, die vier Beine zusammengebunden, und auf einer roten Ziegelwand zitterte ein Schmetterling, mit ausgebreiteten, schwarz und gelb gezeichneten Flügeln, und eine Hand, die eine Nadel vorgestreckt in den Fingern hielt, näherte sich dem Schmetterling, und die Nadel durchbohrte ihn» (A 31). Fremdheit, Angst, Bedrohung ergänzen einander, die Bilder der Innenwelt erfahren keine Erlösung in den Ereignissen der Außenwelt, beide potenzieren und spiegeln einander. Und «manchmal ereignete es sich, daß der Kutscher kam, in einem langen Gehrock, mit seinem großen, schwarzen Pferd, bedächtig öffnete er das Tor, spannte das Pferd in die Deichseln und lenkte den knarrenden Wagen hinaus» (A 31). Es ist der gleiche Kutscher, dessen Figur, geheimnisvoll und drohend, die in dem «Mikro-Roman» *Der Schatten des Körpers des Kutschers* beschriebene Welt beherrschen wird. Das Schulzimmer wird zur Folterkammer, die Nächte füllen sich mit «Unfaßbarem», «Grausigem» (A 43). «Jede Nacht starb ich», sagt der Erzähler, «erwürgt, erdrückt» (A 44). Die Tagewelt mit ihren Schrecken und Qualen findet Fortsetzung in Alpträumen, nächtlichen Wanderungen. Aber zu Not und Schmerz tritt ein neues Erlebnis: das der Lust. «Die Zusammengesetztheit aus Schmerz und Lust prägte die Fantasien meiner Ausschweifungen» (A 51), der Held erlebt «das Lustgefühl tiefster Not» (A 66). In den Titeln der Bücher, die den Jugendlichen «ins Herz» treffen, spiegelt sich Verfassung und Entwicklungsstufe von Körper und Geist: «*Die Dämonen, Die Erniedrigten und Beleidigten, Aus einem Totenhaus, Die Elixiere des Teufels, Schwarze Fahnen, Inferno* waren Titel, die plötzlich vor mir aufflammten und etwas in mir beleuchteten» (A 68). Faßliche, existenzprägende Gestalt gewinnen Angst und das Gefühl des Bedrohtseins beim Anhören einer Rede, die «nach dem Erkennen, wie ein wirres Geschrei aus der Hölle» war (A 73). Die einschneidende Veränderung, die diese Begegnung mit der Stimme Hitlers bewirkt: der Junge erfährt, daß sein Vater Jude sei; es ist ihm «wie eine Bestätigung für etwas, das ich seit langem geahnt hatte» (A 73). Er beginnt seine Vergangenheit zu verstehen, begreift, weshalb man ihn verfolgte, verhöhnte und steinigte. Es geschah «in instinktiver Überlieferung der Verfolgung anders Gearteter, in vererbtem Abscheu gegen bestimmte Gesichtszüge und Eigenarten des Wesens» (A 73). Der Erzähler sieht sich «mit einem Male ganz auf der Seite der Unterlegenen und Ausgestoßenen», erfaßt seine Verlorenheit, seine Entwurzelung; doch er ist noch «weit davon entfernt», sein Schicksal «in eigene Hände zu nehmen und die Unzugehörigkeit zur Kraftquelle einer neuen Unabhängigkeit zu machen» (A 74). Dieses Erlebnis und die darauf beruhende Erkenntnis, die bislang unbegriffen Erduldetes plötzlich mit einer Erklärung, einem Sinn verbindet, die eigene Position fixierbar macht, wird bis zur großen Besinnung, bis zum öffentlichen Dialog zwischen Marat und Sade – diesem klärenden Gespräch des Autors mit sich selbst – existenzielle Basis für das Schreiben sein.

Als die Lieblingsschwester dann, kurz bevor die Familie nach England emigrierte, von einem Auto überfahren wird, die Auflösung der Familie sich vollzieht, da die Kinder ihr entgleiten, sich aus ihrer Vergangenheit befreien, eigene Wege gehen (A 82), malt der Autor sein erstes großes Bild. «Aus dem schwarzen Hintergrund wuchsen drei Gestalten in weißen Gewändern hervor, Ärzte, oder Richter, ihre Gesichter waren in erdrückendem Ernst gebeugt, ihre niedergeschlagenen Blicke wiesen jegliche Begnadigung ab» (A 77). Er malt, was er empfindet, um damit fertig zu werden. Kunst als bewältigende Objektivierung der eigenen Probleme, Klärung und Bewegung, wie es für Peter Weiss bis *Marat/Sade* bis zur Begegnung mit der bergenden Gedankenwelt des historischen Materialismus charakteristisch sein wird.

In London wird der Erzähler Volontär in einem Warenhaus (A 97),
wo er in der «Tiefe eines weißgekachelten Kellers» zwischen anderen
«Verbannten» nach Stoffproben zu suchen hat. Monate im Kontor
des Vaters folgen. Anklagen, Fremdheit, Unverständnis: «Ich wußte,
daß ich nicht mehr lange auf Gnaden hier leben konnte. Ich lebte wie
ein gekuschter Hund. Ich fraß die Brocken, die man mir hinwarf. Ich
verkroch mich. Ich wartete auf den Augenblick des Ultimatums»
(A 105). Mit Jacques, den er in der Nähe des Hyde Park trifft, gewinnt sein Leben eine neue Dimension. «Indem ich meine Bilder vor
Jacques aufsteigen ließ, wurde ich daran erinnert, daß ich ein anderes
Leben besaß, ein anderes Leben als das Leben zwischen den Muster-
katalogen und Stoffrollen, und dieses andere Leben, mein eigenes
Leben, nahm eine solche Leuchtkraft an, daß mir der Atem stocken
wollte» (A 108). In seinen Gesprächen mit Jacques verliert der Held
plötzlich alle Furcht vor dem Leben. «Jacques hatte sich schon frei-
geschlagen, er hatte sich schon seine verzehrende Freiheit erobert. Er
hatte sich der Offenheit und den Wunden ausgesetzt. In seinem Leben gab es das Wilde, Unbändige, nach dem ich suchte, aber auch den
Hunger und die Not» (A 109). Über diese Freundschaft kommt es zu
schweren Zerwürfnissen mit den Eltern, mit den «Totembildern von
Vater und Mutter». «Sie starrten mich an wie einen Verdammten,
voller Grauen» (A 112). Der Sohn sieht sich vor der Alternative:
«Was sollte jetzt werden. Jetzt mußte ich mich ganz aus dem Alten
losreißen, oder zurücksinken» (A 112). Er nimmt Abschied von seinem Alter ego (A 114), der Gestalt, die in vielem «ein Wunschbild»
für ihn war, und sinkt zurück in die alte Gefangenschaft, Verlorenheit, «Haltlosigkeit» (A 116). Die Lektüre von Hermann Hesses
Steppenwolf, die Begegnung mit Harry Haller, dem Wurzel- und
Bindungslosen, dessen Seele zerrissen ist, «war wie ein Wühlen in
meinem eigenen Schmerz» (A 119). Träume kehren von Zeit zu Zeit
wieder, in denen er in Zweikämpfe verwickelt ist «mit einem Wider-
sacher, oder einem Alter Ego, und in denen es nur dieses eine gibt,
du oder ich, und entweder ermordet er mich ... oder ich bin es der den
Dolch in seinen Körper hineinstößt ...» (A 114). Im *Steppenwolf*
findet er seine Situation gezeichnet, «die Situation des Bürgers, der
zum Revolutionär werden möchte und den die Gewichte alter Normen lähmen» (A 119). Indessen sieht er bereits, daß diese Lektüre
ihn «in einem romantischen Niemandsland» festhält, «im Selbst-
mitleid», in «altmeisterlichen Sehnsüchten», «ich hätte eine härtere

und grausamere Stimme gebraucht, eine Stimme, die mir den Schleier von den Augen gerissen und mich aufgerüttelt hätte» (A 119).

Inzwischen war die Familie nach Böhmen übergesiedelt, wo dem Vater die Leitung einer Textilfabrik übertragen worden war. Der Sohn sollte in Prag eine Lehre als Textilkaufmann machen. Die Vereinbarung mit der Direktion erweist sich als Mißverständnis, er wird abgewiesen: statt neuer Gefangenschaft – die Freiheit. «Was jetzt geschah, hatte sich seit langem vorbereitet, es war der Augenblick, in dem die Gitter, nach jahrelangem Andrängen, um mich niederstürzten» (A 121). Man fühlt sich an die Schlußszene des Stücks *Der Turm* erinnert, wo die Mauern des Gefängnisses verschwinden, im Nichts versinken. Der Erzähler tritt in die Kunstakademie ein, die Eltern gewähren ihm ein Probejahr; es ist ihm in jener Nacht, als hörte er, der seinen Namen nicht wahrhaben wollte, ihn als Zwang, Vergewaltigung empfand, seinen «Namen» rufen (A 123). Wie Pablo im *Turm*. Für ein Jahr lebt er in Prag: an die Stelle der Gewaltherrschaft durch die Familie tritt jene durch das eigene Ich. «Niemand war härter gewesen und rücksichtsloser als ich es war, gegen mich selbst ... Ich schlug mich mit den Fäusten in die Rippen ... schlug mir die Hände ins Gesicht ... und bei all diesen Schindereien geschah es doch, daß Bilder in mir aufstiegen und sich langsam und tastend auf die Tafeln vor mir projizierten ... ich versuchte, mich mit diesen Bildern zu heilen, und sie waren voll von der bleiernen Schwere meiner Isoliertheit und von der explosiven Glut meiner angestauten Verzweiflung» (A 126 f.). Schuldig fühlt er sich, verflucht, unfähig zum Engagement, in seiner Machtlosigkeit zum Sadismus neigend (A 130), da ihm die «saugende Tiefe», der «Kernpunkt des Lebens» unerreichbar schien. Das Experiment der Freiheit und Unabhängigkeit scheitert. «In Prag, an diesem ersten Ort, an dem ich meine Freiheit suchen wollte, fand ich nur Dunkelheit und Selbstzerstörung. Als meine Frist nach einem Jahr zuende ging, war auch der Druck der Außenwelt gespenstisch angewachsen» (A 132). Selbstmordgedanken quälen ihn, die Erkenntnis setzt sich durch, daß ihm nur eines bleibt: in das Haus der Eltern zurückzukehren (A 138), als Verlorener Sohn, dem man aus «Gnade» eine Bleibe bot (A 138). In Schweden, wohin die Familie inzwischen aus der Tschechoslowakei übergesiedelt ist, tritt er in die Fabrik des Vaters ein, ein «Fremdkörper» (A 140), der im «Luftlosen zwischen Elternwelt und Arbeiterwelt» (A 140) lebt. Die Rückkehr empfindet er als «Niederlage dessen, der es nicht wagt, sich von seiner Gebundenheit zu befreien» (A 143). Die Tatsache der Emigration erscheint ihm jetzt als «die Bestätigung einer Unzugehörigkeit», die er «von frühster Kindheit an erfahren hatte» (A 143). Die kommenden zwei Jahre sind wie eine «Wartezeit», eine «Zeit des Schlafwandelns» (A 143). Nach deren Ablauf, und damit endet das Buch, beginnt «mit einem heftigen Stoß der Aufbruch» (A 144). Wenn das Kind, wäre hier zu resümieren, der Jugendliche, in der Tatsache seiner jüdischen Abstammung eine Erklärung für seine Bedrohung, seine Qualen erhielt, so der junge Mann in der Emigration eine Erklärung für seine Unzugehörigkeit, die sein Scheitern impliziert. Die Angst des Kindes erscheint plötzlich in einem weltpolitischen Zusammenhang. Dieses Faktum ist wichtig für das Verständnis des Weges von Peter Weiss.

Ein Traumerlebnis markiert den Aufbruch: das Erscheinen des «Mannes in Jägerkleidung», «eine Jagdtasche und eine Flinte über der Schulter» (A 145). Schon einmal war diese allegorische Figur aufgetreten. Als der Erzähler eines Abends am Fenster seines Zimmers steht, tritt die Gestalt aus dem Gebüsch, überquert die Wiese und verschwindet auf der anderen Seite des Gartens in der Hecke. «Ein weicher, warmer Schreck stieg in mir auf. Es war, als habe eine Hand in mich hineingegriffen» (A 98). Der symbolische Bezug ist nur allzu sinnfällig: Der Jäger steht für die Stimme des Sexus, ist eine Metapher der Leidenschaft wie der Zustand des Irrsinns später in *Marat/Sade*. Der gleiche Mann tritt nun wieder auf, in einer Situation, die von Angst und Verlorenheit bestimmt ist. «Auf einem schmalen Pfad begegnete mir ein Mann in Jägerkleidung, eine Jagdtasche und eine Flinte über der Schulter. Er ging an mir vorüber, und es war mir, als wäre ich ihm früher einmal begegnet, vor langer Zeit. Dann wanderte ich eine Landstraße entlang. Die Landstraße führte mich durch ein unermeßlich weites und verworrenes Leben. Wieder kam mir der Jäger entgegen, er ging gerade auf mich zu und ich mußte zur Seite treten, um ihn vorbei zu lassen. Flüchtig hob er die Hand zum Gruß. Ich kam an einen See und ließ mich hinaus ins Wasser treiben, und draußen, in der Helligkeit aufgelöster Reflexe, tauchte der Jäger wieder vor mir auf, ich erkannte ihn und erwachte» (A 145). Der Erzähler vermag den Traum nicht zu deuten, fühlt nur, daß eine «Wandlung» eingetreten ist, «neue Kräfte» sein «Leben beherrschen» (A 146). Die Vision ist Sinnbild des Erwachens, des Heraustretens aus Passivität, das Ende von Schwäche und Mutlosigkeit: der Held ist «auf dem Weg, auf der Suche nach einem eigenen Leben» (A 146). Der Gejagte wird nun selber Jäger sein – nach sich selbst. Lebenskraft erfüllt ihn, die seinem Außenseitertum ein eigenes Zentrum geben wird. Statt Kafka, wie es in *Fluchtpunkt* heißt, Henry Miller.

Der Roman *Fluchtpunkt*, geschrieben 1960/61, gibt sich ausladender, redefreudiger. Der Lichtkegel der Erinnerung ist breiter, läßt ein nicht geringes Maß an Sekundärviten greifbar werden. Das Werk setzt ein mit der Beschreibung der Ankunft in Stockholm 1940, wo der Autor als Maler zu leben gedenkt. Nicht als Flüchtling reist er dorthin, sondern als einer, der keine Heimat hat, «nie einem Land angehört hatte» (F 8). «Ich leugnete ... meine Zugehörigkeit zu einer Familie, so wie ich meine Zugehörigkeit zu einer Nation und Rasse leugnete. Nur in einer Freundschaft, in einer Liebesbeziehung wollte ich Verwandtschaftliches finden, oder in der Begegnung mit Kunstwerken» (F 32). Diese aus der Verneinung gewonnene Freiheit wird später ihr Teil beitragen zum Eintreten des Autors für die Chimäre eines Internationalismus, der sich durch seine ideologische Fundierung selber verneint. Ging es in *Abschied von den Eltern* um die klärende Auseinandersetzung mit dem Elternhaus, dessen Konventionen und Zwängen, um die Abgrenzung des eigenen Ich der Familienwelt gegenüber, so unterzieht sich das Ich jetzt einer Befragung im Hinblick auf eine Welt, die von alters her in Antithesen, in zwei Lager geteilt ist, Opfer und Henker, Schwache und Starke, Unterdrückte und Unterdrücker, denen zu gewissen Zeiten politische Konstellationen zu entsprechen vermögen. Anknüpfend an die Erkenntnis, daß sein Vater Jude war, worin die seit langem empfundene Bedrohung eine Erklärung erfuhr, stellt er sich die Frage, was, bei einer solchen Beschaffenheit der Welt, gewesen wäre, wenn der «Großvater im Kaftan» (F 12) ihn nicht davor bewahrt hätte, auf der Seite der Verfolger, der Stärkeren zu stehen. Zu dem Gefühl der Fremdheit, Verlorenheit kommt jenes der inneren Gespaltenheit, das Gefühl, die Fakultas von Opfer und Henker in sich zu tragen. Schon in *Abschied* hatte es geheißen, «ich war von kurzem Glück erfüllt, daß ich zu den Starken gehören durfte, obgleich ich wußte, daß ich zu den Schwachen gehörte» (A 53). Darauf bezieht sich in *Fluchtpunkt* die Stelle, wonach der Erzähler aus «Dankbarkeit», daß man ihn «verschonte», die «Partei der Stärkeren» ergriff und sie an «Grausamkeit» «überbot» (F 13). Oder die Feststellung: «Deutlich sah ich nur, daß ich auf der Seite der Verfolger und Henker stehen konnte. Ich hatte das Zeug in mir, an einer Exekution teilzunehmen» (F 13). Peter Weiss berührt hier, auf eine fast selbstmörderische Weise, die Achtung und Dank verdient, eine der fundamentalsten Fragen unseres Jahrhunderts. Die unbestreitbare Tatsache des Wandels von Lämmern in Wölfe, von achtbaren Familienvätern in Totschläger hat Risse im Antlitz des Menschen sichtbar werden lassen, denen nicht mehr mit dostojewskischen Kategorien beizukommen ist und die sich nicht übertünchen lassen. Es ist die Frage von Büchners Danton: «Was ist das, was in uns lügt, hurt, stiehlt und mordet?», deren Gewicht erst jetzt voll erfaßbar wird. Die Möglichkeit zur negativen Demaskierung ist dem Menschen immanent und in seiner Existenz permanent. Sie gehört zum Wesen unserer Zivilisation, die in der Tatsache des Kissens auf dem elektrischen Stuhl einen Beweis für Humanität sieht. Das Entscheidende freilich, wie sich noch zeigen wird, liegt darin, daß diese Auswüchse einer Zivilisation, einer repressiven Gesellschaft, in den Augen von Peter Weiss nur in jener Welt vorhanden zu sein scheinen, die er für die «bürgerliche» hält.

Die Selbstbezichtigung als möglicher «Verfolger» und «Henker» ist eine Schlüsselsentenz für das gesamte Werk des Autors. Bilder von Obsessionen, Mord, Erschießungen, Erhängungen (F 36) häufen sich – Ausdruck von Bedrohung, des «leisen Grauens, das wir ständig im Hintergrund unseres Bewußtseins tragen» (F 37). Der junge Mensch, der aus der Familie ausgebrochen war, die bürgerliche Sicherheit zurückgewiesen hatte und ganz seiner künstlerischen Berufung zu leben gedachte, sieht sich jetzt vor einer neuen Alternative: «Ich hatte die Freiheit, das Losgerissensein fruchtbar zu machen, oder darin zu verrecken» (F 38). Aber der «Austritt» aus der Familie führt nicht zu den «Entladungen», die er erwartet hatte. Der «Verlorene Sohn» kehrt schließlich erneut in die «Zwingburg des Heims» (F 47) zurück, arbeitet wieder in der Fabrik, begibt sich mehrmals in der Woche zu psychoanalytischen Sitzungen.

Was die neue Situation des Scheiterns von ihm verlangt: «einen Grund zu finden, der ein Aushalten möglich machte» (F 50), einen Sinn, für den es zu leben, zu arbeiten lohnt, ein Ziel, das dem Aufrührer (F 52) in ihm eine Richtung gäbe, «Fieber und ... Fäulnis» (F 51) in ihm beruhigte. Plötzlich ist der Erzähler «wach für die Eröffnungsworte des Prozesses. Jemand mußte Josef K. verleumdet haben, denn ohne daß er etwas Böses getan hätte, wurde er eines Morgens verhaftet» (F 56f.). In Kafkas Werken findet er eine Welt, die keine «Rückzugsmöglichkeiten» mehr kennt; er wird hellhörig für den Prozeß, der ihn selbst gefangenhält. Wie Kafkas Helden fühlt er sich herausgerissen aus einem zwar nicht gewohnten, aber durch Geburt und Schicksal vorgegebenen Lebenskreis. Er vermag das Dasein, dessen Totalität, weder zu durchdringen noch zu deuten. Die Begegnung mit den Werken Kafkas (F 56f.) bringt jedoch nicht nur die Erfahrung der «Unmöglichkeit und Ausweglosigkeit, obgleich mir scheinbar jede Freiheit gegeben war» (F 57). Dieses Herausgerissenwerden, der Augenblick des Selbstvergessens, der Konfrontierung mit der Wahrheit des Seins führt wie bei Kafkas Helden zur großen Rechenschaftsablegung, zur Betrachtung des Lebens, als wäre es etwas Fremdes. Der Schritt aus der Universalgesetzlichkeit heraus in die Eigengesetzlichkeit, wie er bei Kafka utopischer Entwurf bleibt, vollzieht sich in der von Obsessionsgedanken begleiteten Überlegung des Autors: «Der Sinn deines Überlebens könnte sein, daß du erkennst, wo das Übel liegt und wie es zu bekämpfen ist. Du trägst noch am Ballast deiner bürgerlichen Herkunft. Du weißt, da ist alles verfault und zum Untergang bestimmt, aber du wagst nicht, dich mit einem Schnitt davon zu trennen. Deine Arbeitsversuche bleiben fruchtlos, solange sie nicht dem Kampf um die Veränderung der Gesellschaft dienen» (F 59f.). Kafkas existentielles Problem wird mit Hilfe der Ideologie überwunden. Die «Mauer», an der sich Kafka «schließlich zerschlug» (F 99), besteht für den Erzähler «aus den überlieferten Gesetzen», die er einfach mit einem «Schritt zur Seite» umgehen zu können glaubt (F 100). Das ist ein Trugschluß, die kafkasche Problematik wird lediglich unter einem Glaubensbekenntnis begraben, aufgelöst in einer utopischen Projektion.

Ehe Distanz das Verhältnis des Autors zu seiner eigenen Vergangenheit kennzeichnet, muß er, immer wieder bedrängt von Obsessionen (F 90, 114, 122 z. B.), weitere Phasen der «Mutlosigkeit», der «Unfähigkeit zur Arbeit» (F 85) durchleiden. Er arbeitet als Holzfäller, getrieben von dem «Wunsch, mich der Verbannung und Verdammnis auszuliefern» (F 85), stößt selbst bei den Arbeitern in diesem Sibirien Nordschwedens «auf Widerstand und Ablehnung» (F 96), empfindet «Freude», am «Untergang» teilnehmen zu dürfen (F 103), heiratet in eine «bürgerliche Familie» (F 107) und empfindet sich erneut als «Paria», als «herrenloser Hund» (F 108), der «nach wie vor keinem Land angehöre» (F 108). Schließlich treibt er die

Zerstörung bis zu bewußter Selbsterniedrigung und erlebt, symbolisiert durch einen Krankenhausaufenthalt, eine Operation, Befreiung und Neuanfang. «Dies war die Wahnwelt, und ich konnte sie verändern, ich brauchte mich nicht mehr damit abzuschleppen, sie war mir aus dem Leib geschnitten worden, sie hatte nur die glücklichen Kindheitsjahre gefressen, aber ich konnte mir andere Jahre erfinden, konnte den faulen Zauber wegwerfen und in das Gelächter der Verachtung ausbrechen, das früher einmal gebändigt gewesen war» (F 134). Gelächter und Veränderung – das eine führt zu Marat, zur post-maratschen Phase, das andere zu Mockinpott und Sade.

Im Frühjahr 1945 sieht der Erzähler den Endpunkt der «Entwicklung», in der er «aufgewachsen war» (F 135). Das nunmehr den Augen der Welt sich darbietende Grauen, der Anblick der Leichenberge läßt wieder die Frage anklingen: «Zu wem gehörte ich jetzt, als Lebender, als Überlebender, gehörte ich wirklich zu jenen, die mich anstarrten mit ihren übergroßen Augen, und die ich längst verraten hatte, gehörte ich nicht eher zu den Mördern und Henkern. Hatte ich diese Welt nicht geduldet ... Es schien nicht mehr möglich weiterzuleben, mit diesen unauslöschlichen Bildern vor Augen» (F 136).

Das Bewußtsein der Schuld, geflohen zu sein, sich gerettet zu haben, unbeteiligt geblieben zu sein, läßt die Fragen entstehen: «Für wen soll ich denn Partei ergreifen» oder «Was soll ich denn tun ...» (F 138). Sie bleiben zunächst noch offen. Der Schritt zum Engagement führt über das Erkennen der eigenen Wahrheit. Das Bewußtsein, nur für sich selbst einstehen zu können – oder nicht einmal das –, sucht die Selbstanalyse. Wer war er selbst, «mit dieser Last von Dreck, von Abfall» (F 162)? In der Begegnung mit dem Werk Henry Millers erhält die Welt, in der der Autor mit «Kafka im Zwiegespräch stand», den «Todesstoß» (F 164). In der «blendend hellen Tageswelt» des *Tropic of Cancer* war alles «greifbar und möglich, und das Geschlechtliche, das bei Kafka in einem dumpfen Hintergrund lag, nahm tropische Üppigkeit an. Indem alles Versteckte freigelegt worden war, und nichts anderes anerkannt wurde als die eigene Stimme, nichts anderem Folge geleistet wurde als den eigenen Wünschen, erschien ein neuer Urmensch, ein Gigant, mitten in einer verfaulten, todessüchtigen Zivilisation. Noch blickte ich als der verbrauchte, übermüdete Europäer in diese Welt eines wilden Lebenshungers, und mir schwindelte noch vor den Möglichkeiten, die vor mir lagen» (F 165).

Statt Kafka, den Peter Weiss übrigens mißversteht, wenn er von ihm sagt, er habe «nie gewagt, die Urteilssprüche der Richter zu revidieren», er habe «die Übermacht verherrlicht und sich ständig vor ihr gedemütigt» (F 164) – statt Kafka jetzt Henry Miller und seine «Revolte gegen jede Autorität» (F 164). Daß Miller geradezu ein Produkt dieser «verfaulten, todessüchtigen Zivilisation» ist (F 165), ihre ungewollte Kehrseite sozusagen, während Kafkas «K» um das eigene Seinkönnen «kämpft», scheint dem Autor damals nicht klar gewesen zu sein.

Im Frühjahr 1947, nach einer mißglückten Ehe, einer großen, in Ernüchterung auslaufenden Liebesbeziehung, dem vergeblichen Versuch, sich anzupassen, kam für den Erzähler die Stunde endgültiger Befreiung: «Dies war der Augenblick der Sprengung, der Augenblick, in dem ich hinausgeschleudert worden war in die absolute Freiheit, der Augenblick, in dem ich losgerissen worden war von jeder Verankerung, jeder Zugehörigkeit, losgelöst von allen Nationen, Rassen und menschlichen Bindungen, der Augenblick, den ich mir gewünscht hatte, der Augenblick, in dem die Welt offen vor mir lag» (F 194). Der Autor gebraucht das Bild des Säuglings, der zu früh von der Mutterbrust genommen und «an einem Straßenrand» abgesetzt wird (F 195). Der Krieg ist überwunden, die Jahre der Flucht sind überlebt. «An diesem Abend, im Frühjahr 1947, auf dem Seinedamm in Paris, im Alter von dreißig Jahren, sah ich, daß ich teilhaben konnte an einem Austausch von Gedanken, der ringsum stattfand, an kein Land gebunden» (F 197). Was in *Abschied von den Eltern* als Wunsch ausgesprochen wurde, das «Schicksal» in eigene Hände zu nehmen und «die Unzugehörigkeit zur Kraftquelle einer neuen Unabhängigkeit zu machen» (A 74) – jetzt ist es Wirklichkeit.

In diesem Sinne verweisen die beiden autobiographischen Werke aufeinander, sie fügen sich zu einer Perspektive. Der Abschied von den Eltern, Selbstbefreiung und Aufbruch in das eigene Leben, primär dem Gefühlsbereich geltend, war die Voraussetzung für die geistige und künstlerische Loslösung und Selbstfindung in der Sprache, wie sie als Bemühung und Ziel *Fluchtpunkt* durchzieht. Denn «Fluchtpunkt» bedeutet in der Perspektive der Punkt, in dem sich parallele gerade Linien im Unendlichen vereinigen.

Es war erforderlich, die beiden Schriften in aller Ausführlichkeit vorzustellen, weil sie auf eine fast extrem zu nennende Weise den Grundstoff, das Basismodell, ja, eine Art *passepartout* für das spätere Schaffen liefern. Wenn es gestattet ist, heute im 20. Jahrhundert noch einmal das vielzitierte, zerredete Wort Goethes von der «großen Konfession» zu gebrauchen, zu welcher seine Dichtungen Bruchstücke seien, so gilt das fraglos nur für wenige Autoren unserer Zeit im gleichen Maße wie für Peter Weiss. In der Persönlichkeit dieses Autors, wie sie sich in seinen Werken darstellt, erscheinen die subjektiv-persönlichen Konflikte nicht nur als zeittypisch, es spiegelt sich in ihnen auch, auf deutliche Weise, welthistorische Problematik. Das macht sie zu einem einzigartigen Prisma und gibt ihnen, jenseits von Zustimmung und Widerspruch, Relevanz. Als Folge solcher Spiegelfähigkeit und -bereitschaft wird sich Anspruch und Dimension zwar erweitern, die Thematik sich jedoch im Kern gleichbleiben. Immer wird das Thema lauten: Befreiung, Revolte – Revolution.

Ehe wir übergehen zu einem Text, der entstanden ist vor den autobiographischen Büchern, aber sich auf eine dort geschilderte Szene bezieht – was ein Grund für unseren Verzicht auf Einhaltung chronologischer Folge ist –, wollen wir noch einmal zurückkommen auf unsere bei der Analyse des *Turm* geäußerte Behauptung, es handle sich bei diesem Stück um kaum verhüllte Gestaltung eines autobiographischen Stoffes. Daß dem so ist, hat die obige Beschreibung in aller Deutlichkeit gezeigt. Darüber hinaus lassen sich Gemeinsamkeiten bis zu wörtlichen Anklängen verfolgen, ganz abgesehen von einer Vielzahl sinngemäßer Parallelitäten. Der Gegensatz Turmwelt Außenwelt ist in beiden Werken prägend vorhanden; der Held im *Turm* unterlag einer Dressur, jener in *Abschied* wurde von fremden Händen gebändigt, geknetet, vergewaltigt (A 14); er sagt von sich, daß er am «Rand eines Teichs» von seiner Mutter gefunden worden sei, «zwischen Schilf und Störchen» (A 14); im *Turm* heißt es: «Aber du bist nicht meine Mutter» (T 14). Niente kehrt als «Nichts», als Namenloser in den Turm zurück, er möchte sich erst seinen Namen verdienen; der Erzähler von *Abschied* vergißt seinen Namen, versucht sich anders zu benennen (A 17), und erst als er sich selbst zu finden im Begriff ist, war es ihm, als hörte er seinen «Namen rufen» (A 123). «Denk an unsern guten Namen!», «Mach uns keine Schande!», wird Pablo ermahnt (T 29). Fast die gleichen Worte kehren in *Abschied* wieder: «Du darfst mir keine Schande machen», heißt es dort (A 56), « ... es wurde ... gerieben ... daß man den Schandfleck nicht sah» (A 115). Über mangelnde Dankbarkeit beklagen sich die Eltern bzw. Quasi-Eltern hier wie dort: «Nie ein Dank! ... Nächtelang lag ich schlaflos und grübelte, was ich euch Gutes tun konnte. Und nie einen Dank! Nur Vorwürfe!» (T 23), «Sie hatten uns alles gegeben ... und sie verstanden nicht, daß wir ihnen nicht dafür dankten» (A 82). In beiden Werken geht es um Befreiung von der Vergangenheit, wie wir hörten. Dem Verschwinden des Turms (T 33) entspricht das Niederstürzen der Gitter (A 121). Es war erwähnt worden, daß Carlo das Alter ego von Pablo ist, Carlo, der im Turm zurückgeblieben ist, sich geduckt, angepaßt hat, Gefühle spielt, statt sich für die Aktion zu entscheiden; ihm entspricht die Gegenfigur Jacques in *Abschied*. Jacques spielt, im umgekehrten Sinne, die Rolle für den Helden, die Pablo für Carlo spielt und die jener des «Freundes» in Hasenclevers *Sohn* entspricht: der Erzähler schießt ihn in dem Augenblick symbolisch tot, da er den Sprung in die Freiheit noch nicht schafft, zurücksinkt in die alte Gefangenschaft (A 113f.). Carlo indessen vermag den Turm in dem Augenblick zu verlassen, als Pablo sich befreit. An sich sollte diese Tatsache allein schon Beweis dafür sein, wie der Autor den Schluß des *Turm* verstanden haben möchte: als Schritt in die Freiheit, nicht als Tod.

Wir hatten eingangs gesagt, am Ende von *Fluchtpunkt* finde sich der Verlorene Sohn mit der Freiheit und der Sprache als einzigem Besitz. Es muß ergänzt werden, daß zu Freiheit und Sprache als zukunftsweisenden Möglichkeiten hinzukommt, als eine auch in der Freiheit nicht aufgehobene Gefühlswirklichkeit, das Bewußtsein von Schuld. Ich mußte «zumindest meine Schuld tragen», heißt es in *Fluchtpunkt* (F 137) u. a. Der Erzähler fühlt sich schuldig, als er 1945 «den Endpunkt der Entwicklung» sieht, in der er aufgewachsen ist (F 135): Mordstätten, Leichenberge, eine Welt des Infernos, weil er überlebt, gewußt und «über das Unglück der Welt» (F 137) im allgemeinen nachgedacht hat, statt sein Leben aufs Spiel zu setzen, zu wagen, die Welt zu verändern. Er macht sich zum Vorwurf, daß er die «Kraft zur Revolte» (F 142) nicht aufgebracht hat. Der Gedanke an Lucie Weisberger quält ihn, er fragt sich: «Hatte ich diese Welt nicht geduldet, hatte ich mich nicht abgewandt von Peter Kien und Lucie Weisberger, und sie aufgegeben und vergessen» (F 136)? 1965 wird er noch einmal, die eigene Situation mit jener Dantes vergleichend, auf die «große Unterlassungssünde» (R 153) zurückkommen. «Wer ist Beatrice für mich» fragt er. Eine Jugendliebe, an die ich mich nie heranwagte. Dann kam der politische Terror. Der Krieg. Ich wurde vertrieben, geriet ins Exil. Beatrice blieb drüben. Ich hörte nichts mehr von ihr. Hätte ich Mut gehabt, dann hätte ich sie auf die Flucht mitgenommen ... Vielleicht wurde sie erschlagen. Vielleicht vergast» (R 154). Im «Paradies» begegnet er ihr wieder. Doch ein Dante in unserer Zeit könne in Beatrice «nur eine Tote sehen» (R 167), und eine Schilderung des Paradieses würde für ihn eine «Schilderung der Unterdrückten und Gepeinigten» (R 168) bedeuten. Bewußtsein der Schuld führt zum Engagement, der Dichter wird zum «Wortführer», Fürsprecher – Kafka, mit dem er sich einst identifizierte, erscheint als Vertreter der «twisted, guilt-loaden, doomed and damned bourgeoisie»[1].

Wenn der Erzähler im letzten Viertel von *Fluchtpunkt* davon spricht, daß er irgend etwas von einem «Fluch» gesagt habe, um sich herauszureden, seine Probleme zu erklären, so ist diese irrationale Komponente eine der Voraussetzungen für Peter Weiss' Konversion. Ihre Rationalisierung und Projektion auf das Gesellschaftliche transponiert den privat-subjektiven Konflikt auf den ideologischen Bereich und löst ihn dort in einem größeren Zusammenhang.

Abschied und *Fluchtpunkt* vermitteln in vielem das Bild eines Menschen, der in auffälliger Weise an Trakl erinnert[2]. Angst, Verzweiflung, Gefühl der inneren Leere (F), Einsamkeit, Heimatlosigkeit, Außenseitertum kennzeichnen beider Existenz, die durch Widerspruch zur bürgerlichen Gesellschaft bestimmt ist. War Trakl einer der großen Todesdichter des 20. Jahrhunderts, so ist Peter Weiss in den frühen Werken jener der Obsession, der Qual, der Tortur[3]. Selbstquälerei, dostojewskische Spannung zwischen Opfer und Henker im gleichen Ich, in einem chaotischen Kosmos. Ein «gottloses, verfluchtes Jahrhundert» spiegele sich in seinem Schaffen, sagt Trakl und nennt seine Dichtung einen «unvollkommenen Versuch, meine Schuld zu sühnen». Seine Schuld? Sie definiert sich durch «Anderssein», durch den Gegensatz zur bürgerlichen Gesellschaft. Seine Schwester bedeutet ihm viel, war ihm befreiendes Du. Ähnliches gilt für Peter Weiss. Doch während Trakl sich dem Grauen des Furchtbaren unterwarf, Kafka gleich keinen ideologischen Ausbruchsversuch unternahm, die Erfahrung des Unheils dichterisch überhöhte, führt dieses Erleben bei Peter Weiss zur Revolte, zum Eintreten für die Veränderung der Welt. Zwei Möglichkeiten: Der eine will die «Sünde der Welt tragen», der andere die Welt der Sünde verändern. In beiden Fällen wird die persönliche Lage zur Weltlage verallgemeinert. Es wurde auf diese Parallelität auch hingewiesen, weil nach dem klärenden Dialog in *Marat/Sade*, dem Höhepunkt im Schaffen des Autors, der Weg sichtbarlich herausführt aus dem Künstlerischen. Zurücktreten der Obsession und Nachlassen des künstlerischen Anspruchs entsprechen einander. Ob Peter Weiss an Trakl gedacht hat, als er den Chauffeur und Krankenpfleger in seinem Drama *Die Versicherung* «Grudek» nannte? Für Trakl verbindet sich mit «Grodek» – der Gleichklang ist fast vollständig – jener Schlacht, die ihn fast um den Verstand brachte, das Erlebnis der Hölle. Die Welt von *Die Versicherung* stellt für Peter Weiss das «Inferno» dar. Ein Zufall?

Vermessung der Hölle

Der Schatten des Körpers des Kutschers

«Wortreihe(n) die ich dem Gesehenen
und Gehörten nachforme...»

(Sch 48)

«Topographische Werkzeuge», «Wegzeichen», mit denen «Lage-
bestimmungen ... vorgenommen werden» können, nennt Peter Weiss
die Wörter, deren sich der aus allen Bindungen herausgerissene
Schreibende bedient (R 183 bzw. 187). Die Sprache wird dem, der
«nirgendwo mehr einen festen Wohnsitz hat» (R 187) zum bergenden Gehäuse. Zugleich distanziert sie, sie beschwört Welt, aber indem sie das tut, schützt sie vor ihr. Dies gilt in besonderem Maße
für den «Mikro-Roman» *Der Schatten des Körpers des Kutschers*, der
den Schriftsteller Peter Weiss sozusagen über Nacht bekannt machte.

«Ich begab mich zu den Stallungen des Bauernhofs», schreibt Peter
Weiss in *Fluchtpunkt*, «schwatzte mit dem Knecht, oder saß nur still
in einem Winkel hinter der Scheune, wo ich eine kleine geschlossene
Welt überblickte. Je länger ich hier verweilte, desto bedeutungsvoller
erschien mir dieser Ort, der mit grauen zerfaserten Latten umzäunt
war, und der den Misthaufen, den Geräteschuppen und den Abtritt
enthielt. Der Schuppen war halb zerfallen, und krumme rostige
Nägel ragten aus den Bretterwänden. Die Tür des Abtritts hing schief
in den Angeln und ein Bündel langer Bohnenstangen stand in der
Ecke, neben dem Schleifstein. Hinter dem Stall war ein Gehege für
die Schweine, und ich sah ihre schnuppernden feuchten Rüssel zwischen den Balken und hörte, wie ihre Füße im Matsch wühlten und
ihre borstigen Leiber sich am Holz rieben. Immer wenn ich mich hier
aufhielt, war mir, als könnte ich ewig hier bleiben. Es war ein Ort
der Verbannung, der Verdammnis, ein Ort, der an ein Bild erinnerte,
das Swedenborg von seiner Vorstellung der Hölle aufgezeichnet
hatte» (F 84f.). Der Erzähler hat eine Waldhütte in der Nähe eines
Bauernhofes gemietet, fühlt sich fremd, erniedrigt, denkt «an die
Steinstädte, Industrievororte und Hafengegenden», in denen er zuhause ist. Was ihn in dieser Welt hält, ist der «Wunsch», sich der
«Verbannung und Verdammnis» auszuliefern, dem Stillstand und
den anderen, die die Hölle sind. Ist die Kraft, die ihn dazu treibt,
jener von Sartre beschriebene «Masochismus»? Diese, wenn man

will, psychologisch definierte Perspektive sucht man vergeblich im Prosatext *Der Schatten des Körpers des Kutschers*, der die gleiche feindliche Welt schildert, «ein Labyrinth, voll befremdender Ereignisse, in die man verstrickt wird», wie Peter Weiss von der «Atmosphäre» Strindbergs sagt (R 80). Nicht mehr mit dem Blick des leidend Betroffenen wird die Hölle gesehen: sie wird vermessen, aufgelöst in die Groteske, entlarvt. Die Sprache ist dem Autor Mittel, sich die Welt vom Leibe zu halten, als Kunst.

Das «Sehen zu einer Beschäftigung machend» (Sch 48), nimmt der Ich-Erzähler Bilder entgegen von einem Haus, seinen Bewohnern und seiner Umgebung. Vielleicht ist es ein Bauernhof, ein Landgasthaus, gesagt wird dergleichen nicht. «Niederschrift» von «Beobachtungen» (Sch 9) nennt das schreibende Ich seine Inventaraufnahme, deren Kälte, mimetische Unmittelbarkeit es an einigen Stellen mit surrealistischen Experimenten kontrastieren läßt. In dreizehn Stationen von neuen Beobachtungsposten aus: Abtritt – Kammer – Küche – Diele – Treppenhaus – Zimmer der Familie – Hof – Zimmer des Doktors – Zimmer der Haushälterin, registriert der Schreiber teils in unmittelbarer Anschauung, teils in nachträglicher Vergegenwärtigung, welche Wirklichkeit konstituierenden Einzelheiten sich dem Wahrnehmungsnetz seiner Sinne, des Gesichts und Gehörs im wesentlichen, darbieten. Einzelheit steht neben Einzelheit, der Autor arbeitet wie eine Folge photographischer Platten, technisch präzise, desinteressiert, als Zuschauer und Voyeur, der zwecklos seine Neugier befriedigt und, wie Peter Weiss in einem Aufsatz zum avantgardistischen Film sagt, eine Situation auspeilt (R 10).

Durch die «halboffene Tür» des Abtritts nimmt der Erzähler ausschnitthaft Regungen wahr, wie sie für das Leben auf einem Bauernhof, alles in allem, charakteristisch sein mögen. Er hört Schweinegrunzen, Knarren von Rädern, Schaben einer Säge, Stampfen des Pferdes, er sieht ein Stück Hauswand, schwarze Ackererde etc. Dann begibt er sich in seine «Kammer», wo er, sich das Geschehene vergegenwärtigend, beschreibt, was ihm auf dem Weg dorthin begegnet, «bis ich die Hand nach der Türklinke ausstrecken konnte, doch dieser Augenblick liegt jetzt schon lange hinter mir, der Augenblick des Türöffnens, des Eintretens, des Entgegennehmens des Bildes des Zimmers, des Schließens der Tür, des Weges zum Tisch, und hinter mir liegt die Zeit die mit der Beschreibung des Weges hierher vergangen ist» (Sch 17). Nach der Schilderung eines Prozesses, den er «Erdenken von Bildern» (Sch 18) nennt, was ihm Gelegenheit gibt zur Beschreibung von Visionen, Traumgebilden, findet er sich zur «Abendmahlzeit» am Tisch in der Küche ein. Bild für Bild, Person für Person werden in Umriß und Bewegung geschildert. Ohr und Auge sind aufs äußerste geschärft, nichts entgeht ihnen, nicht die Geräusche der Essenden, nicht der Ruf der Krähe oder das Geräusch «wie von einem auf einen Körper hart niederfahrenden Riemen» (Sch 28). Der Kaffee wird in der Diele (Sch 29) eingenommen, man raucht, agiert; Spannungen zwischen Vater und Sohn treten in Erscheinung, der Doktor wickelt seinen Verband ab, Blut und Eiter werden sichtbar. In sein Zimmer zurückgekehrt, hört der Erzähler «aus der Tiefe des Hauses wieder die Unruhe, das Poltern, Schlagen und Schreien» (Sch 39); er begibt sich ins Treppenhaus, um zu lauschen, beobachtet durchs Schlüsselloch, was im Zimmer der Familie vor sich geht, ist zur Stelle, als der Vater einen Anfall hat. Später überblickt er, neben dem Schuppen auf einem Holzstoß sitzend, Haus, Hof, Landschaft, ihre Menschen, registriert deren Tätigkeiten, kehrt zurück in sein Zimmer, provoziert Bilder, Visionen mit Hilfe von Salzkörnern, die er sich in die Augen streut. Ein Klopfen verscheucht seine Wachträume, der Doktor besucht ihn, ein Bild der Auflösung, ekelerregend. Dialogelemente werden wiedergegeben, das Inventar des Doktorzimmers beschrieben, in das der Erzähler den Besucher zurückgeleitet hat. Von dort geht man zur Küche, man ißt. Für den Abend lädt die Haushälterin zu einer Geselligkeit in ihr Zimmer. Es folgt die Beschreibung des Zimmers. «... über dem Bett hing ein Bild das ein Wildschwein, von Hunden gejagt und von mit Spießen bewaffneten Jägern im Dickicht eines Waldes angefallen, darstellte, und ein zweites Bild, über dem Kopfende des Bettes, auf dem man einen mit Veilchen gefüllten Korb sehen konnte. War der Blick am Fenster, zu dessen Seiten hohe, schwere Gardinen aus dunkelblauem Samt hingen, und vor dem ein langer niedriger, mit Blattgewächsen angefüllter Tisch stand, vorübergeglitten, so stieß er auf ein, in einem Kübel stehendes, bis zur Zimmerdecke reichendes baumartiges Gewächs mit großen schwertförmigen Blättern, auf einen weiteren runden, mit einer Spitzendecke gedeckten Tisch ...» (Sch 69f.). Wieder werden Bruchstücke von Gesprächen registriert, Abläufe, Kausalreihen, ohne daß Kausalität wahrgenommen würde: die Tücke des Objekts triumphiert. Man spricht von «Prügelstrafen, Spießrutenlaufen, Erhängungen, Enthauptungen, Einkerkerungen, Ertränkungen, Verbrennungen und Verbannungen» (Sch 77). Die Tür zur Garderobe fällt zu, Haushälterin und Mutter sind gefangen, der Gefahr des Erstickungstodes ausgeliefert. Der Erzähler vernimmt Worte, von denen er «heiß» und «Luft» versteht (Sch 83). Folgenden Tages, beim Einsetzen der Dämmerung, blickt er durch die schräge Fensterluke, sieht Schatten, beschreibt sie. Als der Kutscher mit seinem Wagen erscheint, Kohlen ausgeladen werden, macht er sich Gedanken über das Mißverhältnis zwischen der Zahl der Säcke und der Größe des Kohlehaufens. Eine Lösung für das Problem findet er nicht. Die Realität bleibt undurchschaubar, Sinn offenbart sich nur, soweit er hineingetragen wird. Den Schluß der Nachzeichnungen bildet eine kommentarlose, auf jeden Deutungsversuch verzichtende Beschreibung eines Schattenspiels, das der Erzähler von seinem Fenster aus wahrnimmt und das eine Kopulationsszene darstellt. Der letzte Satz des Buchs lautet: «... daß das Pferd, nach dem langen Weg den es den größten Teil des Tages mit der Last von Kohlen zurückgelegt hatte, noch in der auf diesen Tag folgenden Nacht den gleichen Weg noch einmal bewältigen sollte, gab mir zu denken, so daß ich in dieser, drei Tage und bald vier Nächte hinter mir liegenden Nacht, nicht zum Schlafen kam» (Sch 100).

Leidenschaftslos, ja, indifferent wird eine versehrte Welt beschrieben, die ihren Höllencharakter hinter der Maske eines bürgerlichen Idylls verbirgt. Die Schilderung ist durchsetzt mit Traumbildern, überwölbt von müder Gedankenspekulation, die jedoch beide nichts mit ihr zu tun haben, kontrastierend wirken, ihre Unhäuslichkeit unterstreichen. Der Blickwinkel ist der gleiche, aus dem Mockinpott, der vergeblich den Sinn des Lebens zu ergründen suchte und schließlich dessen Sinnlosigkeit als gegeben annahm und mit Gelächter quittierte, die Welt beschreiben müßte, so er ein Schriftsteller wäre. Das Ergebnis läßt sich, in Abwandlung eines Begriffs, *grotesque strip* nennen. Was der lauschende und starrende Registrator mithin als Autor auf dem Papier festhält, sind keine sinngeprägten Entwicklungen, gesichert von entschärfender und, wenn man will, verfälschender Gesamtperspektive, es sind vielmehr Abläufe, deren Fluß, stückweise sich darbietend, sich aus Erinnerung und Niederschrift ergibt. In *Abschied von den Eltern* beschreibt Peter Weiss sein Verhältnis zu einer Realität, die für ihn eine halbverschleierte, aber, durch den Verzicht auf Unterschiebung von «Sinn», weitgehend entblößte «Realität an sich» ist. «... mein Wissen setzte sich zusammen aus bildmäßigen Erfahrungen, aus Erinnerungen an Laute, Stimmen, Geräusche, Bewegungen, Gesten, Rhythmen, aus Abgetastetem und Gerochenem, aus Einblicken in Räume, Straßen, Höfe, Gärten, Häfen, Arbeitsplätze, aus Schwingungen in der Luft, aus Spielen des Lichts und des Schattens, aus Regungen von Augen, Mündern und Händen. Ich lernte, daß es unter der Logik eine andere Folgerichtigkeit gab, eine Folgerichtigkeit von undurchschaubaren Impulsen, hier fand ich mein eigenes Wesen, hier im scheinbar Unorganisierten, in einer Welt, die den Gesetzen der äußeren Ordnung nicht entsprach» (A 601f.). Die äußere Ordnung, das ist also die beschönigende Projektion von Sinn, das scheinbar Unorganisierte aber das Roh-Material der Wirklichkeit, das, was sich beim Sehen und Hören den Sinnen darbietet. Peter Weiss' Methode, die man mit Alfred Döblin «streng, kaltblütig» nennen könnte, ist demnach nichts anderes als eine Fortführung dessen, was Flaubert, Spielhagen begannen, was den Naturalismus, den Expressionismus und Futurismus trug und im «nouveau roman» unserer Zeit weiterwirkt.

In Döblin, neben Carl Einstein Begründer eines expressionistischen Prosastils[1], fand diese objektivierende Erzähltradition einen Wortführer. Entselbstung, Entäußerung des Autors, Depersonation sind die monumentalsten seiner Forderungen. Psychologie sei ein «dilettantisches Vermuten», «abstrakte Phantasmagorie», «verheuchelte Lyrik», das «Motiv» nichts anderes als eine «poetische Glosse»[2]. Statt dessen solle sich der Autor an die Psychiatrie halten: «sie hat das Naive der Psychologie längst erkannt, beschränkt sich auf die Notierung der Abläufe, Bewegungen – mit einem Kopfschütteln, Achselzucken für das Weitere und das ‹Warum› und ‹Wie›[3].» Der Leser habe in voller Unabhängigkeit «einem gestalteten, gewordenen Ablauf gegenübergestellt» zu werden; «er mag urteilen, nicht der Autor. Die Fassade des Romans kann nicht anders sein als aus Stein oder Stahl, elektrisch blitzend oder finster; sie schweigt»[4]. Mit anderen Worten: Zwischen Leser und dargestellter Welt hat der darstellende Autor nichts zu suchen, er führt vor, zeigt, was geschieht, verzichtet völlig auf den Versuch zu motivieren, zu begründen: sein Gegenstand ist die «entseelte Realität», dargeboten in einem von «rapiden Abläufen», «höchster Exaktheit», Knappheit, Sparsamkeit bestimmten «Kinostil». In dem Aufruf «Mut zur kinetischen Phantasie und zum Erkennen der unglaublichen realen Konturen! Tatsachenphantasie!» gipfelt Döblins 1913 geschriebener Auf-

satz «An Romanautoren und ihre Kritiker». «Das Leben dichtet unübertrefflich», ergänzt er vier Jahre später, «Kunst hinzuzufügen ist
da meist überflüssig. Diese Nähe zur alltäglichen Mitteilung diskreditiert den Roman, macht ihn für manche zur niedrigsten Kunstgattung. Das soll den Epiker nicht genieren. Er verachte überhaupt die
Kunst. Er mache aus der scheinbaren Ungunst seiner Position einen
Vorteil: er steht dem lebendigen Leben am nächsten kraft seines
Materials, des Wortes. Zehn Schritte halte er sich die Kunst vom
Leibe»[5]. Diese Auffassung, die, wie gesagt, die Ausschaltung des
erzählerischen Kommentars verlangt, hat Döblin 1929 revidiert. Seinem Roman *Berlin Alexanderplatz* liegt ein anderes Erzählprinzip
zugrunde. Die Weggemeinschaft mit Brecht, die sich auf künstlerische
und weltanschauliche Gemeinsamkeiten in beider Frühperiode gründet und inzwischen aufgehellt wurde, dauerte denn auch nur bis zu
dieser Wandlung.

Es nimmt deshalb wunder, daß der Name Alfred Döblin unter
den Autoren, die Peter Weiss in seinen autobiographischen Schriften
erwähnt, nicht vorkommt. Um 1940 hatte Weiss die «zwanziger
Jahre» entdeckt. «Erst jetzt fand ich», steht in *Fluchtpunkt* zu lesen,
«was die Autoritäten damals vor mir verbargen, ich grub den Dadaismus aus ... las Klees Aufsätze und Tagebücher und Tollers und
Kaisers Dramen ... Alles was während dieses einen Jahrzehnts angegriffen worden war, war heute noch ebenso lebendig wie zuvor ...
Die Bilder und Skulpturen, die Dramen, Tänze, Dichtungen und
Kompositionen standen nicht abgesondert da, sie verkörperten Werte,
an denen weitergearbeitet werden konnte» (F 70). Nun, es liegt auf
der Hand und läßt sich leicht beweisen, daß Peter Weiss weitergearbeitet hat. Geringe Einschätzung des Wertes der Handlung, Ablehnung der Psychologie, der Einmischung eines analysierenden und
kommentierenden Erzählers, wie schon Spielhagen[6] als *conditio sine
qua non* festgehalten haben wollte, absolute Autonomie des Dargestellten, d. h. Verzicht auf Kausalität als Erklärung des Menschen und der Welt, bilden die Voraussetzung für die objektivierende
Stilhaltung Döblins. Weiss ging noch einen entscheidenden Schritt darüber hinaus. Während der frühe Döblin das Ich entthront, in der Tradition des Naturalismus den Roman sich scheinbar selber erzählen läßt,
aber dennoch gedachte Rede und inneren Monolog gebraucht, wählt
Peter Weiss die Personalperspektive, in welcher das Erzählte ein geschlossenes Koordinatensystem und Orientierungszentrum findet.

Sein Ich-Erzähler, der Aufzeichnungen als Niederschrift von Selbst-
erlebtem ausgibt, das Erzählte sozusagen autobiographisch einkleidet
– was, wie wir aus *Fluchtpunkt* (F 85) wissen, sogar bis zu einem
gewissen Grad der historischen Wahrheit entspricht –, setzt an die
Stelle der scheinbar naturwissenschaftlichen Objektivität des epischen
Erzählens jene bescheidenere, ehrlichere «subjektive» Objektivität des
durch die Perspektive bedingten egotistischen Nichtwissenkönnens.
Potenzierung der Authentizität ist die Folge. Die Aufzeichnungen
dienen nicht mehr der Selbsterforschung und -darstellung, sie werden
zu einer Art «Rollen»-Protokoll der Ausleuchtung eines Sicht- oder
Hörfeldes. So heißt es noch sekundenstilhaft in *Papa Hamlet* von
Arno Holz und Johannes Schlaf: «Im Zimmer wurde es jetzt hell.
Die Messingtüren an dem weißen Kachelofen neben der Tür funkel-
ten leise. Draußen fingen die Spatzen an zu zwitschern. Vom Hafen
her tutete es. – Unten hatte die Hoftür geklappt. Jemand schlurfte
über den Hof. Ein Eimer wurde an die Pumpe gehakt. Jetzt quietschte
der Pumpenschwengel. Stoßweise rauschte Wasser in den Eimer.
Langsam kam es über den Hof zurück. Die Tür wurde wieder zu-
geklappt[7].» In Peter Weiss' *Schatten* lautet indessen der dritte Satz:
«Außerdem sehe ich noch ein Stück der Hauswand, mit zersprunge-
nem, teilweise abgebröckeltem gelblichen Putz, ein paar Pfähle, mit
Querstangen für die Wäscheleinen, und dahinter, bis zum Horizont,
feuchte, schwarze Ackererde. Dies sind die Geräusche; das Schmatzen
und Grunzen des Schweinerüssels, das Schwappen und Klatschen des
Schlammes, das borstige Schmieren des Schweinerückens an den
Brettern ... Pfiffe des Windes ... Krächzen einer Krähe ...» etc. (Sch 7).
Verben des Hörens und Sehens überwiegen (allein auf Seite 1 werden
einundzwanzig Geräusche festgehalten), während Verben der inne-
ren Wahrnehmung völlig entfallen. Auch der normalerweise einen
Text abschließende Punkt fehlt. (Der Autor hätte deshalb, um der
Konsequenz willen, auch mit dem ersten Wort des Buchs keinen
Anfang setzen dürfen und den ersten Buchstaben kleinschreiben
müssen.) Der Prozeß des Protokollierens kennt weder Anfang noch
Ende. Einheit, Geschlossenheit in der Welt des *Schatten* hat theoretisch nur das erzählende Ich, dessen zentral gesteuerter Wahrneh-
mungsapparat, ein geometrischer Vermessungspunkt, von dem aus
die (erzählte) Welt gesehen und gehört wird. Wie bei Kafka, der die
Verzerrung der Welt, die sich in seinen Werken darbietet, dem Leser
selbst zur Last legt, ihn dafür verantwortlich macht, wie Walter

H. Sokel gezeigt hat[8], da er ihm das Alibi einer sinnverwirrten Erzählergestalt vorenthält, ergibt sich im *Schatten* ein Effekt der Unentrinnbarkeit. Der Leser fühlt sich gestellt, zur Stellungnahme gefordert, obwohl objektiv, losgelöst erzählt wird. Auch ihm fehlt die Ausrede, da er makellose, ehrliche Ich-Perspektive zur Kenntnis nehmen muß, die nicht verzerrt, nichts ausspart, eher minutiös, übergenau Beobachtetes im Kegel der registrierenden Wahrnehmung höchst intakt darbietet. Da das Unbehagen des Lesers an dieser Wirklichkeit nicht dem Autor, der doch äußerst tugendvoll objektiv erzählt, sogar auf die Wiedergabe von Dingen verzichtet, die er mit seinen Sinnen nicht erreicht, angelastet werden kann, muß das Bedrohliche in der Welt oder im Leser selber liegen. Der findet sich in einer Wirklichkeit, wo die Dinge zu gefährlichem Leben erwachen, das Leben selbst aber zerstückelt, fratzenhaft in Erscheinung tritt, bevölkert mit Marionetten. Wie kommt es zu diesem widersprüchlichen Eindruck?

Peter Weiss hat eine Grenze überschritten. Indem er Forderungen des Naturalismus und seiner Erben in extremster Form zu verwirklichen suchte, führte er die Möglichkeiten objektiver Abschilderung zugleich ad absurdum. Höchste Präzision erweist sich als Verzerrung, die Fratze wird sichtbar hinter der rechtschaffenen Konvention. Sehen ermöglicht simultane Aufnahme, Erfassen eines Nebeneinander, Betrachtung der Dinge im räumlichen Seite-an-Seite. Sprache als Artikulation ist Aufzählung. Sie vollzieht sich im Nacheinander, in der Folge, ist punktuell. Wie läßt sich angesichts dieses fundamentalen Wesenunterschieds Bild, als Seh- oder Hörbild, in Sprache umsetzen? Falls der Autor auf in seinem Sinn verfälschende qualitative Abstraktion – die bereits Deutung ist – verzichten will? Der Prosaist Peter Weiss hat zwar einen Aufsatz «Laokoon oder Über die Grenzen der Sprache» geschrieben (R 170 f.), auf das Problem, um das es Lessing in «Laokoon oder Über die Grenzen der Malerei und Poesie» ging, ist er indessen so gut wie nicht eingegangen. «Poesie», sagt Lessing, könne «in fortschreitenden Nachahmungen nur eine einzige Eigenschaft der Körper (Gegenstände im Raum) nutzen und muß daher diejenige wählen, welche das sinnlichste Bild des Körpers von der Seite erwecket, von welcher sie ihn braucht[9].» Was geschieht nun, wenn viele Körper nebeneinander viele Eigenschaften haben und dieses Nebeneinander in ein «objektives» Nacheinander der Handlung aufgelöst werden muß? Das «Koexistierende des Körpers» gerät mit dem «Konsekutiven der Rede» in Kollision. Die Folge ist Auflösung, Zerfließen; «und oft geschieht es», läßt uns Lessing wissen, «daß wir bei dem letzten Zuge den ersten schon wiederum vergessen haben», denn was das Auge auf einmal übersehe, zähle nur der Autor «merklich langsam nach und nach zu»[10]. Ausgleich, Verspannung schafft in solchen Fällen der sinngebende Kommentar, die Intervention des Erzählers, die wie Kitt wirkt, die Risse schließt und das Rohmaterial des Lebens zusammenbindet. Das Bild des Ganzen verdankt seine Integration dem Zusammenwirken beider. Auch Homer sah sich dem Problem gegenüber, als er den Schild des Achilles zu beschreiben hatte. Er zog sich aus der Affäre, indem er das Nebeneinander in ein Hinter-, Nach- oder Aufeinander auflöste und die Entstehung des Gegenstandes *ex ovo* beschrieb.

Was aber, wenn ein Autor wie Peter Weiss eine Abendmahlzeit zu schildern hat, an der sechs Personen teilnehmen? Wenn er dieses Geschehen mit photographischer Präzision beschreiben will? Es führt zu jener Kollision, von der Lessing sprach. Sechsfaches Nebeneinander läßt sich ohne die Hilfe raffender Abstraktion nicht mit einem Nacheinander in Harmonie bringen. Solange ein Handlungsstrang verfolgt, in Bilder aufgelöst wird, ergibt sich kinematographische Folge: Integration stellt sich von selbst ein. Soll jedoch eine Kollektivhandlung, diese sechs Personen beim Essen, quantitativ und qualitativ zugleich erfaßt werden, ohne abstrahierende Ineinanderblendung, ohne simplifizierendes Verallgemeinern, müssen räumliche und zeitliche Bedingtheit voneinander getrennt und im Verhältnis sechs zu eins (sechs Schritte zur Seite, einer geradeaus) ineinandergeschoben werden. Oder: sechs nebeneinanderliegende Bilder haben hintereinanderzutreten, ehe die Handlung, das wirkliche Nacheinander, weitergehen kann. Es ist, als würde ein Film stillstehen und sich dann mit einem Ruck fortbewegen, sprunghaft, verzerrt, da mit Standphotos durchsetzt.

Der Effekt übertrifft jenen der Verfremdung, er reicht ins Grotesk-Komische. «Die Hände», heißt es beispielsweise, «den Löffel haltend, heben sich jetzt von allen Seiten den Töpfen entgegen, die Hand der Haushälterin rot, gedunsen, walkig vom Spülwasser, die Hand des Hauptmanns ... die Hand des Doktors ... die Hand des Hausknechts» etc., und dann «Die Löffel heben sich jetzt, gefüllt ... zu den Mündern empor ... der Mund der Haushälterin ... der Mund des Hauptmanns ... Schnees Mund ... der Mund des Doktors ...». etc. (Sch 24f.).

Noch einmal: räumlich Nebeneinanderliegendes erscheint im zeitlichen Hintereinander, der Ablauf ist aufgelöst, die Realität, fraglos extrem objektiv erfaßt, zerfällt, da der in Raum- und Zeitrelation eingebettete Sinnzusammenhang durchbrochen, ohne den erklärenden Erzähler in monströse, unfaßbare Wirklichkeitsfragmente zerlegt wird. Abgründe öffnen sich, Totes gewinnt Leben, erscheint in angsterregendem Licht. Zur Verzerrung des Geschilderten durch die extreme Dehnung der Zeit, bei gleichzeitigem Zusammendrängen des Raums, wodurch Gegenstand und Aktion getrennt werden, nackt und fremd wirken, tritt der völlige Verzicht des Autors auf Sinngebung. Kein Wort des Kommentars, keine Motivation. Der groteske Effekt ist mit jenem zu vergleichen, der entsteht, wenn in einer Telefonzelle jemand temperamentvoll spricht, aber für den Außenstehenden völlig stumm bleibt, eine Marionette, die in abgehackter Gestik sich erschöpft. «Ich aß weiter», sagt der Autor nach einer solchen das Kollektiv arithmetisch fassenden, ins Endlose weisenden Beschreibung, «um das plötzlich aufsteigende Gefühl der Unendlichkeit dieses Morgens zu ersticken» (Sch 67). Das Ergebnis seiner Technik ist ein Über-Realismus, der nicht surrealistisch ist, aber ähnliche Wirkung hervorbringt: «Das Alltägliche, Gewohnte, wird aus den natürlichen Funktionen herausgerissen und zu sonderbaren Konfrontationen gebracht.» Aber nicht vor dem «Blick des Träumenden» oder «in der Dämmerungsschau des Übergangs», um mit Wolfgang Kayser zu sprechen[11], entsteht hier das Bild der entfremdeten Welt. Im Gegenteil, es bietet sich dar dem starren unkonzilianten Blick auf das Erdentreiben, der statt Kausalabläufen nur mehr Abläufe sieht, deren Hintereinander etwas Mechanisches anhaftet. Sinngebung, idealistische Verbindung in der Zusammenschau enthüllt sich nun als beschönigende Ausrede, die dem Anblick von Blut und Wunden, dem Anhören von Schreien und Schlagen das eigentlich Bedrohliche nähme, sie ihres Charakters der Obsession beraubte.

Erinnern wir uns, in dem autobiographischen Werk *Abschied von den Eltern* findet sich die Stelle, wo der Erzähler beschreibt, wie der jetzt schulpflichtige Knabe eintritt in «eine in sich geschlossene, verhexte Welt»: «dicht ineinandergeschoben lag das Gemäuer festungsähnlicher Gebäude, mit Einblicken in Höfe und Ställe, ein aus groben Steinen erbauter Kirchturm stieg aus den Schindeldächern empor, in einem Rad auf der Spitze des Kirchturms hatten Störche ihr Nest errichtet und schlugen mit ihren langen spitzen Schnäbeln aufeinander ein ... aus einem Torgang kamen zwei Männer mit Messern, die Haut ihrer Gesichter war rötlich straff und seidig glänzend, wie die dünne Haut über heilenden Wunden, und hinter ihnen, auf einem Reisighaufen, lag ein Schwein, die vier Beine zusammengebunden, und auf einer roten Ziegelwand zitterte ein Schmetterling, mit ausgebreiteten, schwarz und gelb gezeichneten Flügeln, und eine Hand, die eine Nadel vorgestreckt in den Fingern hielt, näherte sich dem Schmetterling, und die Nadel durchbohrte ihn ... und manchmal ereignete es sich, daß der Kutscher kam, in einem langen Gehrock, mit seinem großen, schwarzen Pferd, bedächtig öffnete er das Tor, spannte das Pferd in die Deichseln und lenkte den knarrenden Wagen hinaus» (A 30f.). Es ist der Totenwagen und auf ihm der Kutscher, die personifizierte Bedrohung, wie sie bei Peter Weiss immer wieder in Erscheinung tritt. Das Kind erlebt diese Welt der Qual, des Todes, der Folter, steht ihr fassungslos gegenüber. Die alptraumartige Angst vermag sich nicht im Aufscheinen eines Sinnzusammenhangs zu lockern. Der Leser fühlt mit, aber das Nichtwissenkönnen des Kindes, entwicklungsmäßig bedingt, schafft ihm ein Alibi, löscht seine Betroffenheit. Die Wirkung, die sich hier aus dem bloßen undurchdringlichen Vorhandensein der Dinge ergibt, wiederholt sich im *Schatten* auf ähnliche, doch unausweichlichere Weise. Wenn «blutiges Rot» über dem Wald liegt, der Schatten der Scheune sich «mit einem noch darüber hinausragenden Schatten einer menschlichen Gestalt, riesenhaft über die Felder» ergießt (Sch 88), die «Silhouette des Kutschers hoch oben auf dem Bock» (Sch 92) heranschwankt, der Kutscher breit und schwarz im Lichtschacht des Kellerganges verschwindet – stets ist der Eindruck ein beängstigender, der Effekt ein monströser. Dies aber nicht etwa, weil das Geschilderte an sich entsetzlich und grauenvoll wäre, sondern weil diese minutiös beschriebene Welt unsere Welt ist, nicht entschärft durch die Tatsache eines kindlichen oder kranken Bewußtseins. Sie bietet sich dar, wie oben gezeigt wurde, nackt, fremd, zerstückelt, herausgerissen aus dem freundlichen Panorama von Tradition und menschlicher Gemeinsamkeit.

Die verfremdeten, ihres Sinnzusammenhangs und Verweisungscharakters beraubten Gegenstände werden zu Inbegriffen des Unbekannten, zu Hinweisen auf das Dunkle, Gefährliche, auf Grausamkeit, Folter und Tod. Sie lösen Sinnesempfindungen aus, entbinden das Mysteriöse, ehe sie in ihre Alltäglichkeit zurücksinken. Die Realitätspartikel «Säbelscheide» (Sch 35), «Scheide» (Sch 32) und

«Brecheisen» (Sch 83) können solcherart zu Sexualmetaphern, «Axt»
(Sch 83), die Gestalten von «Vater» (Sch 88) und «Kutscher» (Sch
91ff.) zu Metaphern der Gewalt werden, ohne daß es vom Autor
explicite ausgesprochen würde. Im Sinne von Dalis «kritischer Pa-
ranoia» gewinnt der Gegenstand, voll sichtbar dank der Beschreibungstechnik, die Qualität eines «Katalysators vielfältiger Wünsche,
Sehnsüchte, Triebe, Instinkte»[12] (N 170). Und Ängste, wäre zu ergänzen. Denn Boger und seine Schaukel sind als Assoziation bereits
nicht weniger anwesend als die Gaskammer und der Erstickungstod
(Sch 78). Wie heißt es in Dalis *La femme visible* (1930)? «Die Realität der Außenwelt dient als Veranschaulichung und Beweis, sie wird
in den Dienst der Realität unseres Geistes gestellt»[13]. Weil der
Mensch in einer Welt der Unmenschlichkeit lebt, gewinnen die Dinge
die Qualität des Unmenschlichen für ihn. Doch nicht an den Dingen
liegt es, sondern an ihm, weil das Licht, das auf sie fällt, von ihm
stammt.

Zu diesen objektiven Bildeindrücken, die sich einer in Raum und
Zeit genau fixierbaren Beobachtung verdanken und durch deren Aufzählung kausal nicht verbundene, psychologisch nicht verspannte
Bildketten sich ergeben, treten andere, nicht objektive: Sie entstam-
men einer durch Selbstqual – indem Salz in die Augen gestreut wird
– hervorgerufenen ästhetischen Wahrnehmung. Die Resultate hat
Peter Weiss genau beschrieben: «zuerst unterschied ich eine Run-
dung, ähnlich einem Ballon oder einer gläsernen Kugel, von unbe-
stimmbarer, zuweilen ins Grüne, zuweilen ins Gelbe oder Blaue
wechselnden Farbe, die sich zu immer größerer Leuchtkraft steigerte.»
Aus der Kugel werden Kugeln, in einem Spiel von Formen und Far-
ben sich bewegend. Oder eine Stadt erscheint, der Autor glaubt an
der Brüstung eines Altans zu stehen und unter sich, auf der Dach-
terrasse des gegenüberliegenden Hauses, eine nackte Frau zu sehen.
So intensiv ist die Vorspiegelung, daß der Sehende sie «mit einer
Wirklichkeit verwechselte» und eine «heftige Bewegung» mit seinen
Armen vollführte, wodurch er «unmittelbar das Bild zerriß» (Sch
18ff.). Interessanterweise wird ein genauer Unterschied zwischen
realer und irrealer Wirklichkeit («es war, als sähe ich») gemacht.
Die von der ätzenden Wirkung der Salzkörper hervorgebrachten,
klar definier- und erkennbaren Visionen oder Halluzinationen einer
hintergründigen Realität bilden als poetische, dem Traum verwandte
Surrealität einen frappierenden Gegensatz zur vordergründig-regi-

stratorischen, als bedrohend empfundenen Über-Realität, die von der authentischen Personalperspektive eines Ich verbürgt ist. Indem sie als «automatisches Sehen», wenn diese Abwandlung eines Begriffs des Surrealismus gestattet ist, dokumentarischer Beschreibung, die sich zwangsläufig durch Verzicht auf Deutung, Interpretation definiert, gegenübergestellt wird, intensivieren sich deren Realitätsgehalt und Abgründigkeit.

Dies alles führt zu der Konklusion, daß neu ist an der «esoterischen» Prosa des *Schatten* nicht etwa das neosurrealistische Spiel mit Bild- und Wortassoziationen, die «Herstellung von Lichtbögen» in der poetischen Intuition und das «Erdenken von Bildern». Das Neue muß vielmehr in der absurdistischen Überspitzung der naturalistischen Technik gesehen werden, in der manisch-kühlen Notierung von Abläufen, der Entblößung der Poren einer Realität, deren überwältigende Nähe Ahnung und Wissen bestätigt, Angst und Ekel hervorruft. Menschliche Haut ist nun einmal, aus zu großer Nähe und ohne Bildkommentar betrachtet, schwer von der jenes Tieres zu unterscheiden, dem es meist bestimmt ist, sehr jung zu sterben. «Entseelte Realität«, Sinn-los und überreal erfaßt, löst sich auf in einen *grotesque strip*.

Der Autor Peter Weiss steht also, wie dieser Versuch gezeigt haben mag, nicht nur in einer faßbaren Tradition, er gewinnt auch aus ihr einen neuen überzeugenden Ansatz. Doch welchem seiner heutigen Leser drängte sich nicht die Frage auf, so er sich die weitere Entwicklung über *Marat/Sade* zu *Trotzki im Exil* vergegenwärtigt, ob es diesen frühen Peter Weiss denn wirklich gegeben habe? Nur schwer wird er sich dem Eindruck entziehen können, vor der geradezu paradoxen Situation zu stehen, daß das, was den Autor vor zehn Jahren berühmt machte und ein in höchstem Maße versprechender Anfang war, links – oder sollen wir sagen, rechts? – liegen blieb und unversehens zum Endpunkt wurde. Der unvollendete Weg erschien im Licht einer Sackgasse. Ganz zu Unrecht, wie wir meinen, auch wenn die mit diesem «Mikro-Roman» begonnene Linie nicht fortgeführt wurde.

Im Seelenlabyrinth

Das Gespräch der drei Gehenden

> «Sie gingen und sahen sich um und sa-
> hen was sich zeigte, und sie sprachen
> darüber und über anderes was sich frü-
> her gezeigt hatte.» (G 7)

«Seelenlabyrinth, Gefühls-, Gedankengrube» nennt Peter Weiss in
seiner Aufzeichnung «Der große Traum des Briefträgers Cheval»
(1960) dessen Bauwerk. Es sei Ausdruck einer Seele (R 40); wenn
man es betrachte, gelange man «tief in das Phantasieinnere eines
Menschen hinein» (R 40). Alles, was ihm auf seinen Wegen als
Landbriefträger begegnet, wird ihm Material, «Unterlage für die
fließende Phantasie» (R 40). An diesen Aufsatz fühlt sich erinnert,
wer das 1962 entstandene *Gespräch der drei Gehenden* liest. Dessen
bestimmendes Grundprinzip ist die Bewegung, das Fließen. Wie der
Titel mit dem substantivierten Partizip Praesens schon sagt, wird die
Erzählsituation, wenn man von einer solchen ausgehen will, aufgelöst
in Motion. «Es waren Männer die nur gingen gingen gingen» (G 7),
beginnt das Werk fast märchenhaft – allerdings nur fast, denn es
entfaltet alles andere als eine heile Welt. Dann werden die Erzähler
eingeführt: Abel, Babel und Cabel. Drei Männer, Wanderer, «auf der
Brücke» trafen sie einander zufällig; sie tragen Namen, die Nummern
sind, Signum des Jedermann und doch Facetten eines Ich. Die epische
Perspektive des «es waren» wandelt sich zur dreifachen Ich-Perspektive und endet im umfassenden «wir»; «wir gehen gehen gehen.»
Imperfekt wird zum Praesens, den Gleichnischarakter bestätigend.
Der Weg über die «Brücke» hat die drei zusammengeführt, der Gang
von Ufer zu Ufer, von Geburt zu Tod. Die Brücke erweist sich als
beherrschendes Zeichen im Text[1], als Motiv.

Dreißig Prosastücke: Geschichten, Beobachtungen, Erfahrungen,
Visionen – traumhaft bildgewordene Ängste, Wünsche, existenzbe-
stimmende Ereignisse zwischen Leben und Tod umspielend –, fügen
sich in den beweglichen Rahmen, knapp, skizzenhaft, bisweilen anek-
dotisch. Im Zwielicht bleibt, wer von den dreien jeweils spricht, sie
sind Schichten, Abspaltungen eines Ich, konstituieren im Verein
einen großen inneren Monolog.

«Ich glaube, diese Brücke ist neu», sagt der eine. «Die Brücke besteht seit langem», hebt der andere an. «Gestern fuhr ich noch auf der Fähre», behauptet der dritte (G 8, 10, 15). Der Effekt solchen Gegen- und Nebeneinanders von zeitlicher Fixierung, von Ebenen, ist Zeitlosigkeit, Verlegung des Geschehens in einen schwebenden Bereich jenseits der Zeit.

Der Schlußpunkt fehlt, die Fabel hat so wenig ein Ende wie der Bilder, Träume, Vorstellungen tragende Lebensfluß. Wie die Erzählenden sich bewegen, unterwegs sind von Ufer zu Ufer, so ist auch das, was sie erzählen, in Bewegung: zur faßbaren Kleinszene verfestigt es sich nur im Kern. Die Ordnung des Ganzen gleicht jener eines Mobile, ständig neue Konstellationen bietend, genau, aber zugleich über den Augenblick und sich hinausweisend. Ich «sah die nächtlichen Erscheinungen ... bei Tag, und was sich zeigte war unerklärlich, und nur Vorspiegelung» (G 106).

Die epische Anlagerung von Erzählstücken, Beiträge der Ich-Erzähler, findet Überhöhung durch die Geschichten vom Fährmann und seinen sechs Söhnen, die einer der drei Gehenden beisteuert. Von jeweils drei Söhnen berichtet der Fährmann, wenn er den Erzähler morgens und abends über den Fluß setzt. Anklänge an Noah und seine drei Söhne? Urzeit beschwörend, den gleichbleibenden Fluß? Noah, der Fährmann, der mit seiner Arche das Meer der Sintflut überquerte, denn «die Erde war verderbt vor Gottes Augen und voll Frevels» (1 Mos., 11). Die Welt von damals, sie ist kaum anders als die von heute. Sehen wir im Fährmann und seinen Söhnen Vertreter der Menschheit, so finden die Geschichten der Ich-Erzähler in den Berichten über Jam, Jim, Jom, Jum, Jym (G 19) – Nummern, Zeichen auch diese Namen – Bestätigung und Potenzierung. Direkte Erfahrung des dreifachen Ich und indirekte der Welt spiegeln und ergänzen einander.

Wer die Welt des *Schatten* und der autobiographischen Schriften *Abschied*, *Fluchtpunkt* zum Vergleich heranzieht, der wird, steht zu befürchten, nichts eigentlich Neues in den Prosastücken der *Drei Gehenden* finden. Die Bilder, die sich hier aneinanderfügen, von archetypischer Wertigkeit fast, ergeben keine Szenerie, es sind Partikel von Wirklichkeit, wie sie für Erinnerung und Erleben beschädigter Existenz charakteristisch sein mögen. Katastrophenphantasie beschwört Alpträume, macht eine Welt der Bedrohung, der Qual sichtbar (G 11f., 16, 17, 26, 28, 29, 41, 43, 52, 67, 71, 121). Wieder tritt der Kutscher mit seinem Schlaginstrument, der Peitsche, in Erscheinung: «Der Kutscher vor uns auf dem Bock hob gerade die Peitsche, die mit einer weißen Schleife verziert war, da rutschte das Pferd aus, brach in die Knie und blieb im Gewirr der Riemen liegen» (G 11). Schilderungen von Tortur, Verstümmelung, Gewalt, Tod nehmen breiten Raum ein. Während die Natur, Hintergrund und Umgebung, eher idyllisch beschrieben wird, ist das Verhältnis der Menschen zueinander und zu den Dingen von Feindschaft und Mißverstehen bestimmt. Es ist unmöglich, den Inhalt des schmalen Bandes im einzelnen wiederzugeben. Begnügen wir uns mit ein paar Beispielen: Die Fahrt in der Hochzeitskutsche wird zur Katastrophe (G 10); durch ein Versehen kommt es zum Vatermord (G 26); Selbstmord als Vision (G 36); Tod der Eltern als Geburt des Kindes (G 45); nichts kann den Aufstieg des Bösen bremsen (G 53); ein Selbstmörder wird von der Gesellschaft zum Helden umfunktioniert (G 57); Schwangerschaft als Mittel zur Erpressung (G 19, 67); Traum von einer «Gesellschaft zur Abschaffung des irdischen Elends» (G 79); Mann und Frau, Eltern und Kinder verstehen einander nicht (G 87); Verstehen als Wunschtraum (G 120); Bewußtsein der Vergänglichkeit (G 97) und schließlich die Vision vom Massengrab (G 109): «... ja, dachte ich, ich bin von meiner Frau weggerissen worden, und meine Kinder hat man an der Wand zerschlagen, wahrscheinlich hat man mich in ein Gefängnis geschmissen und dann, wie üblich, in ein Massengrab ... und da wühlte ich mich nach oben, obgleich das eigentlich unmöglich ist ...» (G 109f.). Das dreißigste Erzählstück, eine Szene, gesehen aus der Perspektive des Voyeurs, beschreibt die Vertreibung des Fährmanns aus seinem Haus. «... ich duckte mich tief in das Blattwerk am Zaun und hielt den Atem an, und da sah ich eine riesenhafte Figur aus dem Haus treten, einen Mann mit entblößtem haarigen Oberkörper und mit langem rotbraunem Kopfhaar, das an den Seiten zu Zöpfen geflochten war ...» (G 122). Er verweilt an der Schwelle, «mit seinem gewaltigen Gähnen, und wandte sich dann langsam um und ging in das Haus zurück» (G 123). Und der Erzähler läuft davon, flieht, dorthin, «wo wir jetzt gehen gehen gehen». Ist es Jom, der seine Eltern vertrieben hat? Nach der ewigen Revolte des Sohnes gegen den Vater?

Auch in diesem Werk verzichtet der Autor auf sinngebenden Kommentar. Die drei Ich-Erzähler tragen ihre Geschichten bei, bald distanziert, bald teilnehmend berührt, bald fragmentarisch, bald in der gerundeten Wiedergabe konturierter Szenen. Verglichen mit der Prosa des *Schatten* wird, der Situation entsprechend, mehr erzählt als beschrieben, das Erzählgeflecht, durchwoben mit Mustern aus Realität und Imagination, ist weicher, farbiger, melodischer, wenn dieser Ausdruck hier gestattet ist. Eine gediegene Prosa, deren Kontur mehr auf Hermann Hesse als auf Döblin und die Bestandsaufnahmen des *Schatten* verweist. In ihrem Gegensatz von zirkelnder Rationalität und fließender, wuchernder Phantastik deutet sie auch auf den Surrealismus und die Welt seiner Filme. «Ich träume. Aus Impulsen, Gedanken, errichte ich Formen», schrieb Peter Weiss über den Briefträger Cheval (R 36). In seinem Aufsatz «Avantgarde Film» heißt es, im Gegensatz zum Spielfilm, der immer noch überladen sei «von all diesem Dialog, der einem alles erklären will, von dieser Schilderung von geschlossenen Persönlichkeiten, von Intrigen und äußeren Handlungsmomenten», gehe es in den avantgardistischen Werken «um einen Ausdruck von Emotionen, von Gedankenketten, die sich der Vernunft oft entziehen» (R 10). Mit anderen Worten, es gibt keine «Lösung»: «Impulse» kommen zur Sprache. «Wir blicken in einen Traum ein» (R 20). Doch verglichen mit dem psychischen Automatismus des Surrealismus, der den Schreibenden sich dem «Diktat des Denkstroms» hingeben heißt[2], wäre der Text der *Gehenden* besser als semi-automatisch definiert. Was hier den kollektiven Erzählfluß mit wechselnden Stilebenen konstituiert, ist kühle Wahrnehmung, die sich mit Bildern des Unbewußten verbindet, «verwürfelt», aus von «unten» aufsteigenden und «von außen hereindringenden Klängen»[3]. Eine wirklich bedeutende Rolle wird die Tradition des Surrealismus im Werk von Peter Weiss erst später spielen. Einen Niederschlag findet sie *Im Gespräch der drei Gehenden* vor allem in Motiven, die an surrealistische Filme, von Durand (R 9) oder von René Clair (R 12f.) etwa, erinnern[4].

Vom Verlag wird der paranoische Abläufe zu groteskem Effekt steigernde Text «Fragment» genannt. Peter Weiss bezeichnet ihn als geschlossenes, aber ins Unendliche verweisendes Werk. Es verdient Interesse als Glied des Gesamtœuvres des Autors und sollte nicht als einzelne für sich stehende Arbeit bewertet werden. Dazu ist es zu skizzenhaft, zu offen und von Unverbindlichkeit bestimmt. Das innere Gesetz, das den Teil mit dem Ganzen verbindet, die Wertigkeit des einen durch das andere definiert, wird nicht wägbar. Es ist, als hätte der Autor alptraumhaft Erinnertes aus den beiden früheren

autobiographischen Werken hier noch einmal spielerisch-filmisch aufbereitet, um dem Leser, E. T. A. Hoffmann ähnlich, geheimnisvolle
Bezüge, Bedeutungen zu signalisieren und sie sogleich wieder weg-
zuwischen. Die Motive auch dieser locker gefügten Prosastücke, nämlich Tod, Flucht, Schmerz, Qual, Leiden an einer sich ständig zur
«Überwirklichkeit» verfremdenden Wirklichkeit, sind nichts anderes
als Variationen zu dem Grunddualismus, der das Werk von Peter
Weiss prägt und zwischen dem sich die «Gehenden» bewegen. Denn
Stillstand bedeutet die Hölle.

Gesellschaftsdiagnose
als surrealgroteske Moritat
Die Versicherung

«... in einer Lage ..., in der der morgige
Tag in Schleiern liegt, unter denen sich
Katastrophen und Revolutionen verber-
gen ...» (D 1, 40)

Im gleichen Jahr 1952, da Peter Weiss seinen «Mikro-Roman» *Der
Schatten des Körpers des Kutschers* schrieb, in dem, wie gezeigt
wurde, autobiographische Reminiszenzen in einem eigenwilligen, die
Traditionen von Naturalismus und Surrealismus fortführenden Stil
verarbeitet werden, entstand auch des Autors zweiter bekannter
dramatischer Versuch. Er hat nichts gemein mit dem *Turm*, der ein so
negatives Echo gefunden hatte. Denn nicht um Ich-Analyse im «subjektiven Drama» geht es hier, sondern um Analyse, Entschleierung
von Ordnung und Lebenssituation der bürgerlichen Gesellschaft, in
der Chaos und Gewalt, das verdrängte Amoralische, Barbarische
jederzeit die Hülle der Anpassung sprengen können.

1922 verkündete Iwan Goll in der «Neuen Schaubühne», daß es
«kein Drama mehr» gebe. Sieben Jahre lang war Goll aktiver Vertreter des Expressionismus gewesen, als er 1921 den Nekrolog auf
ihn schrieb. Aber auch in seinem «Überrealismus», den er, 1920 nach
Frankreich emigriert und dort mit Kubismus und Surrealismus bekannt geworden, propagierte, ist expressionistische Thematik lebendig. In seinen nachexpressionistischen Grotesken tritt, wie später
auch bei Peter Weiss, die Bemühung um die Form allerdings zugunsten der Tendenz, der gesellschaftskritischen Aussage in den Hintergrund. Was intendiert wird, ist satirisch-grotesker Effekt. Schock soll
die Scheinrealität des bürgerlichen Alltags entlarven, die dahinter
verborgene «überreale» Wirklichkeit bloßlegen. Iwan Goll schreibt
dazu (1920): «Zunächst wird alle äußere Form zu zerschlagen sein.
Die vernünftige Haltung, das Konventionelle, das Moralische, unseres
ganzen Lebens Formalitäten. Der Mensch und die Dinge werden
möglichst nackt gezeigt werden, und zur besseren Wirkung immer
durch das Vergrößerungsglas»[1]. In seinem Aufsatz «Es gibt kein
Drama mehr» (1922) meint Goll: «Die Menschen stehen viel zu tief

dazu, sind viel zu unmoralisch, zu weich, zu verantwortungslos, zu schnell zum Kompromiß bereit. Und der Kompromiß ist Zyankali fürs Drama. Die Zeit zu merkantilistisch. Selbst fluchen und zürnen hat keinen Sinn! Was bleibt übrig? Die Zeit lächerlich machen. Die salzige, harte, böse Ironie. Die Peitsche. Die Unerbittlichkeit. Das Seziermesser bis auf die Knochen. Die Hosen runtergerissen. Die Schande offen ausgelacht. Die gesunde Rache der Kinder, die mit Steinen nachwerfen. A bas le bourgeois! Zerfetzt ihm seinen Regenschirm! Das ist bei Gott nicht dramatisch. Aber man lacht sich selbst ein bissel tot, und der Tod ist der letzte Kitzel, der unsere Langeweile noch etwas bemeistern kann»[2,3].

Nicht zu Unrecht erinnern uns diese Postulate an die Ziele, welche die Beschreibungstechnik im Prosatext des *Schatten* verfolgte. Die Wirkung des «Vergrößerungsglases», das Mensch und Dinge «nackt» zeigt, wurde dort durch Unterkühlung, Auflösung der Sinnkonvention, durch reihende, kommentarlose Abbildung erreicht. Freilich, nicht daß das Verfahren jetzt auf die Bühne übertragen würde: Was einander entspricht, sind der entlarvende Effekt, die groteske Wirkung, die Provokation durch Schocks.

Mit der Frage «Wo ist der Turm?» (D 1,33) war das Stück *Der Turm* zu Ende gegangen. Sie verhieß Befreiung. Mit einer Frage und einer Antwort endet auch das 1952, also vier Jahre später, geschriebene Drama *Die Versicherung*. «Wohin wollt ihr denn mit mir?», fragt Alfons, der Polizeipräsident. «Dorthin wo solche wie du hingehören», sagt der Polizist (D 1,87). Eine Definition dessen, was unter «dorthin» zu verstehen ist, wird nicht gegeben. Auch die Drohung des Außenseiters Leo: «Die Ziegel fliegen von den Dächern. Das ist noch gar nichts. Das ist nur der Anfang. Ihr werdet sehen, was noch kommt» (D 1,79), bleibt ohne Folgen, meint nur Auflösung, keine neue Ordnung. Sie bezieht sich auf das Chaos, das die Abendgesellschaft verschlingt, die Anarchie. Der Schauplatz hat sich verlagert von der Welt des Innern, wie er im *Turm* gegeben war, in die soziale Realität der «spätkapitalistischen Länder», in «Stuben, die Wohlstand vortäuschen, doch voll sind von Gift und Fäulnis, von Geiz und Eifersucht, und in deren Erstarrung die Bewohner einander langsam zerfleischen» (R 73), wie Peter Weiss in Bezug auf Strindberg und Schweden sagt. Erstarrung, Lähmung sind die wesentlichen Merkmale der Hölle, des Ortes, «an dem es keine Weiterentwicklung gibt, an dem jeder Gedanke an Veränderung ausgeschlossen ist»

(R 149). Damit seine Absicht, die Schilderung des Untergangs eines bürgerlichen Gomorrha, nicht mißverstanden wird, sagt der Autor in einer Anmerkung: «Die anarchistisch-vorrevolutionäre Atmosphäre des Stücks läßt sich aktualisieren durch die jüngsten Ereignisse in den spätkapitalistischen Ländern. Die Handlung kann z. B. in die Vereinigten Staaten verlegt werden, wobei auch die Namen amerikanisiert werden können» (D 1,260).

Das aus einer Szenerie von 19 Bildern bestehende Drama, dessen Titel als Argumentum wirkt und im Sinne des epischen Theaters Gang und Inhalt des Stücks ironisierend vorwegnimmt, beginnt damit, daß im Hause von Alfons, dem Polizeipräsidenten, Gäste erscheinen, um mit ihm und Erna, seiner Frau, den Abschluß einer Versicherung zu feiern. Zusammen finden sich die Vertreter einer bürgerlichen Welt, die scheinbar intakt ist und im symbolischen Akt des Versicherungsabschlusses eine Bestätigung und Erhöhung ihrer Sicherheit erfahren soll. Die Fassade ist bestimmt von Abendtoiletten, Fräcken, Ordensbändern, zeremonieller Begrüßung, pantomimischer Konversation. Eine Welt des Scheins, der brüchigen Täuschung, die in den folgenden Bildern ihr wahres Gesicht offenbart, von der zurückgestauten Wirklichkeit eingeholt wird. Verdrängtes steigt ans Licht, entfesselt brechen Grausamkeit, primitive Sexualität hervor, um alles in einen grotesken, zerstörerischen Strudel zu reißen.

Sobald die Gäste sich im 1. Bild der fragmentarischen Sitzgelegenheiten bemächtigt haben und sich mit Stuhlbeinen am Kopf kratzen oder den Takt schlagen, verkündet der Polizeipräsident, ehe er mit dem Rasiermesser den Braten schneidet und damit eine Freßorgie in Gang bringt, den Zweck der Soirée: «Wie ihr alle wißt, will ich eine Versicherung eingehen. Zwecks dieses Zweckes habe ich die beiden Direktoren der Versicherungsgesellschaft gebeten, sich hierherzubegeben ... in einer Lage, in der wir in der Früh nicht wissen, was der Abend mit sich bringt, und in der der morgige Tag in Schleiern liegt, unter denen sich Katastrophen und Revolutionen verbergen, will ich den Gedanken in die Tat umsetzen, meiner Verantwortung als Vater, Gatte, Hausbesitzer und Bürger bewußt ...» (D 1,40). Unter den Gästen befindet sich ein Doktor Kübel, begleitet von seinem Gehilfen Grudek[4], der in eine Chauffeursuniform gekleidet ist. Kübel trägt Cape und Zylinder, erinnert an eine Gestalt aus einem Horrorfilm und lockt die Gäste, von denen einer an einem Knochen zu ersticken droht, in seine Klinik. Das 2. Bild zeigt Doktor Kübels Privatklinik.

Die Gäste haben sich zu entkleiden, Alfons verhandelt desungeachtet weiter mit den Versicherungsdirektoren, in selbstmörderischer Ausschließlichkeit. Während die Vorteile und Garantien einer Versicherung erörtert werden, wandelt sich die Atmosphäre zum Unheimlichen. Wie später in *Marat/Sade* finden Wort und Vorstellung im Umweltgeschehen groteske Widerlegung. Während in «Doktor Kübels Privatklinik. Alle Arten von Heilverfahren» die Wärter sich zur «Behandlung» rüsten, liest der Versicherungsdirektor aus der Police vor: «Sie versichert Anschläge mit explosiven Mitteln wie Sprengladungen, Höllenmaschinen, Handgranaten, Minen ... Sie umfaßt Anschläge mit gegrabenen Gruben, herabfallenden Gegenständen, Giften, Messern, Schlagringen, Knüppeln, Scherben, Seilen, Drähten, Faustschlägen ... sowie Versuche der Ermordung mittels Feuer, elektrischem Strom und Ertränkung. Auch Angriffe psychischer Art werden berücksichtigt, wie sie sich im Lauf einer Tortur oder Gefangenschaft ergeben können» (D 1,46f.). Das Stück führt den Abbau dieser scheinbaren Sicherheitsposition vor, es destruiert die «Versicherung». Obwohl von Sicherheit die Rede ist, wächst die Unsicherheit; in *Marat/Sade* ist permanentes Thema die Revolution, und ringsum triumphiert die Restauration. Kaum hat Alfons das Schriftstück unterzeichnet und ist, im 3. Bild, von Unwetter und elektrischen Schlägen gejagt, eine Leiter hinabgeklettert, als sich, im 4. Bild, die Klinik des Doktor Kübel als Folterkammer zu erkennen gibt. Kübel, Hulda, seine Assistentin, und die sogenannten Krankenpfleger tragen «große schwarze Brillen und unförmliche weiße Pantoffeln ... flitzen mit den Bewegungen von Schlittschuhläufern zwischen den Gästen herum, reißen hier und da jemandem die Arme hoch, pressen ihn auf einen Stuhl nieder, reißen ihm den Mund auf, legen das Ohr auf seine Brust, seinen Rücken, beklopfen ihm das Knie, legen ihn auf den Boden, heben ihm die Beine, halten ihn am Haar und lassen ihn vor sich rotieren, alles blitzschnell, von einem zum andern rutschend. Dazu das Sausen, durchkracht von elektrischen Schlägen» (D 1,49). Im 6. Bild tritt Kübel in einem chaotisch-kleinbürgerlichen Zuhause auf, um seinen (angebrannten) Pudding zu essen. Leo, der, mit einem roten Fell bedeckt, schon im 1. Bild, beim Aufbruch der Gesellschaft zu Kübel, als Sinnbild anarchisch-animalischer Triebhaftigkeit in Erscheinung getreten war, liegt in der Badewanne. Spätestens hier wird klar, daß eine Verbindung besteht zwischen den Folterkammern Kübels, der Grausamkeit und dem entfesselten Sexus, wie sie auch später, in *Marat/Sade* und in der Welt des KZ, sichtbar werden wird. Der Name «Leo» ist eine unmißverständliche Anspielung auf den «Löwen» im *Turm*. Er verkörpert dort «das Wilde und Unbändige» (D 1,259). Es hat einen tieferen Grund, daß Doktor Kübel und Leo unter einem Dach wohnen: sie sind im Grunde *eine* Figur, müssen als Alter ego für einander gesehen werden. Leo steht für den entfesselten, zu elementarem Chaos und vitaler, befreiender Anarchie drängenden Trieb, während bei Doktor Kübel und seinem Gehilfen Grudek gelähmter, zerstörerischer Trieb und ekelhafte, unbefriedigte Sehnsüchte vorherrschen und sich in Grausamkeit äußern. Sie bilden daher zwei Pole: bürgerlich-faschistisches Gebaren und ziellos-anarchisches Schweifen. Wessen Geistes Kind Kübel ist, geht nicht zuletzt aus seinen Äußerungen über Kunst hervor, die er beim Betrachten eines Leo gehörigen Buchs von sich gibt: «Ja, Künstler hätte man werden sollen. So ein schönes Bild. Wie das gemalt ist – dieses Leibchen – und Strumpfbänder – ganz wirklich ... das nenn ich Kunst .. also die beiden hier – was machen die denn ... also wirklich –» (D 1,53). Er bewundert den bürgerlichen Strumpfbandrealismus, lasziv, kitschig, verlogen, «schön», etwa im Sinne der offiziellen Kunst des Dritten Reichs. Bild 7, wie auch 12, bestehen nur aus Film und akustischem Effekt.

In den darauf folgenden Bildern (8, 9 etc.) erreicht die Triebentfesselung Höhepunkte: Kopulationen, grausig, ekelhaft, tierisch, «befreiend». Triebverfallenheit, Brutalität, Heuchelei. Bezeichnend die Szene (Bild 9): eine Frau verweigert ihrem Mann, der, als er half, Leo hereinzuziehen, zum Fenster hinausfiel und mit den Zehen draußen am Fensterbrett hängt, die selbstverständliche Hilfe. Während sie sich mit Leo beschäftigt, den Weitereilenden mit Küssen zurückzuhalten sucht, droht ihr Mann, jeden Augenblick in die Tiefe zu stürzen. Entrüstet weist sie sein Ansinnen zurück, ihr Nachthemd auszuziehen und es dem an der Hauswand Hängenden hinabzureichen, damit er einen Halt hat: «Mein Nachthemd – was glaubst du eigentlich – ich kann doch nicht mein Nachthemd nehmen – das würde ja ganz zerknüllt» (D 1,60). Der Effekt gehört in den Bereich des Kaspertheaters. In grotesker Gleichzeitigkeit endet die Szene: Während unten dumpf der Körper aufschlägt, flüstert die Frau, dem nach oben entschwundenen Leo nachblickend: «Komm bald Liebster» (D 1,60). Inzwischen (Bild 13) geht die Behandlung in der Klinik weiter: Injektionen, Folterungen, die «Pfleger» tun ihre

«Pflicht», lasziv-grausam – die Parallele zur KZ-Welt ist überdeutlich, was durch die Unfähigkeit des Patienten, das Geschehen zu realisieren, die Gemeinschaft im Leiden zu einer Gemeinschaft der Aktion, Revolte zu machen, unterstrichen wird. Zum organisierten Terror, bei dem Pfleger als Ärzte auftreten, Tötungsmittel als Medizin verabreicht werden, kommen individuelle Grausamkeit und viehische Kopulation: Erna und Leo stecken in einem Mülleimer (Bild 14), «Laute der Wollust» (D 1,69) sind zu hören. Als Leo hervorkriecht und Erna ihm folgen will, stößt er sie zurück, schraubt die Tonne zu; die Müllabfuhr holt sie ab. Demütigung allenthalben, «Schläge, Kreischen und Schreie» (D 1,69). Quälereien teils in Verbindung mit Lust, teils aus bloßer Grausamkeit. Simultaneität bietet Bild 15, drei Handlungsorte durchdringen einander: Der Casino-Besitzer, ein anderer Festgast, drängt sich in einem Käfig zwischen den Versuchsziegen an den Futtertrog. Er fleht wie die anderen Gefangenen um Befreiung, da er doch nichts getan habe; er müsse zu seiner «Kunstsammlung», lautet sein absurdes Argument. Grudek im Arztkittel schlägt es ab, ermahnt ihn, sich an den geduldigen Tieren ein Beispiel zu nehmen. Daneben Erna, unterm Müll gefunden, in den Armen eines Müllwerkers, und Alfons an Huldas Brust. Die Simultanszene endet damit, daß der Casino-Besitzer, vergeblich nach Alfons schreiend, «an die Arbeit» getrieben (D 1,76), Erna, die nach ihrem Mann und ihren Kindern jammert, hinausgekarrt und Hulda vom Polizeipräsidenten zum Friseur, zur «Einebnung», geführt wird.

In Bild 17 verkündet Leo, während Häuser zusammenstürzen, Düsenjäger vorbeidonnern, die Revolution: «Es lebe die Revolution. Bewohner der Stadt – die Freiheit bricht an – stürzt die Tyrannen» (D 1,80). Der Polizeipräsident, der bei Hulda, Dienstmädchen und Krankenschwester, Trost gefunden hatte, wird unter deren Mitwirkung «demontiert»: selbst seine Kinder erkennen ihn nicht mehr wieder. Man lacht nur noch, als der Mann behauptet, der Polizeipräsident zu sein. Er begreift die Welt nicht mehr.

«Während Alfons links mit Gewalt von den Polizisten weggeschleppt wird und verschwindet», heißt es in der letzten Regieanweisung, «gehen im Vordergrund der Bühne von links nach rechts Hulda und Grudek vorbei. Sie promenieren langsam, lachend. Hulda läßt den Sonnenschirm rotieren. Die Nähmaschinen surren» (D 1,87). Wodurch unterscheiden sie sich von Alfons, dem gestürzten Machthaber?

Diese raffende Inhaltsangabe hat gezeigt, wie sich in dem Stück die

Intentionen von Schockierung durch Lächerlichmachen, wie Goll es postulierte, mit Triebbefreiung und Beschwörung der bürgerlichen Welt als Welt des faschistischen Terrors verbinden. Verdrängtes wird Bild, Szene. KZ-Welt und bürgerliche Welt, das wäre das Fazit, gehören zusammen, sind Kehrseiten der gleichen Münze. Die Alternative? Noch ist die Revolution rein anarchistisch definiert, als Freiheit «von», aber noch nicht «für» etwas. Ideologie tritt nur in der Einschätzung und Beschreibung der bürgerlichen Gesellschaft in Erscheinung, sie präsentiert noch kein Gegenbild. Auflösung statt Veränderung.

Golls Aufsatz endete mit der Aufforderung, dem Bürger seinen «Regenschirm» zu zerfetzen. In der letzten Regieanweisung stand zu lesen: «Hulda läßt den Sonnenschirm rotieren» (D 1,87). Ist dies, wäre zu fragen, wobei der Unterschied Regenschirm oder Sonnenschirm von sekundärer Bedeutung sein dürfte, eine Anspielung auf Goll, dessen Werk Peter Weiss gekannt hat? Sie wäre dann so zu verstehen, daß der «Schirm», ein Requisit des Bourgeois, intakt bleibt. Trotz dem Umsturz, den Leo, der Anarchist, verkündet? Am Ende sähen sich dann die Unterdrücker von heute als Unterdrückte von gestern, und umgekehrt. Die Stelle von Henker und Opfer würde austauschbar, wie die Geschichte es uns tausendfach bewiesen hat. Die Revolution, die begrüßt wurde, fände nicht statt, ihr Elan verebbte im Formlosen, im herkömmlichen Schematismus, der lediglich oben und unten die Plätze tauschen, auf Marat einen Napoleon folgen läßt. Klingt hier bereits der Zweifel an, der später in *Marat/ Sade* Thema einer Diskussion auf der Bühne sein wird?

Auch wenn sich die antibourgeoise Tendenz noch nicht im Eintreten für eine bestimmte Ideologie artikuliert, enthält das Drama schon Elemente des späteren «parteilichen» Dokumentationstheaters. So werden, den Grundgedanken von Piscators «politischer Revue» entsprechend, Wandprojektionen (D 1,44), Reklamefilme (D 1,54) und Wochenschau (D 1,64) eingefügt, um die «privaten Szenen ins Historische ... ins Politische, Ökonomische, Soziale»[5] zu steigern, Unrecht, Grausamkeit und Sexualität mit der bestehenden Gesellschaftsform in Beziehung zu setzen[6]. Die Klinikwelt des Doktor Kübel, in der die Festgesellschaft in einem «Entmenschungsprozeß» ihrer Identität beraubt wird, ist beherrscht von zwei Gestalten, die selber zu den Unterdrückten gehörten. Das Schreckensregiment des Dienstmädchens Hulda und des Chauffeurs Grudek, der, als Arzt

verkleidet, eine der Eingesperrten mit an mittelalterliche Verhältnisse gemahnenden Folterinstrumenten zu Tode quält, nimmt jene
Szenen im Auschwitz-Stück voraus, wo gleichfalls Ärzte, die keine
sind, Häftlinge mit der Versicherung, ihnen zu helfen, dem Tod überliefern. Die selbstanalytische Frage nach der «Rolle», die Häftling
und Bewacher zu spielen haben, klingt an, ohne daß die «entlarvte»
Gesellschaft bereits auf die Anklagebank gebracht würde. Der Autor
beschränkt sich darauf, sie in Auflösung und Untergang zu zeigen.
Marter und Zerstörung, Enthemmung und Lust am Ruin kennzeichnen diese, wie der Autor es nennt, «surrealistisch-visionäre Form
des Dramas».

Fraglos war von Einfluß auf die Entstehung dieser Surrealgroteske
auch die Beschäftigung des Autors mit dem Surrealismus, mit den
Filmen des Surrealismus vor allem, denen Peter Weiss in «Avantgarde Film» eine eigene Betrachtung gewidmet hat. Die Bemerkung,
die er dort über Vigo macht, gilt auch für die *Versicherung*: «Vigo ist
in vielem Bunuel verwandt. Er ist Realist. Ein Realist, für den die
innere und äußere Wirklichkeit eine Einheit bilden. Er ist kein Stilist.
Er gibt das Unmittelbare wieder, die Direktheit eines Erlebnisses,
das Ungeformte, Zentrale» (R 31).

«Hulda läßt den Sonnenschirm rotieren. Die Nähmaschinen surren», mit diesen Worten endet das Stück (D 1,87). Nimmt man zu
diesen Requisiten, von denen die «Nähmaschine» an Schwitters'
«Merzbühne» erinnert, noch den Operationstisch aus Doktor Kübels
«Privatklinik» hinzu, ergibt sich ein weiterer Hinweis auf den Surrealismus. In dem bereits zitierten Aufsatz «Avantgarde Film» erinnert Peter Weiss an Lautréamonts berühmten Satz: «Wunderbar wie
die Begegnung einer Nähmaschine und eines Schirms auf einem Operationstisch» (R 9). Wir werden auf das große Thema Surrealismus
im Zusammenhang mit *Marat/Sade* ausführlich zurückkommen.

Das Drama *Die Versicherung* oder «Die Verunsicherung», wie es
eigentlich heißen müßte, verhält sich zum Oratorium *Die Ermittlung*
wie *Der Turm* zu *Abschied von den Eltern* und *Fluchtpunkt*. In beiden Fällen zeigt es sich, daß das Individuell-Ästhetische und das
Kollektiv-Politische der Wirklichkeit eines Menschenlebens heute,
nachdem die objektive Wirklichkeit selber als Absurdität in Erscheinung getreten ist, eher durch sich selber, d. h. durch eine alle Para-
doxien einschließende Beschreibung der Gesellschaft, gezeigt werden
kann denn durch hyperbolische und parabolische Überhöhung.

Das Spiel von Kaspar Rosenrot

Nacht mit Gästen

«Das Gold hat uns verdorben / für's
Gold sind wir gestorben.» (D 1, 261)

Bereits an dem Drama *Die Versicherung* waren Züge aufgefallen, die an Jarrys *Ubu Roi* und an das Kaspertheater erinnerten. Das Maskenhafte der Charaktere, der Verzicht auf Seelenschilderung, die grelle Demonstration von Abläufen, das Einbeziehen «großer Puppen» (D 1,260), mechanische Grausamkeit, all das verweist auf das Theater des Surrealismus, das sich auf Jarry beruft, und auf die außerliterarische Tradition der Schaubude. Die Szene etwa, um ein Beispiel zu nennen, in der Doktor Kübel sein wahres Gesicht zeigt und die Gäste in seiner Klinik unmenschlichen Torturen unterwirft (D 1,49ff.), hat einen Stellenwert in moderner Moritatendichtung und, wie erwähnt, im Horrorfilm. Die Linie führt dann von hier über das Gruselstück *Nacht mit Gästen* zum Drama *Marat/Sade*. In seiner Nachbemerkung zu *Nacht mit Gästen* skizziert Peter Weiss Erinnerungen an das Kaspertheater und kommt zu dem Schluß, daß es zu einer Theaterform gehöre, die er «wiederbeleben» möchte: die «Schaubude». «Vom Kasper-Spiel wäre hier das Grobschlächtige, Possenhafte zu entnehmen, die starken Effekte, das laut Herausgerufene, oft falsch betonte, das Aggressive und Grauenhafte unter der scheinbaren Lustigkeit» (D 1,262). Charakteristisch ist auch für diese Art von Theater, die unmittelbar aus dem Emotionsbereich schöpft, das Offenbarwerden der Doppelgesichtigkeit, Zwielichtigkeit der menschlichen Gesellschaft, wie der Autor sie in *Die Versicherung* zu entlarven gedachte. Was Peter Weiss in seiner Nachbemerkung indessen nicht erwähnte, ist die ernste, lehrhafte Absicht, die sich mit der Vorführung von Lied und Schauergeschichte verbindet. Deshalb schrieb er zu dem 1962/63 entstandenen Stück nachträglich für die Berliner Uraufführung 1963 eine Schlußmoral, die es, sozusagen rückwirkend, ideologisiert und dem ästhetischen Spiel einen politischen Stellenwert aufprägt.

Etwa sechshundert Knittelverse umfaßt *Nacht mit Gästen*, eine «Moritat», wie der Autor sie im Untertitel nennt. Da die Figuren selber sprechen, wäre es wohl eher angebracht, von einem Kasper-spiel statt von einer Moritat zu sprechen. Moritat, von Mordtat abgeleitet, meint die erzählte (epische) Bildfolge, weniger das sich selbst tragende dialogische Spiel. Mit anderen Worten: was den Inhalt anbelangt, so trifft die Bezeichnung Moritat zu, keinesfalls aber in formaler Hinsicht. Die Handlung ist so grausam wie elementar. Sechs Personen treten auf: Mann und Frau, die eigentlichen Opfer, der gute «Peter Kruse mit der roten Bluse», Warner und Retter, «Kaspar Rosenrot, mit meinem Messer stech ich euch tot» und die beiden Kinder, die mit ihren Kinderreimen das grausige Geschehen untermalen. Während Mann und Frau sich ängstigen, Schritte gehört zu haben glauben, sich fragen: «Was will der Mann in unserm Haus / wir haben ihn nie gesehen / er macht ganz leis die Türe auf / und kommt herein auf Zehen», singen sie ihre Kinderreime: «Ene mene mink mank / pink pank pink pank / ene mene eia weia / acke wacke weck» (D 1,91). Das Geschehen wird solcherart verfremdet, erfährt eine Verzerrung zum Grotesken hin. Statt Peter Kruse erscheint in dem Haus Kaspar Rosenrot. Die Eltern bitten um ihr Leben, versuchen den Mörder zu besänftigen: «alles was wir haben geben wir dir / wenn wir tot sind können wir dir nicht sagen / was wir alles haben» (D 1,92). Aber der Eindringling zeigt sich wenig zugänglich: er schleift sein Messer. Schließlich bietet der Mann eine Kiste mit Gold an, die «am Teich im Schilfe» liegen soll (D 1,93). Ohne Kaspars Hilfe wäre sie allerdings nicht zu finden. Der besteht darauf, daß der Mann seine Frau fesselt und allein geht, die Schatzkiste zu holen, nicht ohne die Kinder zuvor ermahnt zu haben, zu dem Gast freundlich zu sein. Während man auf die Rückkehr des Vaters wartet, singen die Kinder, seltsam unbeteiligt, aber sich der neuen Situation anpassend: «Lieber Vater Rosenrot / komm und teil unser Abendbrot / komm und bleibe unser Gast / selbst wenn du keinen Hunger hast / iß von dem Fisch und trink von dem Bier / sei unser Vater und bleibe hier» (D 1,100). Und die Frau stimmt ein: «Ach lieber Kaspar sieh mich an / teile mein Bett und sei mein Mann» (D 1,100). Es klopft. Peter Kruse, der Warner, ruft ihnen zu: «Räuber gehn um seid auf der Hut.» Der Gast antwortet: «wir leiden keine Not / und Räuber schlagen wir tot» (D 1,102). Als der Warner wieder gegangen ist, meint der Kaspar, daß er es sich doch überlegen wolle: «vielleicht komm ich doch euerm Anerbieten entgegen / und könnte euch noch eine Weile verschonen / und bis auf weiteres bei euch wohnen» (D 1,102). Er zerschneidet die Fesseln der Frau und legt sich, nachdem die Kinder ihn ausgezogen haben, zur Ruhe nieder. Die Kinder wollen ihm jetzt, in recht durchsichtiger Absicht, eine «rosa Schleife» (D 1,105) umbinden. Doch der Gast verjagt sie und zwingt, nach wie vor das Messer in der Hand, die Frau zu sich ins Bett. Wieder erscheint Peter Kruse; diesmal läßt er sich nicht beruhigen: die Tür ist offen, er will eintreten, da kommt der Mann mit der Kiste zurück. Der Warner ersticht ihn in der Annahme, er sei ein Räuber, im gleichen Augenblick, da der Gast die Frau tötet. Nun stehen Gast und Warner einander gegenüber, zwischen sich die Kiste. Im Kampf, der begleitet ist von «kurzen gellen herausgefauchten Lauten» (D 1, 109), bringen sie einander um. Diese letzte Mordszene soll im Stil des Kabuki-Theaters gegeben werden, in der «akrobatischen Beherrschtheit der Bewegungen» an ein Ballett erinnern (D 1,262). Währenddessen schleichen sich die Kinder davon: «komm leise / sei auf der Hut / daß du nicht ausrutschst auf dem Blut / komm und halte meine Hand / hier gehts zur Tür hier ist die Wand / komm schnell hier ist die Schwelle / draußen ist es bald helle / vorsichtig da liegt er im Dreck / steige leise über ihn weg / hier steht die Kiste sie ist nicht verschlossen / heb den Deckel» (D 1,110). Die Neugier der Kinder macht offenbar, daß es nur die Futterkiste aus dem Stall ist, der Mann den Räuber hinters Licht führen wollte. Die Kinder nehmen sich ein paar Rüben und machen sich auf den Weg, ungerührt, als gingen die Querelen der Alten sie nicht das geringste an.

Damit wäre die Schauergeschichte zu Ende. Aber man könnte sie mißverstehen, in «Kaspar Rosenrot ich stech euch tot» nur den Außenseiter, den Asozialen, Verbrecher sehen, wie er sich überall findet. Dann ginge es um ein allen geläufiges, nicht sehr originelles Quiproquo, handfest und tausendmal belacht im Kaspertheater. Auf der sozialen und politischen Ebene möchte der Autor das Stück indessen gedeutet wissen. Wie bereits gesagt, hat er für die Berliner Uraufführung eine «Moral» angehängt, die nur im Anhang erwähnt wird. «Ihr seht wie's uns ergangen ist / in ihrem Blute seht sie an / die Frau die Mörder und den Mann / Das Gold hat uns verdorben / für's Gold sind wir gestorben» (D 1,261). Der Autor merkt an, daß ihm der «offene Schluß» lieber sei.

Wenn das Stück mehr als eines der üblichen Kasperstücke sein soll, also Kritik, Gesellschaftskritik intendiert, so richtet es sich gegen die Auflösung der Wertbezüge, die latente Bereitschaft zum Kompromiß. Mann und Frau, die, um ihr Leben zu retten, den Mörder zu Tisch laden (D 1,91), die Kinder, die sofort bereit sind, den neuen «Vater» zu akzeptieren, und die Frau schließlich, die nichts dagegen hat, das Bett mit ihm zu teilen. Und der Mörder und Räuber? Nicht einmal er kann die Gelegenheit ungenutzt vorübergehen lassen, nimmt, das Messer in der Hand, das Angebot an. Doch die Triebbindung an sie wird ihn nicht daran hindern, die Frau kaltblütig zu erstechen. Der Verbrecher teilt die Wünsche des Bürgers, der seinerseits versucht, den Eindringling hinters Licht zu führen. Die Kinder, die trotz ihrer scheinbaren Bereitschaft zur Kollaboration eine fast neutrale Position einnehmen, ungerührt, herzlos, haben eine «rosa Schleife» zur Hand: die wollen sie ihm umlegen – «du weißt ja wie ichs meine» (D 1,105). Sind sie deshalb potentielle Verbrecher? Oder der Mann und die Frau, da sie sich ihrer Haut wehren, mit allen ihnen zur Verfügung stehenden Mitteln versuchen zu überleben? In diesem Zusammenhang von Korruption zu reden, von kranken, verfaulten Verhaltensnormen, wäre töricht. Man fühlt sich an die Kritik erinnert, die vom sicheren Schreibtisch aus am Verhalten von KZ-Häftlingen geübt wurde, die, erniedrigt, in den Staub getreten, «kreatürlich» reagierten und jede Überlebenschance wahrnahmen. Mit irgendwelchen intermundialen Idealen konfrontiert, können sie freilich nicht bestehen. Aber haben solche Vergleiche einen Sinn, in einer Welt der Unmenschlichkeit?

Die Moral also, die sich aufdrängt: Da der Verbrecher Bürger sein will und der Bürger Verbrecher sein kann, liegt es nahe, um dem ein Ende zu machen, die Gesellschaftsverhältnisse zu ändern.

Diese Moritat ist genausowenig schlüssig wie der ihr später angeklebte Schluß. Die Banalität des grausigen Geschehens, die dumpfe Mechanik des Tötens, der verständliche Drang zu überleben – welcher der Grund dafür ist, daß der Mörder von der Familie akzeptiert wird, keineswegs aber die Affinität von Bürger und Verbrecher –, all das genügt nicht, Interesse oder gar Anteilnahme des Lesers zu wecken. Was einzig haften bleibt, ist die seltsame Gleichgültigkeit der Kinder. Sie unterscheidet sich nicht von jener der Kinder in *Die Versicherung*, die sich «nicht stören» lassen, dem Treiben der Erwachsenen zum Trotz unbeirrt ihren Spielen nachgehen. Ein Effekt, den der Autor bloß des größeren Kontrastes wegen gesucht oder als Ausblick gedacht hat, als Hinweis, daß die Generation von morgen außerhalb der Welt, der Gesellschaft der Väter steht? Triebhaft unschuldig noch? Weil sie nicht vom «Gold» verdorben ist? Über die Legende, daß der Sozialismus die Zahl der Verbrechen verringert habe, braucht nicht diskutiert zu werden.

Und für wen soll das Stück bestimmt sein? Erwachsene werden es zu Recht derb und primitiv, ja, einfältig finden. Kaspertheater als Agit-Prop, das mag angehen, dort, wo dergleichen gläubiges Echo findet. Oder sollte es sich um ein Spiel für Kinder handeln, jenes Ziel verfolgend, das der Autor in der eingangs zitierten Nachbemerkung beschrieben hat (D 1,261 f.)? Gewiß, die archaische, elementare Eindringlichkeit dieses schaurig-komischen, balladenhaften Theaterstücks, das durch den Gebrauch von Madrigal- und Knittelversen und von Kinderreimen in einer seltsam objektivierenden Distanz erscheint, mag als Demonstration von Aktionen der Sinnlosigkeit und der Wandelbarkeit eine gewisse künstlerische Rechtfertigung finden. Doch sollte des Autors reservierte Einstellung der eigenen Schlußmoral gegenüber wirklich ernstzunehmen sein? Angesichts des 1968 geschriebenen Zusatzes zu dem Stück *Die Versicherung,* wonach es «durch die jüngsten Ereignisse in den ‹spätkapitalistischen Ländern› aktualisiert» sei, kann man das mit Fug bestreiten. Gold steht in der szenischen Moritat für Kapitalismus; das sinnlose Morden, die Korruption unter dem Druck der Drohung – all das hat, wie Peter Weiss später nicht müde werden wird zu beweisen, seine Ursache in einer Gesellschaftsform, die mehr und mehr zum teuflischen Gegenprinzip simplifiziert werden wird.

Interessanterweise begründete der Autor seine Sympathie für diese Art des Theaters unter anderem damit, darin gebe es «keine Intrigen», und es würden «keine Seelen geschildert», die «Probleme» würden «mit Ohrfeigen und Messerstichen gelöst» (D 1,261). Es bietet eine faßbare, eindeutige Welt, die wieder übersichtlich geworden ist und deren «Herstellung» Peter Weiss in *Fluchtpunkt* als «größtes Abenteuer» bezeichnet (F 38). Statt Argumentation – Gewalt, ein Ausweg, der nicht nur vom Futurismus und den Meistern des Zen-Buddhismus her bekannt ist. Peter Weiss wird diese Methode, Sades Aporie überspringend, in seinen auf die *Ermittlung* folgenden, fälschlicherweise «dokumentarisches Theater» genannten Stücken zu einem Prinzip erheben. Zerfall der Welt in einen manichäischen Dualismus, Verlust des Dialogs markieren den Weg.

Hiobs clownesker Rückzug aus der Sinnfrage

Mockinpott

*«Aber das kann ich ihnen sagen von
diesem Betrug / hab ich jetzt ein für
alle Male genug.»* (D 1, 152)

In dem frühen Stück *Der Turm* läßt der Autor einen Zwerg die deformierte, gefesselte Natur verkörpern: den Löwen, der bei Pablos Ausbruch getötet wurde, spielt nun ein Krüppel. Krumm und verwachsen agiert an seiner Stelle der «Clown». Komödiantisches ersetzt die Natur, schafft «spielerische (Ersatz-)Befreiung». Deshalb kann der Erzähler in *Fluchtpunkt* sagen: Was ihn vor wenigen Tagen noch «eingeengt» hatte, «wurde jetzt zu einer Harlekinade» (F 18). Die Erkenntnis der Unmöglichkeit wirklicher Freiheit entbindet und aktiviert den Spieltrieb, löst das Leiden in Gelächter, ersetzt also, wie im Falle von Carlo, den befreienden Akt.

Gelöst werden die Probleme dieser unsrer Welt auf die in *Nacht mit Gästen* erwähnte Weise, d. h. «mit Ohrfeigen und Messerstichen» auch in der 1963 begonnenen und 1968 beendeten, in Knittelversen geschriebenen Harlekinade *Wie dem Herrn Mockinpott das Leiden ausgetrieben wird.* Das aus Elementen von Kasper- und Hanswurstspiel gefügte *Spiel in elf Bildern* führt als satirische Clownerie vor, wie sich kafkaesk-labyrinthisches Zerdenken der Wirklichkeit kurieren läßt: durch Entfernung oder Veränderung der betreffenden Organe. Wenn die Welt als unveränderlich angesehen wird, bietet sich als Gegenmöglichkeit, um sie wohnlich zu machen, eine Verkehrung unserer Gefühlsstruktur. Man fühlt sich an Jonathan Swifts ironische Vorschläge zur Behebung der Hungersnot in Irland erinnert, erlebt E. I. Zamjatins satirisch-utopischen Roman *Wir* als extreme Harlekinade.

Das 1. Bild zeigt Mockinpott im Gefängnis: Wie Josef K. in Kafkas *Prozeß* hat man ihn «einfach aus sein Leben gerissen / und mir nichts dir nichts ins Gefängnis geschmissen» (D 1,116). Die Logik, von der des Wärters Antwort auf die Klage des Gefangenen bestimmt ist, wirkt überwältigend: «daß du hier bist das hat seinen Grund / hier hat noch keiner gesessen / hätt er nicht irgendwas ausgefressen» (D 1,116). Was, das weiß weder er noch Mockinpott. Das Urteil und dessen Verbürgtheit durch die Obrigkeit, deren Gewand Gott ist, werden auf fast theologische Weise gleichgesetzt, als Obrigkeitsglauben. Es gelingt Mockinpott, der sich nicht der geringsten Schuld bewußt ist, schließlich, den Wärter, wie er glaubt, zu bestechen, daß man ihm – selbstverständliches Recht, normalerweise – einen Anwalt besorgt: «Fünf Gulden von mein teuer gespartes Geld / daß man mir einen Advokaten hält» (D 1,117). Der überschüttet ihn mit einer Suada, in der er ständig Mockinpotts Namen verstümmelt und den Träger in seiner Namenlosigkeit bestätigt. Er versteht es, ihm noch mehr Geld abzunehmen: zur Rechtlosigkeit tritt die Ausbeutung. Nachdem man den Untersuchungsgefangenen tüchtig geschröpft hat, sich dafür hat bezahlen lassen, daß er, obwohl, wofür alles spricht, unschuldig, «ganz fidel auf staatliche Kosten» «schmarotzt» hat (D 1,120) – wer denkt nicht an die Praxis der Nazijustiz, die Menschen willkürlich zum Tode zu verurteilen und sie die eigene Hinrichtung bezahlen zu lassen –, wirft man ihn hinaus aus der Zelle. Kurz vor der Entlassung waren dem Häftling, der die Frage nach dem «Sinn» gestellt hatte, die Urfrage menschlicher Kreatur: «wie hängt dies zusammen wenn ichs doch verstände / und aus meinem Unglück herausfände» (D 1,119), zwei Engel erschienen, mit «großen weißen Blechflügeln, die sie aneinanderschlagen». Ihre Worte geben dem Geschehen einen absurden eschatologischen Bezug: «Sehet nur sehet unsern guten Mann / der sein Leiden nicht verstehn kann / Miserere Miserere / daß er auch kein einziges Unglück entbehre» (D 1,119). Das bedeutet, er hat einen Leidensweg zu gehen, weil er sein «Leiden» nicht «verstehen» kann. Er kann es indessen nicht «verstehen», weil er nach einem Sinn fragt, nach dem er fragen muß, da ihm so übel mitgespielt wird. Ein Teufelskreis. Daß alles, was auf der Welt geschieht, was Menschen ihren Mitmenschen antun, einen Grund haben muß, den man «verstehen» kann, ist ihm selbstverständliche Prämisse. Bereits hier öffnen sich zwei Wege: der eine, in diesem Stück begangene, Wegoperation der Sinnfrage, wie Zamjatin es beschreibt, ihre Auflösung in Gelächter, die zweite, Flucht in neue Sinngebung, eine andere Gesetzlichkeit, die fast auf mechanische Weise zu einer besseren Welt hinführt: Bekenntnis zu einem neuen Messianismus. Im 2. Bild tritt «Wurst» auf, jene einfältig bauernschlaue Lieblingsfigur des volkstümlichen Theaters, ein fröhlicher, problemloser Biedermann, der bei Mockinpott Hoffnung auf Verständnis weckt, doch ihm gleichfalls keinen Glauben schenkt.

Mockinpott geht nach Hause zu seiner Frau (3. Bild). Ein anderer ist bei ihr, hat offenbar seine Stelle eingenommen, was dem Autor Gelegenheit gibt für allerlei farcenhafte Spielereien auf der Bühne. Das Fazit seines Besuchs: «Nie warst du hier ich kenn dich nicht», sagt die Frau, «unheimliche Grimassen schneidend», «wer bist du denn du armer Wicht / paß auf ich hab einen großen Hund / der frißt dich auf mit seinem Schlund» (D 1,128). Die nunmehr regelmäßig wiederkehrenden Engel steuern den frommen Kommentar bei: «Miserere Miserere / daß ihn sein Unglück gänzlich verzehre» (D 1,128). Die Strafe für sein Aufbegehren, sein luziferisches Fragen nach dem Sinn verschärft sich. Der nächste Besuch, im 4. Bild, gilt dem Arbeitgeber. Man jagt ihn fort, glaubt ihm nicht. «Wer ohne Entschuldigung oder ärztliches Attest / einfach seinen Arbeitsplatz verläßt / muß als vom Arbeitsverhältnis gelöst angesehn werden / da helfen Ihnen Herr keine Beschwerden» (D 1,129). Wurst hat für den nunmehr «im Freien» (5. Bild) stehenden Mockinpott eine Patentantwort bereit: «Wenn ein andrer jetzt da steht so ist es doch klar / daß das nicht *deine* Arbeit war» (D 1,132). Er verzichtet also, im Gegensatz zu Mockinpott, auf die Frage nach dem Sinn und zieht sich zurück auf das fraglose Alibi: alles «muß» einen «Sinn» haben. Dies leitet über zu Bild 6: «Beim Arzt», wo dem nach Wursts Überzeugung «kranken» Mockinpott geholfen werden kann: «Der schneidet alles was faul ist weg / und du bist gesund noch auf dem Fleck» (D 1,133). Der Kommentar der Engel weist jetzt eine Nuance auf. Sie sprechen davon, daß «unser guter Mann» sein Leiden «noch» nicht verstehen kann und bereiten damit auf die Konklusion vor, daß «verstehen» «nicht fragen» bedeutet. Eine Operation à la Doktor Eisenbart, blutige Groteske mit stark farcenhaften Zügen, bildet Höhepunkt und Drehpunkt des Stücks. Man klappt Mockinpotts Schädel auf (D 1,139), zieht ihm das Herz aus der Hose hervor (D 1,140), erklärt ihn schließlich, nach allerlei Prozeduren, «als vollauf gesund» (D 1,141). Hatte er zuvor sein Schicksal beklagt, fängt er nun an zu kichern, bricht in Gelächter aus. «Ach das Weinen wär eine schöne Sache / es kommt mir aber immer nur so eine Lache» (D 1,141). Und Wurst weiß feierlich hinzuzufügen: «Was dich ankommt das kennen die Weisen nur / du bist nämlich den Welträtseln auf der Spur / man siehts deinem vergeistigten Ausdruck an / du bist ganz nah an der Lösung dran» (D 1,141). Um das Maß vollzumachen, erscheinen auch die Engel und jubeln: «Sehet nur sehet unsern guten Mann / der sein

Leiden vielleicht bald verstehen kann ... daß es ihm eine Erleuchtung beschere» (D 1,141). Nun folgt, im 8. Bild, ein Besuch bei der Regierung, wo Mockinpott möchte, daß «ein ehrwürdiger und gelehrter Kopp / ihm mal was Nützliches und Denkwürdiges sage / über demselben seine schwierige Lage» (D 1,142 f.). Auf seine vernünftigen, sachbezogenen Fragen bekommt er nur sinnloses Zeug zu hören, Phrasen, Klischees, gedankenlos aneinandergereiht: «Trotz beunruhigenden Warnungen aus manchem Mund / gibt es zur Beunruhigung keinen Grund / solang wir entschlossen und unverdrossen / im besten Einvernehmen zusammengeschlossen / den eingeschlagenen Weg immer weiter schreiten / in diesen verantwortungsvollen Zeiten» (D 1,145). Mockinpott ist der Erkenntnis der Wahrheit jetzt auf der Spur: Zwar fragt er sich noch (9. Bild), «wie soll denn das gehn wenn ich nie erfahre / was das Verkehrte ist und was das Wahre» (D 1,148), doch ist er schon dabei, das Denken aufzugeben: «das stimmt so ists genau aufs Haar / so wies gesagt ist so ist es wahr / und überleg ichs mir noch auf dem Fleck / dann ist die Wahrheit schon wieder weg / und man redet von was andres und ich frage wie / was da geredet wird das verstehst du nie» (D 1,149). Die Engel bestätigen ihm, daß er «ganz nah an der Deutung seiner Leiden dran» ist (D 1,149) und Gott selber ihn jetzt mit seinem Anblick beehren wird. Das 10. Bild trägt denn auch die Überschrift «Beim Lieben Gott». Der Herr des Himmels ist in einen «langen Pelzmantel» gekleidet, trägt einen «Zylinder» und raucht eine «dicke Zigarre» (D 1,149); als Prototyp des Kapitalisten tritt er in Erscheinung. Es zeigt sich jetzt, daß auch der liebe Gott nicht einmal «weiß ... in wie weit / meine Firma und alles was man da investiert / in all ihren Abteilungen noch funktioniert / Ach wen muß man da nicht bearbeiten und schmieren / und was muß man da nicht alles ausprobieren / und sich drehen und wenden und immer wieder sparen / um wenigstens unsern guten alten Namen zu bewahren» (D 1,151). Der Himmel als Unternehmen. Mockinpott wird wütend, klagt Gott als den Verantwortlichen für Ungerechtigkeit und Leiden an: «für alle Leiden aber das seh ich schon / die Ungerechtigkeiten die sind Ihnen egal / Sie meinen wohl die wären für unsereinen normal / Aber das kann ich Ihnen sagen von diesem Betrug / hab ich jetzt ein für alle Male genug» (D 1,152). Der einstige Dulder ist geheilt, aufgeklärt; er weiß, daß es keinen Sinn hat, Fragen nach dem Sinn zu stellen. Daß er das Wesen der Schöpfung erfaßt hat, bestätigen ihm, in einem letzten Auftritt, dem 11. Bild, die Engel: «daß er von allen Leiden befreiet wäre» (D 1,153). Mockinpott ist jetzt die perfekte Marionette, im Einklang mit sich und der Welt, weil er sich ihr preisgibt, sich ihrer Außensteuerung anvertraut. Während er, wie der Autor in einem sinnfälligen Bild demonstriert, als nach dem «Sinn» Fragender ständig seine Schuhe verwechselte, nicht imstande gewesen war, die Stiefel richtig anzuziehen, gelingt es ihm im 11. Bild mühelos, auf selbstverständliche Weise. Die Reduktion ließ ihn Gleichgewicht und Grazie wiederfinden. Beschwingt «wie ein Tänzer, wie ein Schlittschuhläufer, entfernt sich, in immer weiteren Bögen» (D 1,153), Mockinpott[1].

Nicht ohne Grund begegnet Mockinpott nach seiner Entlassung aus dem Gefängnis Wurst. Er ist hungrig, während es Wurst an nichts gebricht. Der Name Wurst deutet nicht nur auf Hanswurstspiel und Commedia dell'arte, er spielt auch auf einen Zustand an: jenen der Wurstigkeit, Gleichgültigkeit. Es ist mir Wurst, heißt die Redewendung. Wie Carlo und Pablo, Jacques und der Erzähler von *Abschied*, Marat und Sade, stellen Mockinpott und Wurst zwei Entwicklungsphasen ein- und derselben Gestalt dar. Wurst ist Mockinpotts Alter ego, er verkörpert die Beschaffenheit, mit der es sich in der Welt überleben läßt. Während Mockinpott sich deshalb am Ende entfernt, liegt Wurst ausgestreckt auf dem Rücken, «schnarchend» (D 1,153). Mockinpott hat ihn eingeholt, überholt. An die Stelle des Kampfes um Sinngebung, Identität tritt die lachende Verneinung einer Möglichkeit von Erkenntnis, von Verstehen – wobei «Verstehen» der Versuch ist, den «Sinn» dessen zu erforschen, den jemand einem Wort oder einer Aktion beilegt – kurz, der Nihilismus. Er stellt, könnten wir sagen, im nietzscheschen Sinn die Voraussetzung dar für den Schritt, den Salto in eine andere Art von Religion, eine neue Sinngebung, wie sie das post-maratsche Werk des Autors prägt. Es ist daran zu erinnern, daß das 1963 parallel zu *Marat/Sade* begonnene Stück 1968 beendet wurde, zu einer Zeit, als die Arbeit an *Die Ermittlung*, *Gesang vom Lusitanischen Popanz* und *Viet Nam Diskurs* abgeschlossen und der Autor sich in seinem Aufsatz «Das Material und die Modelle. Notizen zum dokumentarischen Theater» gegen die «Konzeption einer ausweglosen und absurden Welt» wandte und den Standpunkt vertrat, «daß die Wirklichkeit, so undurchschaubar sie sich auch macht, in jeder Einzelheit erklärt werden kann» (D 2, 472). Ob dies auch die Ansicht des beschwingt davoneilenden Mockinpott ist? Eines Mannes, der wieder festen Boden unter den Füßen hat – als Erfahrung des Nichts.

Die Inhaltsangabe hat gezeigt, daß in diesem Stück Elemente von Hanswurstspiel, Farce, Kaspertheater und Moritat miteinander verschmelzen. Dennoch ist der Parabelcharakter wie im *Turm* unverkennbar. Wie wir aus den autobiographischen Schriften wissen, verarbeitet das Spiel zudem Reminiszenzen aus dem Leben des Autors. Er berichtet dort von Gesprächen mit seinem Freund Max, in dessen «Gegenwart ... die Welt einfach und selbstverständlich, voller Menschen, Tiere und Bauwerke» (F 16) sein konnte. Im Zusammensein mit ihm vermochte der Autor Dinge, die ihn normalerweise bedrückt und geängstigt hätten, in «grotesker Darstellung» wiederzugeben. «Ingenieure und Chemiker standen über Listen von Produktionsziffern gebeugt, kratzten sich im Haar, bohrten sich in der Nase und in den Ohren, rieben sich die Wade mit dem Schuh und den Hintern mit dem Zeigefinger, wobei sie Zauberformeln murmelten» (F 18 f.). Ähnliches wird vom Prozeß der Befreiung gesagt: «Ich sah die alten Plagegeister noch weiterwuchern, doch ich unternahm den Versuch, mich teuflisch an ihnen zu freuen, ich konnte sie verspotten, anpöbeln, konnte ihnen den Stuhl unter dem Hintern wegreißen ... Ich bin euren Drohungen entkommen, ich habe euch überlebt, dachte ich und sank in den Halbschlaf zurück, im Bewußtsein eines Triumphes» (F 134f.). Distanzierung im grotesken Spiel[2] mit der Realität, Verzicht auf die Frage nach dem Sinn, Loslösung.

«Jemand mußte Josef K. verleumdet haben, denn ohne daß er etwas Böses getan hätte, wurde er eines Morgens verhaftet» (F 56 f.). Peter Weiss erwähnt diese Eröffnungsworte des *Prozeß* in *Fluchtpunkt*. Die «Gedanken, die durch die Konfrontation geweckt wurden»: der Autor ist «hellhörig ... für den Prozeß», der ihn «selbst gefangenhielt» (F 57). *Fluchtpunkt* schildert den Weg von Kafka zu Henry Miller, von der «Grabkammer» in die «blendend helle Tageswelt» (F 165). Mockinpott erleidet ein ähnliches Schicksal wie Josef K.: er wird aus dem «Leben gerissen» und ins «Gefängnis» gebracht (D 1,116), doch sein Prozeß endet in Gelächter; das Opfer entlarvt sein Gericht und dessen Gesetz, entschärft sie unter dem Blickwinkel der Groteske: «Ach das Weinen wär eine schöne Sache / es kommt mir aber immer nur so eine Lache» (D 1,141). Es ist die gleiche Perspektive, aus der Sade nach seinen Erfahrungen mit der Revolution die Welt sehen wird. Seine Antwort: «Gelächter.»

77

Fassen wir zusammen: In dieser Moritat wird die Aporie zwischen persönlicher Freiheit und gesellschaftlichem – d. h. bürgerlich-gesellschaftlichem – Terror als Harlekinade vorgeführt. Der didaktische Befund bleibt ausgespart, die Gesellschaftskritik genügt sich in der Demonstration eines grausig-absurden Exempels. Hiob, Lazarus legen als Jedermann ein Clownsgewand an, kurieren ihre Wunden, indem sie sie nicht mehr zur Kenntnis nehmen. Freiheit als Fiktion? Wenn die Wahrnahme ihrer Möglichkeiten zu Ergebnissen führt, wie sie in Mockinpotts Erfahrungen sichtbar werden, dann ergibt sich daraus die Alternative: Resignation, Annahme eines Schicksalsbegriffs oder Hoffnung, gegründet auf mechanistisch-materialistische Gesetzmäßigkeit. Beide könnten Heilung für Mockinpott sein, da sie ihm die Frage nach dem Sinn abnehmen, indem sie sie nicht stellen, sondern sie, ohne sie zu stellen, beantworten.

Freud gegen Marx
oder
«Kopulation» und «Revolution»
Marat/Sade

> «... jedes Argument stimmte / warum
> zweifle ich jetzt ...» (D 1, 236)

Verzicht auf die Frage nach dem Sinn der menschlichen Existenz, nach der Substantialität menschlicher Ideale hatte Mockinpott von seinem Leiden erlöst. Der Rest ist Gelächter. Auch das Stück *Marat/Sade* endet mit Gelächter. Der Autor des Spiels im Spiel, Marquis de Sade, lacht über seine eigenen Geschöpfe. Aber sein Lachen ist das des Wissenden, der sich wie Lesage über die dächerlosen Häuser beugt und das sinnlose Bemühen der Menschen sieht. Was Mockinpotts lebenermöglichende Resignation von jener des Marquis de Sade indessen unterscheidet: Mockinpott nimmt die Welt in ihrem unbarmherzigen So-Sein als gegeben hin, er zerlacht sie sozusagen als passives Opfer und lebt als Marionette weiter. Anders Sade. Seine Resignation ist die des aktiven Opfers, die Resignation dessen, der erst gedacht, dann geglaubt und gekämpft hat, ehe er sich in das Gelächter zurückzog, die Kunst, seine «künstlichen Paradiese», der Welt gegenüberstellte. Wie es dazu kam, beschreiben uns die Kerndialoge zwischen ihm und seinem Geschöpf, einem Alter ego, wie Carlo im *Turm*, der Jäger in *Abschied*, Jacques in *Fluchtpunkt*, Wurst in *Mockinpott*: das Stück ist seine Rechtfertigung, Rekapitulation seiner Entwicklung, eine rebellische Antwort auf seine Fragen, die zugleich Fragen grundsätzlicher Art sind. Sade ist ein Aufklärer, der Schiffbruch erlitten hat. Als Aufgeklärter, zu dessen Aufgeklärtsein das Erlebnis des Scheiterns seiner Ideale, der Erfahrung der Absurdität, gehört, erhebt er den Zweifel, die Agnosis zum höchsten Prinzip. In seinem Skeptizismus, der sich auf extreme Einblicke in die eigene Natur und in die anderer gründet, und der sowohl positiv als auch negativ gedeutet werden kann, liegt der Gedankenschritt, der über Mockinpotts Nihilismus hinausführt. Der Salto in den Glauben wäre und ist – wie wir wissen – die nächste Konsequenz.

Das aus einem Hörspiel hervorgegangene Drama in zwei Akten

Die Verfolgung und Ermordung Jean Paul Marats dargestellt durch die Schauspielgruppe des Hospizes zu Charenton unter Anleitung des Herrn de Sade spielt im Irrenhaus, unter Geistesgestörten. Zumindest überwiegend. Eine frühe Erinnerung des Erzählers von *Abschied* gilt den «Geistesgestörten», die er als Kind «auf ihren Spaziergängen im Park gesehen hatte» (A 47). Die «Krankheit der Enttäuschung, der Machtlosigkeit und des Mißtrauens», in das er sich flüchtete, führte zu einer Identifizierung mit den Insassen des Irrenhauses, wozu die Theorie der Ärzte, daß seine Krankheit ihren Ursprung in den Malariakulturen des in der Nähe gelegenen Irrenhauses habe, das ihre beiträgt. Das Kind «studierte» sein «Gesicht im Spiegel, schnitt Grimassen, lallte» und ließ seinen «Speichel aus dem Mund tröpfeln» (A 47). Hier erscheint zum ersten Mal die Gedankenverbindung: Suche nach «Befreiung» (A 43), Flucht in Krankheit und «Irrenhaus». In *Fluchtpunkt* malt sich der Erzähler «zwischen den Konzertierenden im Garten am Cembalo ... mit entstelltem Gesichtsausdruck, als Insasse eines Irrenhauses» (F 28). Mit Max, dem Freund, erörtert er später das «Entstehen eines solchen Bildes mitten in einem bürgerlichen Haushalt, den Werdegang eines Widersachers, der sich durch ständige Friktionen und Zwiste kennzeichnet» (F 28). Was unter einem «Irrenhaus» zu verstehen ist, hat Peter Weiss genau definiert: es ist die «Hölle», der ewige «Aufenthalt in einer Strafanstalt». Und die Hölle? Sie ist die «Lähmung», «der Ort, an dem es keine Weiterentwicklung gibt, an dem jeder Gedanke an Veränderung ausgeschlossen ist» (R 149). Einen solchen «Ort ... der Verdammnis», Swedenborgs (und Strindbergs) Vorstellung von der «Hölle» entsprechend, hat Peter Weiss in *Der Schatten des Körpers des Kutschers* beschrieben. Andere Beschreibungen folgten. Das subjektiv-private Erleben wird später eine Projektion ins «Öffentlich-Politische» erfahren und sich mit der Vorstellung eines möglichen Himmels im Diesseits verbinden, weshalb eine Figur in *Trotzki* fragen kann: «Werden wirs noch erleben? Den Weg aus dem Irrenhaus ins friedliche Reich der Arbeit?» (T 43) Dazwischen liegt Sades Resignation, die Unfähigkeit dessen, der die terroristisch-anarchischen Folgen der revolutionären Veränderung erlebt hat, sie für mehr als eine Idee, als ein heuristisches Prinzip zu halten. Sein Aufenthalt im «Irrenhaus» — setzen wir ihn in Beziehung zu den autobiographischen Schriften des Autors — entspricht dann seiner inneren wie äußeren Situation, ist Metapher und empirische Erfahrung. Seine

subjektive Opposition zur Umwelt, den gesellschaftlichen Verhält-
nissen, die ihm im Lichte des Bildes vom Irrenhaus erscheinen müssen,
korrespondiert mit der tatsächlichen, handgreiflichen Existenz des
Irrenhauses als bis heute praktizierten politischen Druckmittels. Die
Realität hat die Metapher eingeholt. Phantasie wird von der Wirk-
lichkeit überspielt. Darin deutet sich die Gelenkstelle an, die *Marat/
Sade* zwischen den Surrealgrotesken und dem dokumentarischen
Theater bildet.

Mehrere Ebenen sind in dem Werk ineinandergefaltet, und zwar
auf so verwirrend-kunstvolle Weise, daß es nicht leicht ist, sich in
den Spiegelungen zurechtzufinden und Geschehen wie Voraussetzungen dazu exakt aufzuschlüsseln[1]. Die folgende Skizze möge die
formale Struktur des Stückes verdeutlichen.

Das Werk fügt sich aus drei Ebenen: Es wird Theater (von Marats
Ermordung) im Theater (als Sades Stück) im Theater (als Peter
Weiss' Stück) gespielt. Dem entspricht eine dreifache Schachtelung
von Zeit, Ort und Handlung[2].

Zeit: 1. Das Stück spielt am 13. Juli 1793, dem Tag der Ermordung Marats.

2. Das Stück wird 1808 von Sade in Charenton mit den
Insassen aufgeführt.

3. Das Stück wird von Ausrufer, vier Sängern, Quasi-
Roux und Coulmier nicht nur für Insassen und Per-
sonal der Anstalt kommentiert, sondern auch für die
Zuschauer von heute.

Ort: 1. Das Stück spielt in Paris.

2. Das Stück Sades wird in Charenton aufgeführt.

3. Das Stück von Peter Weiss im jeweiligen Theater.

Handlung: 1. Ermordung Marats (1793, 1808 und heute).

2. Dialog Marat/Sade (1808 und heute).

3. Rahmenhandlung Coulmier etc. (1808 und heute).

Dieser dreifachen Schachtelung entspricht auch die dreifache Bre-
chung in stofflich-dramaturgischer Hinsicht. Das Werk besteht aus:

1. einem dramatischen Ereignis als Vorwurf,

2. das von Sade in Anlehnung an Ideen des Theaters der
Grausamkeit auf, nennen wir's, spezifisch Sadesche
Weise zu einem Stück verarbeitet wurde,

3. Produktion d. h. Inszenierung von 1 und 2 als Moritat.

Für die Schauspieler bedeutet das, daß sie, der Handlung entsprechend, einfache und doppelte Rollen zu spielen haben: der Darsteller des Marat ist Marat, Insasse des Irrenhauses und Schauspieler; der Darsteller Sades indessen nur Sade und Schauspieler. Im Unterschied etwa zu Brecht, wo das Gestische der Illusionszerstörung dient, hat es hier lediglich eine Funktion innerhalb der Illusion.

Mit solcher Schachteltechnik folgt Peter Weiss den historischen Gegebenheiten, da der Marquis de Sade tatsächlich von 1801 bis zu seinem Tode im Irrenhaus Charenton eingesperrt war und mit Patienten Schauspiele inszenierte. Andererseits gelingt es dem Autor durch diese Art von Montage, die sich gegebener Elemente der Wirklichkeit bedient, einen surrealistischen Effekt zu erreichen.

Die entscheidende Ebene ist die der post-revolutionären Gesellschaft, vertreten durch Sade, den Roux-Spieler, der ideologisch identisch ist mit Roux, also ein «Quasi-Roux», und Coulmier: drei geistige Konzeptionen, die sich simultan darstellen. In der Figur des Marquis de Sade ist diese aus synchronisierten Elementen gefügte Ebene mit einer zweiten, diachronisch gemeinten, verbunden. Marat, Corday sind zwar Gestalten, die es wirklich gegeben hat, aber hier treten sie als Vorstellungen von Sade in Erscheinung. Dieses Ineinander von Figuren verschiedener Schichten, Handlungen und Bilder, die eigentlich nebeneinander, getrennt voneinander, verstanden werden müßten, hat Verwirrung gestiftet und dazu beigetragen, daß eine erschöpfende Interpretation schwer zu leisten ist. Was das Verständnis außerdem noch erschwert, ist die Tatsache, daß der «monologische» Dialog Sades mit sich selbst, d. h. mit seinem Alter ego Marat, vor einem Hintergrund stattfindet, der von Coulmier beherrscht und von Roux mitgeprägt wird, zugleich, mehr oder weniger ausgesprochen, ein Gespräch zwischen Roux, Coulmier und Marat ist. Denn Marat, der historische wie der von de Sade bzw. Peter Weiss konzipierte, ist die Bedingung der Möglichkeit der auf einer Zeitebene agierenden Sade, Quasi-Roux und Coulmier. Marat sagt von sich: «Ich bin die Revolution», und das trifft in doppelter Hinsicht zu: denn alle drei sind, wenn man so will, Erscheinungsformen der Revolution. Nur wird lediglich in einem Falle, nämlich in dem Sades, die Differenz wirklich durchdiskutiert. Was Coulmier anbelangt, so tritt sie von selbst aufs handgreiflichste in Erscheinung, und bei Quasi-Roux wird sie gleichfalls aus dem wenigen, was er sagt, ablesbar. Das Stück spielt im Jahre 1808, am 13. Juli, fünfzehn Jahre nach der Ermordung

Marats, zu einer Zeit, da der revolutionäre Aufbruch von Napoleons aufgeklärtem Despotismus abgelöst worden war. Die Revolution ist vorüber. Haben ihre Ideen gesiegt, eine neue Wirklichkeit geschaffen? Haben sie mit den Massenopfern in ihrem Namen den befeuernden Impuls verloren? Viele Fragen, viele Antworten. Drei davon bietet Peter Weiss in seinem Stück, drei Überzeugungen, Reaktionen. Sade ist an der Revolution, mit der er anfangs sympathisierte und deren Widerspruch er durchschaute, verzweifelt, hat sich auf sein Ich zurückgezogen; resigniert rechtfertigt er sich für sein Abseitsstehen in der Begegnung mit Marat. Für Quasi-Roux, den Radikalsozialisten und leidenschaftlichen Pazifisten, eine Art Nachfolger Marats, diesen aber an Radikalität übertreffend, ist die Idee der Revolution unsterblich; er erlebt als politischer Gefangener im Irrenhaus die Revolution in Sades Spiel noch einmal, entzündet sich an ihm und zeigt seinen utopischen Glauben, seine unverwüstliche Hoffnung. Ihnen gegenüber steht Coulmier, der Vertreter der Regierung, in deren Etablissement das Spiel stattfindet, und die die Perversion der Revolution darstellt, aber deren Verkörperung zu sein vorgibt. *Conditio sine qua non* aller drei ist, wie bereits erwähnt, Marat, dessen Sterben auf der Bühne demonstriert wird; er ist der Nucleus, versinnbildlicht die Idee der Revolution und, im besonderen, Sades Teilhabe an ihr. Die *dramatis personae*, von denen, durch die Antithese, Marat und Sade das Grundgerüst des Stückes bilden, lassen sich, ihrer Haltung entsprechend, in drei Gruppen einteilen: 1. eine revolutionäre, sozialistisch engagierte: Marat und Roux; 2. eine individualistische: Sade; 3. eine reaktionäre bzw. konterrevolutionäre: Coulmier, Duperret; zwischen 1 und 2 stehen die vier Sänger, zwischen 2 und 3 Charlotte Corday. Der Ausrufer, Atheist und Anhänger der Revolution, fungiert als zweiter Spielleiter, der das Geschehen im Auftrage Sades, des Autors und ersten Spielleiters, moritatenhaft vorführt und dabei harlekinesk in seiner Persönlichkeit bricht.

Ehe wir das Stück im einzelnen analysieren, sollten ein paar Hinweise auf den geschichtlichen Hintergrund gegeben werden. Es ist bekannt, daß Jean Paul Marat, Sprachlehrer, Publizist, Arzt und Politiker, einer der radikalsten Volksführer der Revolution von 1789 war und 1793, am 13. Juli, von Charlotte Corday erstochen wurde. Donatien-Alphonse-François Marquis de Sade, 1740 geboren, wurde auf Veranlassung Napoleons von 1803 bis zu seinem Tode in der Irrenanstalt Charenton festgehalten[3], wo er 1814 starb. Sein anarchistischer Individualismus, die Vorstellung, daß die Literatur alles, auch das Schauerlichste, zu schildern habe, da es naturgewollt und Teil des «natürlichen Menschen» sei, macht ihn zum Vorläufer von Theorien des 19. Jahrhunderts. Sades Vorstellung vom Recht des Menschen auf absoluten Egoismus, auf absolute Verneinung, als deren letzte Verwirklichung der (individuelle) Mord gilt, erschien damals als etwas Ungeheuerliches. Seine Verbindung von Triebentfesselung mit Grausamkeit, Sinnlichkeit mit Gewalttätigkeit empfinden wir heute als etwas für unsere Zeit Typisches. Der Sache der Revolution sich anschließend, arbeitete Sade unter anderem für die Reform der Krankenhäuser in Paris, war Kommissar für die Verwaltung der Spitäler und wurde 1793, zwei Tage vor der Ermordung Marats, Präsident der Versammlung der Pîques, des revolutionären Gemeindeamtes. In seiner Rede «anläßlich der Feier der ‹Section des Pîques› zum Gedächtnis an Marat und Le Pelletier, gehalten von Sade, Bürger dieser Sektion und Mitglied der Volksgesellschaft» heißt es: «Man sagt, die Selbstsucht sei die Grundlage aller menschlichen Handlungen; man behauptet, es gäbe keine Tat, die nicht eigenes Interesse als ersten Beweggrund gehabt hätte; und jene schrecklichen Menschen, die alles Gute zerstören, stützen sich auf diese grausame Ansicht und machen dadurch jedes Verdienst zunichte. O Marat! Deine erhabenen Taten entziehen dich völlig diesem allgemeinen Gesetz! Mitten unter den Tyrannen sprachst du uns von Freiheit; und dennoch beschuldigten Sklaven dich, daß du Blut geliebt hättest! Großer Mann, nur das Tyrannenblut wolltest du vergießen, und nur um das Blut des Volkes zu schonen, wolltest du es vergeuden. Wie hättest du nicht unterliegen sollen, bei so vielen Feinden? Du hast auf die Verräter gezeigt: der Verrat mußte dich treffen» (M 15). Zu einem wirklichen Dialog zwischen Marat und Sade ist es nie gekommen. Was an historischen Fakten außerdem noch überliefert und für unsere Intentionen interessant ist: Während seiner Internierung in der Heilanstalt Charenton erhielt Sade vom Anstaltsdirektor die Erlaubnis, mit den Patienten Theater zu spielen. «In den höheren Pariser Kreisen galt es als ein exklusives Vergnügen, Sades Vorstellungen in dem ‹Schlupfwinkel für den moralischen Auswurf der bürgerlichen Gesellschaft› zu besuchen» (M 7). Wir haben es mithin weder mit einem historischen Stück noch mit einem Stück nach einem historischen Vorwurf zu tun. Die Gedankenpositionen, die auf der Bühne vertreten werden, gründen sich jedoch, was einzig von Belang ist, auf historisches Geschehen und erfahren von dort Beglaubigung.

Das Stück fügt sich aus zwei Akten mit dreiunddreißig Bildern, von denen einige nur aus szenischen Anweisungen bestehen, wie Bild 1 und 3, oder nur aus einem Wort wie Bild 32. Die Einteilung in Bilder (Aufzüge) wirkt, wie sich zeigen wird, kaum strukturbildend, sie folgt eher rhythmischen Prinzipien. Es beginnt damit (Bild 1), daß die Mitwirkenden, Schauspieler, Schwestern, Pfleger aufmarschieren und auf der Bühne, d. h. im Badesaal der Heilanstalt von Charenton erscheinen. Coulmier, der Direktor, heißt im Bild 2 die Besucher willkommen und gibt bekannt, daß das Drama «dem hier ansässigen Herrn de Sade» zu verdanken sei. Er habe zu «Ihrer Unterhaltung und zur Erbauung der Kranken / ein Drama ersonnen und instruiert / und es jetzt zur Aufführung ausprobiert» (D 1,159). Mit der Ankündigung verbindet er den propagandistischen Hinweis auf den Fortschritt, denn als «moderne und aufgeklärte Leute / sind wir dafür daß bei uns heute / die Patienten der Irrenanstalt / nicht mehr darben unter Gewalt / sondern sich in Bildung und Kunst betätigen / und somit die Grundsätze bestätigen / die wir einmal im feierlichen Dekret / der Menschenrechte für immer geprägt / das Stück unter der Leitung des Herrn Alphonse de Sade / lassen wir stattfinden in unserm Bad» (D 1,159f.). Diese These ist von fundamentaler Bedeutung, weil das Stück aus ihr Spannung und geradezu höhnischen Unterton empfängt. Das Gerede von den Menschenrechten wird nämlich im Spiel ständig durch die Brutalität der uniformierten, mit Knüppeln ausgerüsteten Pfleger und das Verhalten der von «athletischen Männern» gespielten Schwestern widerlegt; es wird umgemünzt in grotesken Effekt. Dann (Bild 3) beziehen die Darsteller ihre Plätze, und der Ausrufer, der die bänkelsängerische Rolle des Jahrmarktsängers innehat, stellt die Personen, die sich zu einem «heroischen Tableau» (D 1,160) gruppiert haben, im einzelnen vor, erläutert die Situation, wie man sie von der Geschichte her kennt. «Jeder der Genannten ändert seine Haltung mit einer einstudierten grüßenden Bewegung, wie sie in Jahrmarktsbuden üblich ist» (D 1, 163). Als Datum nennt er den 13. Juli 1808. Drei Zeitebenen fallen also zusammen: 1793, 1808 und das Datum der jeweiligen Aufführung in der unmittelbaren Gegenwart. Dem entsprechen Gebrochenheit und Simultaneität der Rollen – wie schon in unserem Schema angedeutet –, die sich in einfache und doppelte unterteilen lassen.

Zu den einfachen Rollen zählen Sade, Coulmier, zu den doppelten Marat, Quasi-Roux, interniert wegen politischer Radikalität, Charlotte Corday und andere. Die Huldigung an Marat, wie sie im 5. Bild durch die vier Sänger erfolgt und den Chor, der im Gegensatz zu den anarchisch-frechen vier Sängern eher die wankelmütige *vox populi* repräsentiert, verbindet sich mit einer Anklage gegen die postrevolutionäre Gesellschaft: «Marat», fragen sie, «was ist aus unserer Revolution geworden / Marat wir wolln nicht mehr warten bis morgen / Marat wir sind immer noch arme Leute / und die versprochenen Änderungen wollen wir heute» (D 1,166). Spiel-Rolle und Existenz-Rolle vermischen sich. «Wer hält uns zu Unrecht gefangen wer sperrt uns ein / wir sind gesund und wollen in Freiheit sein», sprechen im Hintergrund einige der Patienten «nach vorheriger Vereinbarung» (D1,167). Die Ebene des Spiels als dargestellte Historie verschmilzt mit jener von dargestellter Wirklichkeit, Kritik an der postrevolutionären Gesellschaft formuliert sich, in der das Spiel über Sades Intention hinausbricht und als «Leben» den Effekt der Illusion erhöht. Was Coulmier zur Beruhigung der aufsässigen Patienten zu sagen hat, ist von anderen Revolutionen her bekannt: «Schließlich sind heute andere Zeiten als damals / und wir sollten uns bemühen / die längst überwundenen Mißstände / in einem etwas verklärten Schimmer zu sehen» (D 1,168). Ideologisch gedeutete Wirklichkeit steht gegen empirisch faßbare, ein Gegensatz, der im Werk des Autors später noch eine große Rolle spielen wird. Währenddessen tritt (im 7. Bild) Charlotte Corday auf, dargestellt von einer Somnambulen. Die Schwestern richten sie her für den ersten ihrer drei Besuche, geleiten sie nach vorn, wo sie Marat, von einem Paranoiker gespielt, anklagt, Gift «aus dem Hinterhalt» zu sprühen, «die Leute» zu vergiften, sie zu «Mord und Plünderung» aufzuwiegeln (D 1,169). Anschließend fällt sie wieder in ihren somnambulen Zustand zurück. Indessen findet Marat, im 8. Bild, Zeit zu verkünden, daß er «die Revolution» sei. «Ich bin die Revolution», sagt er, die andern sind nur «Scheinheilige», die sich «unsere Mützen» aufsetzen (D 1,171). Während dieser Klage und Feststellung, daß «Tausende» von Toten «noch zu wenig waren» (D 1,170), sitzen die vier Sänger auf dem Boden und spielen Karten: «Sie beachten Marat nicht» (D 1,170). Warum? Sie sehen das Spiel als Spiel, als Substitut für die Aktion, voller Skepsis, «mit knurrendem Magen» (D 1,250). Ihr Standpunkt ist dem Sades verwandt und doch entgegengesetzt: Rettet dieser seine

Revolution, die als «Massensadismus» den Widerspruch zwischen «natürlichem Triebmenschen» und rationalem Individuum sichtbar gemacht hat, in die Ästhetik, so die Vier Sänger die ihre in die Anarchie, in welcher die Aporien der Revolution aufgehoben sind wie im Spiel der Kunst: Skepsis und Gelächter dominieren bei ihnen wie bei Sade, denn ernüchtert sind sie Phrasen gegenüber. Hierzu stimmt es, daß sie sich am «Totentanz» (D 1,174) beteiligen. Nun kann die zentrale Handlung – Charlotte Cordays Besuch und der Mord – beginnen. Die Regieanweisung merkt an, daß das Auftreten der Corday einer «Ritualhandlung» (D 1,169) gleiche. Zurückhalten will Simonne die Eintretende im 9. Bild; die Darstellerin der Charlotte fällt aus der Rolle, im «Ton einer Liebeserklärung» sagt sie: «ich will sein Zittern sehn / und den Schweiß auf seiner Stirn / und in seine Rippen will ich den Dolch treiben / den ich unter meinem Brusttuch verwahre» (D 1,172), und sie holt zum Schlag aus. Sade interveniert, erklärt ihr, daß sie dreimal an Marats Tür zu kommen habe. Die Verzögerung entspricht Sades Intention, gehört zum Ritual, zur Ästhetisierung des Mordes. Mit Hilfe von Lied und Pantomime wird nun, im 10. Bild, Cordays Ankunft in Paris dargestellt. Der Messerkauf, erotisch aufgeputzt, die Beschreibung der Gassen von Paris gehen über in einen Totentanz: zwei Patienten «stellen die Guillotine dar. Eine Hinrichtung wird vorbereitet» (D 1,174). Der Karren erscheint, die Patienten, die ihn begleiten, «drehen sich verzückt und verkrümmt, tanzen und schütteln sich» (D 1,174), verwandeln das Gefährt in eine Richtstätte. Marat fühlt sich im 11. Bild, «Triumph des Todes» überschrieben und eine Hinrichtung pantomimisch darstellend, veranlaßt, das Töten, die Rache, in einer Anklage derer, die die «Henker» dazu trieben, zu rechtfertigen. Coulmier, wie zu erwarten, mischt sich ein, das Treiben geht ihm zu weit: «Schließlich haben wir das Publikum hierhergebeten / um zu zeigen / daß wir nicht nur den Auswurf der Gesellschaft / hier beherbergen» (D 1,176), läßt er sich vernehmen. Sade reagiert nicht, «mit spöttischem Lächeln» blickt er über die Bühne. Seine Feststellung, daß die «ehemaligen Besitzer aller irdischen Güter ... ihre Niederlage noch zum Triumph machen», und daß «das Schafott sie vor der unendlichen Langeweile» bewahre (D 1,176f.), leitet über zum zentralen «Gespräch über Tod und Leben» im 12. Bild. Szenen, Lied, Pantomime, Chorkommentar sind im Grunde nur dramaturgische Zugabe zu diesem Kerndialog.

Peter Weiss hatte Sades Amateurvorstellung in Charenton mit den Worten charakterisiert, daß in ihnen «analysierende und philosophische Dialoge gegen Szenerien körperlicher Exzesse gestellt werden» (D 1,267). Das gilt, gerade wenn man das 12. Bild in seinem Verhältnis zum Geschehnisablauf betrachtet, gewiß auch für ihn selber. Während die Schwestern eine «kurze Litanei» murmeln, spricht Marat «über die leere Spielfläche zu Sade»: «Ich las bei dir Sade / in einer deiner unsterblichen Schriften / das Prinzip alles Lebendigen sei der Tod» (D 1,177). An seinem Verhältnis zum Tode erörtert Sade den eigenen Standpunkt. Der Mensch ist nicht weniger Geschöpf der Natur als deren Opfer, das sie fühllos und in völliger Gleichgültigkeit verschlingt. Deshalb sein Haß gegen eine Natur, die dem Menschen keine Freiheit zugesteht: denn der «natürliche Mensch», dessen Trieb entfesselt ist, gerät gerade dadurch in eine neue Abhängigkeit: von der Natur und seinem Trieb. Kaum weniger zurück in die Unfreiheit als die *leibliche* Befreiung führt auch die *geistige:* denn Freiheit aller bedeutet die Ersetzung des Freiheitsbegriffes durch jenen der *volonté générale.* Die Forderung nach Unterwerfung unter sie ist gleichfalls nichts anderes als Verneinung der Freiheit. Folge solcher Erkenntnis ist das Gefühl von Einsamkeit, Unentrinnbarkeit, das Bewußtsein der Absurdität menschlicher Existenz. Der Sade, der hier spricht, ist durch das Erlebnis von «Massensadismus» und *volonté générale* – beides Phänomene, die die Freiheit fordern, aber aufheben – aus seiner Träumerei gerissen worden. Die Realität hat seine Phantasie gezügelt und zugleich intensiviert – als Literatur.

Im Tod, als Verneinung des Lebens, sah Sade einen Weg, die Natur zu «überwinden» (D 1,177). Der «Henkerin» Natur tritt, als Schüler und Überwinder, der Henker Mensch gegenüber. Er tötet, quält, verhält sich vielleicht, wie die Gesellschaft es nennt, «widernatürlich», um Freiheit, Unabhängigkeit von der Natur zu konstituieren. Dazu bedarf es des Opfers, also der Macht und des wehrlosen Schwachen, der dem freiheitsbestätigenden Töten oder der Grausamkeit eines Subjekts als Objekt dienen kann. Aufhebung der Klassenunterschiede, gerechte Verteilung der Macht, deren «Sozialisierung», hebt diese Möglichkeit jedoch wieder auf. Damiens Hinrichtung, vom Autor in aller Ausführlichkeit beschrieben, wäre damit ein «lustvoller», freiheitsstiftender Akt, neben dem das «anonyme entwertete Sterben» unter der Guillotine nur leere Routine ist (D 1,179). Die absolute Revolte muß Theorie bleiben, individueller Denkakt, in der Praxis nicht realisierbar.

«Für dich wie für mich», sagt Sade zu Marat, «gelten nur die äußersten Extreme» (D 1,180). Die Revolution hat ihn gelehrt, daß Töten als «Beweis» von «Dasein» und Freiheit (D 1,204), *neco ergo sum*, nur eine Idee sein kann, eine individuelle Vorstellung, zu verwirklichen als Aestheticum, aber nicht in gesellschaftlichem Maßstab, als Politicum. Kunst und Revolution sind zweierlei, auch wenn sie in einem Wechselverhältnis zueinander stehen mögen, etwa zur Kunst werden kann, was als Aktion ersterben, verhallen würde. Sades Rückzug auf das Ich als Antwort auf die «Gleichgültigkeit der Natur» setzt Marat die «Tätigkeit» entgegen. «Anstatt reglos zuzusehn / greife ich ein / und ernenne gewisse Dinge für falsch / und arbeite daran sie zu verändern und zu verbessern» ... «Gegen das Schweigen der Natur / stelle ich die Tätigkeit» (D 1,180). Damit ist die Position der beiden Figuren umrissen, das entscheidende Problem benannt. Sades Standpunkt ist bestimmt von einer Art Passivismus, der das Aufklärungsdogma von der Evolution des Menschen, der Möglichkeit von Freiheit, totaler Freiheit gar, in der Gesellschaft vieler zu Ende gedacht und, was primär wichtig ist, zu Ende erlebt hat und nun desillusioniert mit radikalem Egoismus darauf antwortet. Die Kerkerwelt, gleichgültig und unentrinnbar, wird, da sie nicht umgewandelt werden kann, um-gedacht in eine Welt der Lust; die Grausamkeit der Natur wird verinnerlicht und zu einem individuellen Lusterlebnis pervertiert. Introversion gegen Extraversion; Glaube an das Ich («mich selbst», D 1,195) gegen Glauben an die «Sache»: auf der einen Seite Sade, auf der anderen Marat, der den Glauben an die Revolution vertritt, die herrschenden Verhältnisse nicht aus der Natur des Menschen, sondern aus der Beschaffenheit der menschlichen Institutionen erklärt. Sein Glaube ist unversehrt, unerschütterlich. Da Marat darauf verzichtet, den Menschen anthropologisch zu fassen, in seine Abgründe hinabzusteigen und ihn tiefenpsychologisch zu deuten, vermag er sich den Glauben zu bewahren. Der Standpunkt des historischen Materialismus wird hier erkennbar, der den Menschen selbst als *quantité négligeable* behandelt und sich auf ein kausal-mechanisches Weltbild stützt. Nach Marx bestimmt nicht das Bewußtsein des Menschen sein Sein, sondern umgekehrt bestimmt das gesellschaftliche Sein sein Bewußtsein. Diese auf Saint-Simon zurückgehende Vorstellung ermöglicht Marat einen «idealistischen» Standpunkt, während Sade diesen historisch-soziologischen Aspekt, der Marx vorausnimmt, mit Freuds triebpsychologischem beantwortet. Das bedeutet, daß die beiden, so man sie nicht als zwei zu einem Individuum gehörende Betrachtungsweisen, sondern als Alternative betrachtet, aneinander vorbeireden müssen. Der Dialog ist in Wirklichkeit ein Monolog mit zwei Rollen, nicht dialektisch sich bewegend, sondern kundgebend, kündend, weshalb der Autor Marats Monolog in Bild 13 wohl «Liturgie» überschreibt (D 1,180). Freud erklärt also nur, weshalb Marx scheitert, stellt jedoch keine Alternative zu ihm dar. Sades psychologisch fundierte Position wird deutlich sichtbar in Bild 15: «Fortsetzung des Gesprächs zwischen Marat und Sade.» Wenn Denken, Fühlen und Wollen des Menschen lediglich als Funktion materieller Gegebenheiten gesehen wird, spielt die Ethik, die Antwort auf die Frage «Wie sollen wir handeln», keine Rolle. Aber der Mensch muß handeln, er handelt täglich, stündlich. Was wissen wir von ihm, was verbirgt sich hinter seiner Maske, Henker oder Opfer? Die alte Weiss'sche Frage. Deswegen sagt Sade: «Um zu bestimmen was falsch ist und was recht ist / müssen wir uns kennen ... und nie sind andere Wahrheiten zu finden / als die veränderlichen Wahrheiten der eigenen / Erfahrungen / Ich weiß nicht / bin ich der Henker oder der Gemarterte» (D 1,184). «Ein irrsinniges Tier / ein irrsinniges Tier ist der Mensch» (D 1,185), pflichtet ihm ein Patient, «schnell vorspringend», bei, jahrtausendelange Menschheitserfahrung zusammenfassend. So kommt Sade zu der Konklusion: «Die Revolution / interessiert mich nicht mehr», und zu Marat gewandt: «Du liegst in deiner Wanne ... allein mit deinen Vorstellungen von der Welt / die den Ereignissen draußen nicht mehr entsprechen» (D 1,186f.) – Idee und Wirklichkeit, Schein und Sein, die zum Menschsein gehörende ontologische Differenz. Marat gibt sich damit nicht zufrieden, antwortet mit den Klischees, die immer bemüht werden, wenn es darum geht, eine gescheiterte Revolution zu verteidigen: «Wir sind die Erfinder der Revolution / doch wir können noch nicht damit umgehn / Im Konvent sitzen immer noch Einzelne / jeder von seinem Ehrgeiz beseelt / und jeder will etwas von früher übernehmen» (D 1,187). Geht es nach ihm, scheitert die Revolution an Egoismus und Ehrgeiz des Menschen, dessen So-Sein doch nur durch materielle Gegebenheiten bedingt ist. Ein Widerspruch, dessen sich Marat nicht bewußt zu sein scheint. «Was ist aus *unsrer* Revolution geworden», fragen in Bild 16 die Vier

Sänger mit dem Chor, «wir sind immer noch arme Leute / und die notwendigen Änderungen wollen wir heute» (D 1,188). In den Bildern 19 und 20, «Erste» und «Zweite Agitation des Jacques Roux», ruft Quasi-Roux das Volk zum Widerstand auf, verkündet messianisch einen menschheitsbefreienden Sozialismus. So sagt er unter anderem: «Wir fordern / daß alle Werkstätten und Fabriken in unsern Besitz übergehen ... daß in den Kirchen Schulen eingerichtet werden» (D 1,200). Während man ihn überwältigt und auf eine Bank festschnallt, appelliert er an Marat: «sie warten auf dich / denn die Revolution / sie soll nur einen Augenblick währen / wie ein einschlagender Blitz / der alles verzehrt / in blendender Helle» (D 1, 201). Der Ausrufer kommentiert sarkastisch: «Er verändert die himmlischen Gefilde / schnell zu einem irdischen Bilde / Hier soll das Paradies sein und hier sollen sie wandeln / und nach ungeahnt neuen Ordnungen handeln» (D 1,197). Gegen Roux' ketzerische Reden protestiert Coulmier, denn für ihn ist die Revolution, nach der Roux schreit, ein *fait accompli:* «Sollen wir uns so was mit anhören / wir Bürger eines neuen Zeitalters / wir die den Aufschwung wollen» (D 1,197). Diese Diskrepanz zwischen Idee und Realität, vertreten durch die beiden extremen Figuren, gibt Sade nun wieder Gelegenheit, Marats Utopismus mit der traurigen Gegenwart zu vergleichen: «glaubst du immer noch daß Gerechtigkeit möglich ist / daß alle gleich viel verwalten können». Ob es nicht vielmehr so sei, fragt er, daß die Menschen sich gleich bleiben, handeln «genau wie ihre Vorgänger ... das gleiche leisten» (D 1,198). Marats Antwort: ohne Radikalität keine Revolution, «die Halbherzigen die Mitläufer» müssen «ausgestoßen werden», es gibt «nur ein Niederreißen bis zum Grunde» (D 1,199). Die Folge solchen Denkens – handgreiflich präsentiert sie sich ringsum. Die Revolution schlägt um in Diktatur, Napoleon, das ist das Paradox, erscheint als Vollender dessen, was Marat begann.

La philosophie dans le boudoir ou Les instituteurs libertins, heißt ein 1795 erschienenes Werk von de Sade, in dem sieben Dialoge von sogenannten «ausschweifenden» Übungen begleitet werden: Im fünften Dialog legt der Libertin Dolmancé seine Philosophie der totalen Befreiung des Individuums, der totalen Abschaffung von bindenden Normen dar und bezieht damit eine Gegenposition zur humanitätsgläubigen Revolution des Bürgertums, zu ihrem Glauben an die Möglichkeit harmonischen Zusammenlebens. Auch die Todesstrafe wird darin abgelehnt, als Mord auf dem Verwaltungswege, während Rache- und Lustmord in dem neuen, von radikalem Egoismus und von Grausamkeit bestimmten Wertsystem ihren Platz haben. Im 21. Bild läßt sich Peter Weiss' Sade, während er seinen großen Monolog spricht, von Charlotte Corday auspeitschen: philosophisches Bekenntnis und sadistisch-masochistischer Exzeß überlagern sich. Anspielend auf *Les cent-vingt journées de Sodome ou L'école du libertinage* (1785) bekennt Sade unter den Schlägen der Peitsche, daß er von Selbsthaß gequält sei, das Bild der «monströsen Vertreter einer untergehenden Klasse» vor ihm in der Einkerkerung aufgestiegen sei, «deren Macht sich nur noch in einem Schauspiel / körperlicher Exzesse darstellte» (D 1,202). Wenn er ihre Gewalttaten aufgezählt habe, sie bis «ins kleinste Detail rekonstruierte», so war es «weniger ein Angriff auf diese Ertrinkenden / die alles mit sich rissen was sie noch greifen konnten / als ein Angriff auf mich selbst» (D 1, 203). Das registrierende Ich versteht sich als Augenzeuge, Beteiligter, der durch Selbstbeobachtung ein symptomatisches Bild der Zeit gewinnt. «In einer Gesellschaft von Verbrechern / grub ich das Verbrecherische aus mir selbst hervor / um es zu erforschen und damit die Zeit zu erforschen / in der ich lebe» (D 1,203). In der Revolution sah er zunächst «die Möglichkeit / zu einem ungeheuren Auswuchs an Rache / zu einer Orgie die alle früheren Träume übertraf» (D 1, 203). Als er jedoch «selbst zu Gericht saß», die Möglichkeit hatte zu töten, die Angeklagten dem Tode zu überliefern, war er nicht fähig dazu. Er erkennt die Kluft, die das Töten als Aestheticum vom Töten als Politicum trennt, den Tod als Mord auf dem Verwaltungswege, wie wir ihn nannten, vom individuellen Rache- oder Lustmord, der als Aufruhr des Individuums Freiheit stiftet.

Die Vergeltung, die geübt wird, muß er sich eingestehen, ist nur mehr «mechanische Vergeltung», weder ein individueller noch ein künstlerischer Akt, «ausgeführt in einer stumpfen Unmenschlichkeit / in einer eigentümlichen Technokratie ... und jetzt Marat ... jetzt sehe ich / wohin sie führt / diese Revolution ... zu einem Versiechen des einzelnen / zu einem langsamen Aufgehen in Gleichförmigkeit / zu einem Absterben des Urteilsvermögens ... Ich kehre mich deshalb ab / ich gehöre niemandem mehr an ... Ich sehe nur noch zu / ohne einzugreifen / beobachtend / das Beobachtete festhaltend / und es umgibt mich / die Stille» (D 1,205f.).

Wie dem Eingeschlossenen in *Les cent-vingt journées de Sodome* wandelt sich ihm der Traum von der Freiheit zum Traum von der Lust. Auch Pablos Alter ego Carlo *(Turm)* hatte sich eingerichtet im «Turm» und in selbstzerstörerischen Genuß geflüchtet. Der körperliche Exzeß der Auspeitschung Sades hat einen doppelten Aspekt: Er ist Ausdruck von Befreiung und zugleich Symptom der Unfreiheit.

Zwei Dinge wurden Peter Weiss' Sade klar: einmal der Unterschied zwischen Literatur und Aktion, zum andern jener zwischen Individuum und Gesellschaft. Er erkennt die Aporien der Revolution, die Befreiung verheißt, aber, um dies möglich zu machen, des Verzichts auf Freiheit bedarf. Totale, Leib und Geist, Individuum und Kollektiv gleicherweise umfassende Revolution ist nicht zu verwirklichen. Andererseits gewinnt Sade, indem er die Monstrositäten einer Gesellschaft aufzeichnet, der er sich selber zurechnet, und indem er für Mord als Movens des Individuellen eintritt, als rationales Individuum aber unfähig ist, ihn zu vollziehen, für sich eine Position der Freiheit im Denken. Er ist zwar weder imstande, seine Philosophie zu verwirklichen, noch der Philosophie eines anderen beizupflichten, aber er hat die Vorstellung und das Wort. Das Ergebnis ist totales Zurückgeworfenwerden auf sich selbst, eine Einsamkeit, die dem äußeren Rahmen der Internierung in Charenton entspricht. Seine Position: die des Ästheten, des wissenden Voyeurs, des Chronisten. Seine Erkenntnisse: die Revolution bot endlich die Möglichkeit zu Rache und Befreiung, beides aber auch so verstanden, daß es dem Menschen, indem es ihn befreit, die Möglichkeit gibt, sich auszuleben. So wie aber Befreiung der Masse zugleich Fesselung des Individuums bedeutet, dessen Auslöschung, bringt die Triebbefreiung der Masse das Chaos, die Anarchie, da die Befreiung des Löwen im Menschen zwangsläufig auch den Schakal befreit. Totale Freiheit im kollektivistischen Sinn ist nicht möglich. Es gibt sie in der Kunst, in der subjektiv-privaten Welt des Individuums. Paradoxe Erkenntnis: die totale Befreiung des Menschen, verstanden als Masse, führt zur Un-Menschlichkeit. Einen schrillen Gegensatz zu diesen Äußerungen Sades, die in der Tat den Widerspruch im Verhältnis von Ideal, Kunst und Leben, von Individuum und Gesellschaft formulieren, bilden die Ansichten Charlotte Cordays, die sie im 23. Bild im Arienstil verkündet: «Einmal wird es sich verwirklichen / daß der Mensch im Einklang lebt mit sich selbst / und mit seinesgleichen», und Duperret, girondistischer Abgeordneter und ihr Liebhaber, gespielt von einem Satyromanen, ergänzt: «Einmal in einer Gesellschaftsordnung / in der jeder einzelne / obgleich ... mit allen vereint ... nur noch sich selber gehorcht» (D 1,209). In dieser romantisierten Wunschvorstellung, die sich an Rousseaus Parolen orientiert, sind die Gegensätze in schwärmerischem Glauben aufgelöst. «O hätten wir noch schöpferische Gedanken / anstelle von Agitation / Hätten wir wieder Schönheit und Harmonie / anstatt Taumel und Fanatismus» (D 1,231), fügt Duperret später hinzu und fixiert damit einen Standpunkt, den man als unverbindliches Ästhetengeschwätz zu bezeichnen pflegt. Es ist die rosarote Utopie des Schäferromans, die reine, platte Evasion. Im Kontrast zu dieser vagen, gefühlsseligen Zukunftsvision steht Marats Monolog, der fast das ganze Bild 24 füllt. Hier verläßt Marat seine Rolle als Diener der französischen Revolution und gibt sich als Vertreter eines militanten Marxismus. Er wendet sich gegen Vorstellungen, die den idealen Staat postulieren, ihn aber ohne gewaltsamen Umsturz erreicht sehen möchten. «Als wären die Reichen je bereit / freiwillig ihre Besitztümer herauszugeben / Und wenn sie vom Druck der Verhältnisse gezwungen werden / hier und da nachzugeben / so tun sie es nur weil sie wissen / daß sie dabei ... gewinnen können» (D 1,210). Was darauf folgt, ist, leicht erkennbar, auf unsere Zeit, auf die Bundesrepublik und überhaupt auf die kapitalistische Welt gemünzt: «Laßt euch nicht täuschen / wenn unsre Revolution erstickt worden ist / und wenn es heißt / daß die Zustände sich jetzt gebessert haben / Auch wenn ihr die Not nicht mehr seht / weil die Not übertüncht ist / und wenn ihr Geld verdient / und euch was leisten könnt von dem / was die Industrien euch andrehn / und es euch scheint / euer Wohlstand stände vor der Tür / so ist das nur eine Erfindung von denen / die immer noch viel mehr haben als ihr ... Glaubt ihnen nicht / ... in ihren neuen Burgen aus Marmor und Stahl / von denen aus sie die Welt ausräubern / unter der Devise / sie verbreiteten Kultur ... Paßt auf / denn sobald es ihnen gefällt / schicken sie euch / daß ihr ihre Haufen verteidigt / in Kriege ... deren Waffen in der rapiden Entwicklung / der gekauften Wissenschaft / immer schlagkräftiger werden / und euch in großen Mengen zerreißen» (D 1,211f.). Natürlich kann Coulmier solche Reden nicht ohne Protest anhören. Wieder verläßt er seinen Platz und stellt Sade zur Rede. Der reagiert zunächst nicht, besänftigt aber dann den Vertreter der Staatsgewalt. Entschärfend wirkt immer wieder der Ausrufer. Sein ironischer Kommentar nimmt zurück, verleiht aber den Äußerungen durch das ständig mitgebotene Bild der von Coulmier vertretenen Wirklichkeit eine für den Zuschauer und Leser wahrnehmbare Schärfe. «Wir wollen Ihnen aber nur zeigen», sagt er beispielsweise, «was vielleicht einmal geschehen könnte / wenn uns das Schicksal nicht jenen vergönnte / der aufräumte mit solchen Prophezeiungen / und beendete alle Entzweiungen» (D 1,212). Dann leitet er über zum nächsten, dem 25. Bild, das den zweiten Besuch der Corday zum Inhalt hat. Die Besucherin gibt vor, einen Brief zu überbringen, der Hilfe zu bedürfen. Hier kann Sade einhaken und Revolution als Resultat nicht von erhabenen Ideen, sondern von kleinen Anlässen denunzieren: «So ist es Marat / das ist für sie die Revolution / Sie haben Zahnschmerzen / und sollten sich den Zahn ziehen lassen ... So kommen sie zur Revolution / und glauben die Revolution gebe ihnen alles ... und dann stehn sie da / und alles ist wies früher war» (D 1,214f.). Ist nicht auch für Marat die Revolution nur ein Alibi, Gelegenheit, die eigene vermurkste Existenz zu vergessen? Der Gedanke wird Szene im 26. Bild. In einer Rückblende erlebt der fiebernde Marat seine Vergangenheit, die Pantomimengruppe tritt auf mit ihrem Karren und führt sie ihm vor. Monarchenhaß spiegelt sich in Vaterhaß. Kostümierung und Spiel sind grotesk, verdichten sich zur Anklage: die Eltern, der verhaßte Vater, die verhaßte Mutter, die Vertreter der Wissenschaft, des Militärs, der Kirche und der Neureichen, sie alle lassen kein gutes Haar an ihm. Roux eilt nach vorn, um ihn zu verteidigen: «... die Funktion des Menschen wolltest du klarlegen / deshalb fragtest du dich was denn dies sei / die Seele ... dieser Klumpen von leeren Idealen und verworrener Ethik / und du legtest die Seele ins Gehirn / damit sie denken lerne» (D 1, 223). An Roux' Bemerkung, daß «grundlegende Änderungen in den Verhältnissen erreicht werden müssen / und daß ohne diese Änderungen / nichts was wir unternehmen / fruchtbar werden kann» (D 1,224), schließt sich an der Zweite Akt, der fast nur aus Wiederholungen besteht[4].

Das 27. Bild, überschrieben «Die Nationalversammlung», öffnet den Zweiten Akt: Jakobiner und Girondisten sowie die zuhörenden Vertreter des Volkes gruppieren sich entsprechend. Ein Bild des Chaos, Zwischenrufe, die von einem Extrem ins andere umschlagen. Nachdem Roux, im Hintergrund aufspringend, schließlich interveniert hat: «Stürzt eure Feinde / Macht sie unschädlich / denn wenn *sie* gewinnen / dann würden sie / *keinen von euch verschonen* / und alles was wir erreicht haben / ist verloren» (D 1,231), wird Marat auf den Schild gehoben. Sades Kommentar: «Einen werden sie finden / auf den sie alles abladen können / und sie werden ihn ernennen zu einem blutgierigen Ungeheuer» (D 1,232). Es ist übrigens anzunehmen, daß der Autor nicht ohne Grund eine genaue Sitzordnung vorschreibt. Um Sade und vor Coulmiers Tribüne sitzen die Girondisten, die gemäßigten Republikaner, die am 2.6.1793 von Marat geächtet und deren Abgeordneten in der Mehrzahl anschließend hingerichtet wurden. Links um Marats Wanne befinden sich die Patienten, die die Jakobiner darstellen, sowie die zuhörenden Vertreter des Volkes. Natürlich gehört auch Roux auf diese Seite der radikalen Republikaner, so daß, wenn man die «Rollen» abzieht, sich auch hier ein Gegeneinander von Coulmier und Roux ergibt. Der Dialog zwischen Marat und Sade findet im 28. Bild seine Fortsetzung. «Gib es auf», legt Sade dem sich die Ohren zuhaltenden Marat nahe, «du sagtest selbst/es sei nichts zu erreichen mit dem Gekritzel/Auch ich habe mein Hauptwerk längst aufgegeben ... alles Geschriebene verschwindet / wie alles Gedachte und Geplante verschwindet» (D 1,234). Marat rechtfertigt sich: «Wenn ich schrieb / so schrieb ich immer mit dem Gedanken an Handlung / hatte immer vor Augen / daß dies nur Vorbereitung war» (D 1,235). Für Sade, der nicht locker läßt, sind Marats Aufrufe nur Lügen: «Was willst du noch mit dieser Revolution / wohin soll sie führen / Sieh diese verlorenen Revolteure» (D 1,235 f.). Marat kann sich Sades Argumentation nicht verschließen: «Alles was ich sagte / war doch durchdacht und wahr / jedes Argument stimmte / warum zweifle ich jetzt / warum klingt alles falsch» (D 1,236). Sollte er seinen Zeitgenossen wirklich um «ein Jahrhundert voraus» sein, wie die Vier Sänger tröstlich kommentieren? Deren Schlußsatz gibt dem Gesagten eine einschränkende Wendung: «... im Blut verronnen / ist alles was du an Wahrheit gewonnen» (D 1,236). Im nächsten, dem 29. Bild rüstet sich Charlotte Corday zum dritten und letzten Besuch. Vergeblich sucht Duperret sie dazu zu bewegen, mit ihm nach Caen zurückzukehren. Charlotte ist sich ihrer Sendung bewußt: als Judith will sie zu Holofernes aufbrechen. Noch einmal akzentuiert Sade den Gegensatz von Trieb und Idee, Leib und Geist, als er im 30. Bild zu Marat sagt: «Marat / was sind alle Pamphlete und Reden / gegen sie / die da steht und zu dir will / um dich zu küssen und zu umarmen» (D 1,243). Doch zugleich ergänzt er, daß Revolution und Kopulation zusammengehören. Die Befreiung des Menschen habe, wie erwähnt, eine totale zu sein, nicht nur die Welt des Geistes harre der Befreiung, auch die des Leibes. In der Zitadelle habe er, Sade, gelernt, «daß dies eine Welt von Leibern ist / und jeder Leib voll von einer furchtbaren Kraft / und jeder allein und gepeinigt von seiner Unruhe / In diesem Alleinsein ... Marat / diese Gefängnisse des Innern / sind schlimmer als die tiefsten Verliese / und solange sie nicht geöffnet werden / bleibt all euer Aufruhr / nur eine Gefängnisrevolte» (D 1,245). Es sind Gedanken Freuds, der Surrealisten, Henry Millers, die hier geäußert werden. Mit Bild 30 hätte das Stück seinen Höhepunkt, die Ermordungsszene, erreicht, wenn nicht der Ausrufer «eine schrille Pfeife ertönen» lassen würde, um in den «Akt» einen «Interruptus» einzuschalten. In der Art, wie Charlotte Corday sich Marat näherte, mit «einer Wildheit, in der sich Haß und Wollust mischen» (D 1, 247), wurde die Intention des Autors erkennbar: nämlich die Verbindung von Schmerz und Lust im Sinne Sades. Der Mord ist als ein travestierter Liebesakt gedacht[5]. Als er sich schließlich vollzieht, steht der Marquis «hoch auf seinem Stuhl und lacht triumphierend. Verzweifelt gibt Coulmier das Signal zum Zuziehen des Vorhangs» (D 1,255). Nicht Schweigen, sondern Gelächter beschließt die groteske Moritat.

Zuvor, im Epilog, dem 33. Bild, wandte sich der Ausrufer direkt an das Publikum: «Eh Sie hinausgehn aus den Türen / lassen Sie uns kurz rekapitulieren / was wir versuchten auszudrücken» (D 1, 251). Noch einmal muß Marat auftreten: «Es zeigte sich mir daß es galt / das Gesetz zu brechen mit Gewalt», es bleibe bestehen, was er «gelehrt». Charlotte Corday bekennt sich noch einmal zu ihrem sterilen romantischen Idealismus, muß sich jedoch von Roux unterbrechen lassen, der ihr vorwirft, daß sie gefährlicher sei «als jene mit ihrem Geld», weil sie zu denen gehöre, «die von Reinheit sprechen und geistigen Zielen / und mit dem Ausbeuter unter einer Decke spielen» (D 1,252). Dann richtet der Ausrufer an Sade die Frage nach dem Resultat des Spiels. Es sei seine Absicht gewesen, gibt Sade zur Antwort, «Antithesen auszuproben / und diese immer wieder gegeneinander zu stellen / um die ständigen Zweifel zu erhellen». Das Drama habe kein Ende, aber er verneine Marats Weg: «Einerseits der Drang mit Beilen und Messern / die Welt zu verändern und zu verbessern / andererseits das individuelle System / kraft seiner eigenen Gedanken unterzugehn / So sehn Sie mich in der gegenwärtigen Lage / immer noch vor einer offenen Frage» (D 1,253)[6]. Diese

Worte stehen zumindest in der als verbindlich angesehenen, gedruckten Fassung des Stücks. Handelt es sich wirklich um eine offene Frage? Gewiß, Individualismus steht gegen Sozialismus, Sades totale Befreiung gegen Marats relative. Aber, erinnern wir uns, das Stück spielt in einer postrevolutionären Gesellschaft, wo die von Marat geforderte Freiheit theoretisch Wirklichkeit geworden und die neue Gesellschaft beherrscht ist von Egoismus, pervertiertem Individualismus. An ihrer Spitze steht ein Kaiser, der die Revolution verkörpert und zugleich aufhebt. In ironischer Verkehrung kommentiert deshalb der Chor: «Und selbst wir Internierten sind nicht mehr gekettet / und für immer ist die Ehre unsres Landes gerettet ... denn einer ist da um uns alle zu leiten ... und diesem einen haben wir alles zu verdanken / diesem einzigen Kaiser Napoleon / der glorreich beendete die Revolution» (D 1,254). Das ist reiner Hohn, der um so beißender wirkt, als die Aporien der Avantgarde, die Zirkelbewegung der Revolution: Dekadenz, Anarchie, Revolution, Diktatur aufs überzeugendste vorgestellt wurden. Daß dennoch die Idee, das Prinzip des «Noch nicht», die Hoffnung, lebendig bleibt, geht aus Roux' Worten hervor, die das Stück beschließen und die Intentionen des Autors zusammenfassen mögen: «Wann werdet ihr sehen lernen / Wann werdet ihr endlich verstehen» (D 1,255). Sie beziehen sich auf den letzten der drei Schritte: Postulat der Revolution – Unmöglichkeit der Verwirklichung bei gleichzeitiger Bewahrung unseres Menschenbildes – Bejahung der Notwendigkeit. Aber: diese Bejahung der Notwendigkeit, sie ist eingebettet in Gelächter, das jedoch dadurch zum Teil wieder aufgehoben wird, daß Roux quasi-identisch ist mit seiner Rolle, also auch für sich, den politischen Gefangenen, spricht. Das Stück gibt sich als Groteske zu erkennen, weist zurück auf Mockinpotts Lösung der Weltprobleme. Hierin manifestiert sich jener «dritte Standpunkt», von Skepsis bestimmt, der jenem der Vier Sänger und des harlekinischen Ausrufers entsprechen dürfte. «Ich vertrete den dritten Standpunkt», sagte Peter Weiss in einem Gespräch 1965, «der mir selber nicht gefällt ... Ich schreibe, um herauszufinden, wo ich stehe, und deshalb muß ich jedesmal all meine Zweifel hineinbringen» (M 99). In dieser Äußerung klingen die Gedanken an, die der Autor 1962 der Leitfigur Strindberg widmete: «Er wagt es, den inneren Widerspruch auszusprechen, er wagt es, sich in seinen Gegensätzen zu zeigen» (R 76). Später wird Peter Weiss «den bequemen dritten Standpunkt» als «Hintertür» deuten, «durch die

ich in das Niemandsland bloßer Imagination entweichen durfte»
(M 116).

Fassen wir noch einmal zusammen: Brechts *Dreigroschenoper*
blieb offen, ohne eigentliche Lösung. Aber sie markiert einen Wendepunkt: Sympathisieren mit der Anarchie verfestigt sich zu radikalem
politischen Engagement. Ähnliches gilt für Peter Weiss' Stück *Die
Verfolgung und Ermordung Jean Paul Marats* etc. Selbstanalyse und
Sozialanalyse verbinden sich in dem Drama, das die Revolution fordert, aber zugleich ihre Unmöglichkeit demonstriert. In der Revue,
die Sade dem Gefängnisdirektor und dem Publikum vorführt, hat
die als «Französische» bekannte Revolution stattgefunden, aber die
Gesellschaft ist noch immer vom Kapitalismus beherrscht, im Grunde
unverändert. Die Schlagworte haben sich verändert, die Dinge nicht.
Zentrales Ereignis und Angelpunkt der Handlung des vielschichtigen
Stückes bildet Charlotte Cordays dreimaliger Besuch bei Marat. Titel
und äußeres Geschehen dürften aber nicht darüber hinwegtäuschen,
daß es nicht primär um Marats Tod geht, sondern um die Inszenierung eines Denkaktes und seines Resultats, eingebettet in kontra-
punktisch aufeinander bezogene Szenen[7]. Das Thema heißt die
Aporien der Revolution. Nicht Sade steht gegen Marat, beide zusammen, und mit ihnen Roux, formulieren die Gegenposition zu
Coulmier und zur sogenannten bürgerlichen Gesellschaft, deren Repräsentant er ist. Sade und Stück contra Irrenhaus, Publikum. Zwar
beherrschen Marat und Sade die Szene, «links vorn steht Marats
Wanne», «rechts befindet sich Sades Stuhl» (D 1,159), doch ist der
Dialog zwischen beiden in Wirklichkeit ein Dialog des Autors mit
sich selbst, Marats Gedanken sind seine Gedanken, konstitutives
Element strindbergscher Selbstanalyse. Marat, ließe sich vereinfacht
sagen, ist also die Verkörperung nicht verwirklichter Gedanken Sades, metaphorische Maskierung einer Existenzmöglichkeit. Die von
Brutalität und Heuchelei erfüllte Welt, die an der Diskrepanz zwischen dem im Gespräch beschworenen Ideal der Revolution und der
Realität sich ständig selbst entlarvt, wird zum Ziel harter Kritik, die
allerdings im Spielcharakter des Ganzen ein Alibi findet.

Sade wie Marat sind Schriftsteller, der eine ist der Chronist «einer
untergehenden Klasse» (D 1,202) – die Anspielung auf *Die Versicherung* ist unüberhörbar –, der andere trägt «die Seele» im «Gehirn» (D 1,223). Beide wollen die Revolution, mit dem Unterschied,
daß Sade deren Aporien durchschaut hat und die Literatur gegen die

«Natur» stellt, während Marat auf das «Schweigen der Natur» mit «Tätigkeit» und Hoffnung antwortet. Er glaubt an die Möglichkeit einer Revolution, die die Gesellschaftsverhältnisse radikal ändert. Sades Blick auf Marat trifft die eigene Vergangenheit. Der Skeptiker mustert den Idealisten, der er selber einst war. Den Beweis dafür, wie begründet seine Skepsis ist, wird ihm ständig von der Wirklichkeit geliefert, in der sich sein Stück entfaltet. Er ist der Revolutionär, der in dem Augenblick scheiterte, als er den Pervertierungsprozeß erkannte, dem die Idee ausgeliefert zu werden pflegt, wenn sie Aktion werden soll, der den Mord, welcher ihm letzte Verneinung ist, zur «mechanischen Vergeltung ... in ... Unmenschlichkeit in einer ... Technokratie» (D 1,205) erniedrigt sah. Er, der Schriftsteller, der das Recht des Menschen auf sich selbst, auf absoluten Egoismus, auf Öffnung der «Gefängnisse des Innern» (D 1,245) vertreten hatte, mußte nun erleben, daß die Idee eines ist, die Aktion etwas völlig anderes. Eine Revolution, die Clochardentum zur Gesellschaftsform erhebt, totale Befreiung des Individuums, Entfesselung der leiblich-seelischen Kräfte des Triebes verlangt, sie muß in Anarchie versinken. Der Gegensatz von Individuum und Kollektiv läßt sich ohne Preisgabe des einen oder anderen nur in der Imagination zur Totalität versöhnen. Der Welt der Ideen steht eine «Welt von Leibern» gegenüber, deren beschränktere, verantwortungslos-fanatische Mittelmäßigkeit preisgegeben zu sein, schon Büchners Danton beklagte. Statt Revolution, die er, der aufgeklärte Zeuge der Zeitläufte fordern muß, Ästhetentum, die Passivität des Voyeurs, Literatur. Nicht Céline, der einseitige Eiferer, sondern Henry Miller. Hierin liegt, aus ihm selbst verstanden, die Bedeutung des Stückes, seine Aktualität. Der Widerspruch zwischen Literatur und Politik, Ästhetik und Aktion, die Spannung zwischen Geist und Trieb, Individuum und Kollektiv, wohl ergiebigstes Diskussionsthema heute, wird von Sade artikuliert und auf seine Weise eindringlich demonstriert: Indem der politische Mord sich vor den Augen der Zuschauer als ästhetisch-perverses Ereignis vollzieht. Charlotte Cordays Vermischung von politischer Idee und Triebbefriedigung, von Mord an Marat und Lustsuche zwingt das Problem in ein unerhört anschauliches Bild.

Und Marat? Von Vater- und Monarchenhaß erfüllte Denkfigur Sades, lenkt er die Revolution, indem er als Pragmatiker Geist und Aktion dadurch verbindet, daß er die Revolution relativiert, um sie zu funktionalisieren. Da das Ich derer, die Befreiung fordern, aus Leib und Geist besteht, die totale Emanzipation des Leibes aber zu Egoismus und Anarchie führt, unterdrückt er den Leib, die Seele zugunsten der Funktionalität. Er wirkt damit zwar als Ingenieur der Revolution, zugleich aber herrscht er als lebensfeindlicher Funktionär. Seine Tötungen im Namen des Volkes deuten voraus auf die reibungslos funktionierende Tötungsmaschinerie in den KZ-Lagern und sonstwo. Durch sein «abstraktes» Verhältnis zum «Leben» gerät er genauso in Gegensatz zur Revolution wie Sade durch sein Postulat. Wenn, andererseits, Freiheit sich nur verwirklichen läßt, wenn der Mensch sie nach ethischen Erwägungen einzuschränken bereit ist, der Begriff Masse sich aber gerade auch dadurch definiert, daß diese zu solcher Einschränkung nicht fähig ist, so entsteht ein weiterer das Problem komplizierender Widerspruch. Was bleibt, ist eine Aporie, wie sie für jede Revolution, ob in der Politik oder in der Kunst, charakteristisch ist. So kommt es, daß sich Marat schließlich fragt: «warum zweifle ich jetzt / warum klingt alles falsch» (D 1,236).

Wenn Sade am Schluß lacht, so lacht er mithin, wie eingangs gesagt, als Wissender. Als «Vorkämpfer des absolut freien Menschen» durchdachte er das Problem, mit dem der Erzähler von *Fluchtpunkt* konfrontiert wurde, auf seine Weise. Ja, mehr noch, er hat gesehen, daß Freiheit, menschliche Freiheit, sich nur innerhalb von Wertpolaritäten – also bedingt – realisieren läßt. Zur Frage nach der Identität, wie sie die autobiographischen Schriften durchzieht, tritt die Erfahrung des Bedingungsverhältnisses von Wert und Unwert, die Erkenntnis des antithetischen Bezugs von Individuum und Kollektiv, die das Ideal der Revolution *ad absurdum* führende Einsicht, daß «alle Blut lecken wollen», Befreiung und Chaos zusammengehören, da dessen Ausbruch Zeichen von Entfesselung und zugleich von Repression sein kann.

Was ergibt sich, könnte hier gefragt werden, für Sade aus seinem leiblichen und für Peter Weiss aus seinem gedanklichen Experiment? Ästhetisierung der Gewalt, Zurücknahme der revolutionären Exzesse in die Imagination. Das Bewußtsein eines unauflösbaren Widerspruchs, der zur Lösung in der Groteske drängt. Eine Sackgasse also, wenn Literatur sich selbst «entwertet», so sie «nur einen Zustand zeigt, ohne die Gründe seines Entstehens und die Notwendigkeit und Möglichkeit zu dessen Behebung deutlich zu machen» (D 2,472)? Die ungeminderte Bedeutung des *Marat/Sade* beruht gerade darauf, daß in diesem Selbstzeugnis, diesem Theater gewordenen inneren Monolog ein Grundphänomen der menschlichen Existenz anschaubar wird: die unaufhebbare Spannung zwischen der natürlichen, biologisch-seelischen Beschaffenheit des Menschen und dem Anspruch einer Idee, die in ihrer Notwendigkeit objektiv-denkerisch erkannt ist. In dieser Problemstellung mag das Stück, so wir einen großräumigen Vergleich wagen wollen, an die dreizehn Bücher der *Confessiones* des Aurelius Augustinus erinnern. Sensibilität, Sensualität und Erkenntnisleidenschaft zerrissen und prägten ihn, das Christentum bot ihm im Heil einer allumfassenden «Wahrheit» die Versöhnung. Ähnliches bestimmte den weiteren Weg des Autors Peter Weiss, führt zu seiner, wie sich zeigen wird, Hinwendung zu einer höchst problematischen Form des Theaters, die eine *contradictio per se* ist. Es liegt nahe, Peter Weiss' Reaktion auf die in *Marat/Sade* bloßgelegte Aporie mit Tertullians berühmtem «Credo quia absurdum» zu verknüpfen. Hierzu paßt der Hinweis Martin Esslins[8], «daß das irrationale Theater des Absurden und das zweckgebundene, politische Tendenzstück weniger unversöhnliche Gegensätze darstellen, als vielmehr Vorder- und Rückseite derselben Medaille sind». Versöhnung des Widerspruchs im Freiheitsbegriff bietet auch der Marxismus, der zugleich die Psychoanalyse, als den Blick für die wahren Gesellschaftsverhältnisse trübend, ablehnt. Für ihn bleibt Freiheit – wie ja letztlich auch für Sade – eine Fiktion, da der Mensch in Wirklichkeit trieb- und milieubedingt denkt und handelt. Die Folge davon ist, so man diesem eschatologischen Denkschematismus folgt, daß das Marat-Sadesche Räsonieren über die Freiheit als unnütz und überwunden gelten kann. An seine Stelle tritt die Diskussion über die ökonomischen Verhältnisse und den Klassenkampf.

Dem Dualismus Sade–Marat, der sich als Aporie enthüllte, entspricht jener Gegensatz, an dem der Expressionismus zerbrach und auch der Surrealismus letztlich scheiterte. Das Drama von Marat und Sade ist zugleich auch das Drama des inneren Widerspruchs des Surrealismus. Leben und Kunst, Gedanke und Tat, Individuum und Kollektiv sollten in ihm in Einklang gebracht werden. Absolut gesetzte Freiheit und absurde Tat auf der einen, Forderung des Marxismus nach Ausgleich und Glück der großen Zahl auf der anderen: die Divergenzen sprengten die Gruppe der Surrealisten. Auch ihr Ziel beruht auf der großen Sehnsucht nach «Ganzheit». Peter Weiss hat sich eingehend mit dieser Bewegung und ihrer Geschichte beschäftigt. Er fand die eigenen Probleme in ihr gespiegelt, Korrespondenz des eigenen Konflikts mit einem größeren.

Es ist bekannt, daß Sade als «Ahnherr» und «Inbegriff des surrealistischen Menschenbildes» gilt. Was Sade zum «höchsten und hinreißendsten Vorbild» macht, sind nach Nadeau sein «durchdachter Materialismus, der Umstand, daß er das Absolute in der Lust, und zwar in allen ihren Erscheinungsformen, vor allem aber im Bereich des Geschlechtlichen sucht, seine Auflehnung gegen die überlieferten Werte und ihre Repräsentanten und seine visionäre Kraft»[9]. Breton beruft sich mehrfach auf Sades «Willen zur moralischen und sozialen Befreiung», rühmt sein «heroisches Streben, eine neue Ordnung der Dinge zu schaffen»[10] und definiert die «eigene Linie» als über Sade führend. Der Surrealismus wendet sich gegen Dressur, Nützlichkeit, die bisherige Moral, Unterwerfung, gegen praktisches Tun, Realismus, um nur einige Angriffspunkte zu nennen. Gefordert wird Veränderung: die bisherige Moral sei der Grund aller Übel. «Alle Mittel» sind den Surrealisten recht, wie Breton sagte, «die Ideale *Familie, Vaterland, Religion* zu zerschlagen»[11]. Das Schlagwort von der Befreiung des Menschen gehört zu den immer wiederkehrenden Postulaten. «Der Mensch muß ausbrechen aus der lächerlichen Schranke, die ihm aufgerichtet wurde ... Jede volle Minute trägt in sich selbst die Verneinung von Jahrhunderten hinkender, zerbrochener Geschichte», schreibt Breton in «Kleines prophetisches Zwischenspiel»[12]. Der Weg führt nach innen, in die Verliese des Ich, zur Beobachtung dessen, was sich in der Tiefe des Menschen abspielt: zur Selbstanalyse. Das Interesse gilt dem Unbewußten, Wunderbaren, dem Traum, Wahnsinn, den halluzinatorischen Zuständen, also all dem, was sich der Ratio entzieht – dem reinen Leben. Man beruft sich auf Freud, der dem Menschen ermögliche, sich seines wesentlichen Gutes, der Freiheit, zu erfreuen. Gerade in ihr sei der Surrealismus «begründet»[13]. Zu den Ideen von Freiheit und Revolution kam jene der Liebe. Der Angriff auf die Gesellschaft war verbunden mit der Forderung nach Befreiung der Liebe. Freuds Deutung der Libido als Hauptantriebskraft von Handeln und Verhalten barg zugleich, unausgesprochen, Anklage gegen Verhüllung und Heuchelei, zu denen die Normen der Gesellschaft zwingen. Anerkennung der Liebe als «Übermacht»[14] mußte zum Protest gegen die bestehende Gesellschaft führen. Seine allmächtigen Wünsche zu stillen, solle jeder das Recht haben, wie schon Sade verlangte[15].

Ideal der Surrealisten ist die «totale» Revolution. «Eine neue Erklärung der Menschenrechte muß irgendwie auf die Beine gebracht
werden, das ist das Ziel», sagt Aragon[16]. In ihr heiße es nicht nur
die Gesellschaftsordnung zu verändern, auch die Bedingtheit menschlichen Daseins aufzuheben, Wünschen und Begehren zu öffnen.
«Wenn das Begehren beengt, beschnitten, nahezu ausgemerzt und
verschüchtert ist und wird, dann ist nur die Gesellschaftsordnung
daran schuld, deren Gefüge es sprengen könnte, und mit schuld ist
das Individuum, das sich widerstandslos einreden läßt, es dürfe seinem Begehren nicht die Zügel schießen lassen. Aus dieser Überzeugung der Surrealisten fließt ihre zwiefache Begriffsbestimmung der
Revolution: ‹Umgestaltung der Welt›, ‹Änderung des Lebens›, und
zwar kraft einer Objektivierung des Begehrens, jener allmächtigen
Kraft, die imstande ist, jegliches Wunder zu wirken[17].»

Nach Queneau nannte die surrealistische Revolution zunächst als
ihr Ziel, «das Denken aller Einzelmenschen in Bewegung (zu) bringen»[18], was auch Vorstellungen Henry Millers entsprechen würde.
Veränderung des «innersten Wesens des Menschen ... des Denkens».
Es bleibt jedoch nicht bei diesem Idealismus, dieser Revolution des
Geistes. Zu ihr kam der Gedanke an die Revolution der gesellschaftlichen Verhältnisse, das Bündnis mit der kommunistischen Partei und
der Übergang zum dialektischen Materialismus. Wer die Revolution
vertrete, heißt es, müsse «den einzigen revolutionären Weg, den
marxistischen Weg» einschlagen, «den Graben ... überspringen, der
den absoluten Idealismus vom dialektischen Materialismus trennt»[19].
Er müsse sich klar darüber sein, daß «die Macht des Geistes, jener
Substanz also, die das Ganze und ein Teil des Individuums ist, un-
lösbar mit einer gesellschaftlichen Wirklichkeit verbunden ist und
diese ganz einfach zur Voraussetzung hat». Oder: «Sich weiterhin
auf eine negativistische, anarchistische Haltung versteifen, die von
vornherein falsch ist, weil sie den Begriff der Revolution, auf die sie
sich ja beruft, nicht begründen kann. Wer sie vertritt, muß sich wei-
gern, sein eigenes Leben und die Unantastbarkeit seiner Individua-
lität in einem Kampf aufs Spiel zu setzen, der einen in die diszipli-
nierte Kollektivaktion des Klassenkampfes hineinbringt[20].» Man
will «die Erfahrungen und Experimente mit dem Innenleben des Individuums» weitertreiben, aber zugleich die soziale Revolution, die
Aktion im Kollektiv[21]. Wie läßt sich nun das Dogma «der bedin-
gungslosen Empörung, der totalen Unbotmäßigkeit und Widersetz-

lichkeit, der systematischen Sabotage»[22], des Terrors, mit der Bereitschaft vereinbaren, sich in eine «Einheitsfront» mit der kommunistischen Partei einzufügen? «Heutzutage», hatte André Breton zur Zeit des Krieges in Marokko gemeint, «hält echte Kunst es mit der sozialrevolutionären Aktivität: gleich dieser trachtet jene, die kapitalistische Gesellschaftsordnung in Verwirrung zu stürzen und zugrunde zu richten». Solange es sich nur um Revolution überhaupt, um «Bekämpfung aller Kultur und Bildung», um «Kampf gegen Vernunft und Gesellschaftsordnung, aber für einen Individualismus der Lüste und Triebe und für die Vorherrschaft des Unbewußten» gehandelt habe, sei es kaum zu «Mißhelligkeiten» gekommen, schreibt Nadeau[23]. So hätten sich innerhalb der Surrealisten Parteien gebildet über der Frage, ob Surrealismus dasselbe sei wie Revolution. Wenn es zweierlei sei, für welches der beiden solle man sich dann entscheiden. Die Streitenden können sich zwar nicht zu einer Entscheidung für das eine oder für das andere durchringen, doch sie finden für eine 1925 unterzeichnete Entschließung wenigstens «einen annehmbaren gemeinsamen Nenner: ‹ein Zustand des Zorns›»[24]. Von 1930 an habe sich der Surrealismus dann auf zwei «gleichlaufenden Wegen fortgesetzt»: dem der politischen Revolution und jenem der Auslotung des Unbewußten, der Befreiung des Innenlebens. Wir fühlen uns an das Gegenüber von Marat und Sade erinnert, denen im Lager der Surrealisten Aragon und Dali entsprechen mögen. Die Bewegung ist, wie wir wissen, schließlich in die beiden Richtungen Kunst und Revolution auseinandergebrochen[25]. Revolutionärer Individualismus auf der einen, revolutionäre Veränderung von Umwelt und Gesellschaft auf der anderen Seite. Beide zusammen ergäben die «totale Revolution», in der Surrealisten Marxisten und Freudianer zugleich wären. Zur Erfahrung der Aporien der totalen Revolution tritt schließlich die ernüchternde Einsicht, daß der «neue Mensch» in der Sowjetunion sich kaum wesentlich von dem Menschen unterscheidet, den man in der eigenen Gesellschaft bekämpfte. Coulmier herrscht hier wie dort.

Man sprach von einem «rückläufigen Prozeß», bei dem nach dem «Vaterland» nun auch die «Familie» intakt aus der «verendenden russischen Revolution» hervorzugehen habe. «Es bleibt ihnen dort nur noch übrig, die Religion wieder einzusetzen ... und das Privateigentum, und dann ist es vorbei mit den schönsten Eroberungen des Sozialismus!»[24a] So kam es, daß man den neuen Machthabern in aller

Form sein Mißtrauen aussprach. Geschehen 1935. Diese Erfahrung machte auch Peter Weiss. Bei ihm sollte es allerdings bis 1968 dauern, ehe er das restaurative «Regime» erkannte bzw. durchschaute. Verständlicherweise suchten die Surrealisten die «Idee» der durch das Regime pervertierten Revolution dadurch zu retten, daß sie sie mit dem 1929 ausgebürgerten und aus der Sowjetunion ausgewiesenen Trotzki identifizierten. In seinem 1930 erschienenen «Zweiten Manifest des Surrealismus» meint André Breton, daß für ihn die Entwicklungsgesetze des poetischen Determinismus und des dialektischen Materialismus einander «aufs genaueste gleichen», auch wenn, oder gerade weil die proletarische Kultur noch nicht verwirklicht ist. Dann zitiert er ausführlich Trotzki *(Revolution und Kultur)* und verlagert die Zukunft, die für begonnen galt, wieder hinüber in den Bereich des Glaubens, dessen Erfüllung man gewiß sein dürfe: «Es steht fest, daß in der Entwicklung der neuen Gesellschaftsordnung der Tag kommen wird, an dem die Ökonomie, die Kultur, die Kunst die größte Bewegungsfreiheit – die des Fortschritts – genießen werden. Wir können darüber aber nur Vermutungen anstellen und müssen uns auf unsere Phantasie verlassen ... Aber wir werden das erst nach langer, schwieriger Übergangsperiode erreichen, die fast noch ganz vor uns liegt[26].» Trotzki schrieb diese optimistischen Worte vor siebenundvierzig Jahren. Peter Weiss' bislang letztes Stück trägt den Titel *Trotzki im Exil.* In ihm läßt er seinen Helden sagen: «Die Mißerfolge und Enttäuschungen können mich nicht dran hindern, hinter dem jetzigen Niedergang den Aufstieg aller Unterdrückten zu sehn. Dies ist keine utopische Prophezeiung. Es ist die nüchterne Voraussicht des dialektischen Materialismus» (T 141). Breton endete: «Der Mensch täte unrecht, wegen einiger ungeheuerlicher geschichtlicher Niederlagen zu verzagen: er hat noch die Freiheit, an seine Freiheit zu *glauben[27].*» In ihm, dem Glauben, schließt sich der Riß, den das Gespräch zwischen Marat und Sade sichtbar gemacht hat und der im Surrealismus zur unüberbrückbaren Kluft wurde. Vielleicht ist dies einer der Gründe gewesen, weshalb sich Peter Weiss 1962 beim Besuch einer Surrealistenausstellung in Paris die Frage stellte: «... zeugten sie (die Bilder) noch von etwas anderem als von ihrer Niederlage ...?» (R 83)

Das Stück *Marat/Sade*, im Kern ein Ideendrama, ist eine auf Kontrastwirkung angelegte dramatische Montage, dreifach gestaffelt, deren innere Einheit, dem Stationendrama ähnlich, auf dem identisch bleibenden Ich des Helden bzw. des Verfassers beruht, der die eigene (Subjekt-) Vergangenheit als fremde (Objekt-) Gegenwart erfährt[28]. Die äußere Einheit in der «offenen» Form gründet sich auf den Charakter der grotesken Moritat. Grundriß und -haltung dieses Stückes über ein Stück und dessen Aufführung sind episch: Der Autor, oder an seiner Stelle die Figuren, die ihn vertreten, die Vier Sänger, der Ausrufer, führen die Revue vor. Die Titel, mit denen die Bilder überschrieben sind, gleichen Argumenten. So heißt es u. a.: «Corday stellt sich vor» (D 1,168) – «Erster Besuch von Corday» (D 1,171) – «Sade pfeift auf alle Nationen» (D 1,193). Auch der epische Titel des Stückes ist Argument. Diese Technik erinnert nicht weniger an die Commedia dell'arte, auf die vor allem die Figur des Ausrufers verweist, als an das epische Theater. Vereinfachend gesagt, handelt es sich um «Epik für zwei Stimmen», die Thesen einander gegenüberstellt, aber nicht zum Dialog gelangt. Der Kontrast zwischen den beiden zentralen Figuren bleibt bis zum Schluß erhalten, weshalb das Stück als von «statischer Spaltung» bestimmt charakterisiert werden kann[29]. In ihr spiegelt sich der «dritte Standpunkt» des Autors, die «offene Frage» (D 1,253).

Spiel gibt sich in *Marat/Sade* als Spiel zu erkennen, aber nicht im messerscharfen, aus dem Spiel herausweisenden brechtschen gestischen Sinn, da die Rollen ineinandergefügt werden und deshalb ständiges, verwischendes Aus-der-Rolle-Fallen bzw. Die-Rolle-Wechseln zum Spiel selbst gehört. Daß Coulmier interveniert, ist genauso Teil des Spiels wie Sades Eingriffe als Spielleiter und Dialogpartner. Bild fügt sich an Bild, doch – von einigen authentischen Splittern abgesehen – keineswegs als Collage. Auf eine Äußerung von Peter Weiss über Strindberg und auf seine Collagen verweisend, will man freilich als Prinzip «der künstlerischen Eigenart von Peter Weiss in all ihren Ausdrucksbereichen» die Collage erkennen[30]. Mir scheint, daß hier ein Mißverständnis vorliegt. Diese von Braque und Picasso in die Kunst eingeführte Technik der Objektmontage und «assemblage», die im Surrealismus und Dadaismus weiteren Ausbau erfuhr, meint verfremdende Zusammensetzung vielartiger und vieldeutiger Realitätsfragmente. Der Begriff stammt also aus der Malerei und bezieht sich auf «Collage», d. h. Zusammenkleben «vorhandener» Elemente, ihre Komposition zu etwas Neuem, Gleichnishaftem, in dem die Einzelelemente in einem Ganzen symbiotischen Stellenwert erlangen. So collagiert Döblin in *Berlin Alexanderplatz* sein Bild Berlins unter anderem aus Nachrichten- und Annoncenseiten von Zeitungen, Wetterberichten, Polizeireporten, Prospekten, Statistiken, d. h. er bezieht dieses vorgeprägte Material in seinen Text ein, kombiniert beides zu einer Montage. Der Begriff der «Montage» indessen stammt aus der Filmkunst und bezeichnet die Montage, d. h. die verfremdende Zusammenfügung von Wirklichkeitsebenen gleicher Provenienz. An die Stelle von Kausalität und Handlungsfluß tritt die Assoziationsverbindung, in der räumlich und zeitlich Getrenntes zusammengefügt wird. Das assoziative Prinzip, das den Gegensatz zwischen Innen und Außen, Bewußtsein und Gegenstand aufhebt, wurde strukturbestimmend im Expressionismus und findet sich, um nur zwei Beispiele zu nennen, bei Benn und Döblin meisterhaft verwirklicht. Auch Peter Weiss – wir wiesen schon darauf hin – beweist in seiner Anwendung höchste Geschicklichkeit, zumal es ihm erlaubt, die schon im Drama *Der Turm* vorbereitete Darstellung der Welt des Inneren in den Schauplatz des Äußeren hineinzublenden.

Bauprinzip des *Marat/Sade* ist die Assoziation, sie hält die Revue zusammen. Als appositive Technik bringt sie das Geschehen von der Stelle, das in Sade, als Autor und Zuschauer leibhaft auf der Bühne anwesend, ein dramaturgisches Zentrum hat. Das Stück gehört als groteske Moritat und Revue zu den Gebilden, zwischen Epik und Dramatik liegend, wie sie Ende des ersten Viertels unseres Jahrhunderts die Bühne eroberten. Döblin nennt dieses «Zwischengebiet», das von der Neigung zum «dramatischen Roman» bestimmt sei, «ein sehr fruchtbares, es wird von denen aufgesucht werden, die etwas zu sagen und darzustellen haben, denen die schon versteinerte Form unseres Dramas nicht behagt. Sie zwingt zu versteinerter Dramatik. Im Roman-Drama war zu Aischylos' Zeiten noch der Mutterboden das Drama; er kann es wieder werden. In unserer Zeit weist das Kino, die dramatische Bilderzählung – wer vermag sie kunstgerecht zu bezeichnen – auf diesen Weg[31].» Was indessen die Szenenreihe etwa von Piscators politischer Revue unterscheidet, ist die durch die Gebrochenheit der Perspektive bedingte Einschränkung der Verwendung technischer Hilfsmittel. Im Falle von *Die Versicherung* war dergleichen nicht erforderlich gewesen. Es würde sich seltsam ausnehmen, wenn in einem Werk von Sade, und diese Fiktion gilt es ja aufrechtzuerhalten, mit Projektionen, Stehbildern und Lautsprechern gearbeitet würde. Die Rolle dieser neuen Ausdrucksmittel wird im überwiegenden Maße von den Mitteln des «Theaters der Grausamkeit» übernommen, zu denen manches aus Guignolade, Kaspertheater, Commedia dell'arte etc. hinzukommt. Wo etwa Piscator zur Illustration Bilder der Guillotine an die Wand werfen lassen würde, gruppieren sich spielerisch-tänzerisch bei Peter Weiss Schauspieler und erreichen ähnlichen Effekt durch Pantomime.

Es handelt sich bei dem Stück mithin um eine Montage aus Elementen von Schaubude, Theater der Grausamkeit und, wenn der Ausdruck gestattet ist, philosophischem Konversationsstück. Wobei sich möglicherweise darüber streiten ließe, ob der historisch-politische Gehalt in ihr seine adäquate Form findet oder durch die Exuberanz der theatralischen Mittel zu Neutralisierung und Auflösung in die Irrationalität der Phantasmagorie gedrängt wird. Diese Frage ist schwerwiegend, da sie den großen Publikumserfolg des Stückes erklären könnte. Er wäre dann vor allem der Form, nicht dem Gehalt zu verdanken. Dadurch hebt sich das Werk schroff gegen Brechts Intentionen ab. In dessen Theater sind die Bühnenmittel höchst sparsam eingesetzt, streng voneinander geschieden; der Aktivierungselan gilt der Ratio, gerade mitnichten dem Gefühl, der Emotion. Obwohl beide auf außerliterarische Ausdrucksimpulse zurückgreifen und *Marat/Sade* episches Theater ist, überwiegen an diesem Werk die Charakteristika des «kulinarischen» Theaters, die ihr Alibi in der fiktiven Autorschaft Sades haben. Gerade das, was der Autor in *Schatten* vermeidet, indem er dem Leser die «Ausrede» nimmt, wie Kafka, findet hier, umgekehrt, Anwendung. Erfolg, Echo beruhen deshalb wohl weniger auf Betroffenheit als auf der Möglichkeit von Genuß. Die Montage einer Vielzahl von Aktionen, Bühnenmitteln und Sprachebenen führt zwar zur Verfremdung der Wirklichkeit, konstituiert aber zugleich Illusion, welche mögliche lehrhafte Wirkung überdeckt. *Marat/Sade* ist «totales» Theater, «allumfassendes Schauspiel», im Sinne des «Theaters der Grausamkeit», «in dem das Theater vom Kino, Music-Hall, Zirkus und vom Leben selber all das wieder an sich zu nehmen weiß, was ihm seit jeher gehört hat. Denn diese Scheidung zwischen dem Analysentheater und der plastischen Welt erscheint uns stupid»[32]. Sensibilität soll nach Artaud erregt werden, der Ausbruch bis zum «Paroxysmus» gesteigert, doch zugleich erstrebt der Autor «eine verstandesmäßige Ausdehnung und Steigerung der Bedeutung eines jeden gesprochenen Wortes»[33]. Gegensätze, die jenen von Leib und Geist, Triebentfesselung und Reflexion entsprechen. Diesem komplexen Ziel dient die Mobilisierung «aller auf der Bühne verwendbaren Ausdrucksmittel wie Musik ... Pantomime, Mimik, Gebärdenspiel», wie Artaud in seinem Aufsatz «Die Inszenierung und die Metaphysik» sagt[34]. Die Einfügung von Chansons, die Verwendung von Knittel- und Madrigalversen für den Ausrufer kommt im Falle von Peter Weiss noch hinzu, wobei freilich die Mittel des «Theaters der Grausamkeit» überwiegen und gerade durch vielfache Verwendung der Pantomime jenen multiplizierenden Effekt erzeugen, der zugleich auf Piscators Revue und auf das dokumentarische Theater vorausweist. Das Stück endet damit, daß die Patienten in blinder Erregung, «Kopulation Kopulation» schreiend, vorwärtsstampfen. Roux, der sich ihnen entgegenwirft – Prinzip der bloßen Vernunft, das die Raserei zu zügeln sucht –, wird überrannt: Der Zug drängt zum Publikum. Fast ist es, als würden Bühne und Parkett verschmelzen, wie Artaud es – romantisch-ironisch – für sein Theater der Grausamkeit wünschte[35].

Einen Höhe- und Wendepunkt, sagten wir, stelle *Marat/Sade* im Schaffen von Peter Weiss dar. Es ist objektivierender Rückblick und Summe zugleich. Zwischen den gegensätzlichen Positionen von Sade und Coulmier, Freudianismus und repressiver Staatsgewalt liegt ein Kräftefeld, das für die Entwicklung des Autors, wie die Betrachtung der vor *Marat/Sade* liegenden Werke gezeigt hat, von entscheidender Bedeutung gewesen ist. Coulmier, dem Hüter eines restaurativen Bürgertums, das von Triebverneinung und Unterdrückung des leibhaften Menschen bestimmt ist, steht in Sade das Opfer der etablierten Sittlichkeit gegenüber, des Moralkodex' einer Gesellschaft, für die Neurosen und unterdrückte Aggression charakteristisch sind.

Die Betrachtung der Themen und Motive der früheren Werke, vor allem der autobiographischen Schriften, beweist uns, daß Entwicklung und Selbstfindung von Peter Weiss sich im Dialog mit bestimmten maß-gebenden Menschen vollzogen hat. An der Wahl von Kafka, Hesse, Miller und schließlich Sade als weltanschaulich-thematischen und von Strindberg und Artaud als künstlerisch-formalen Korrespondenzgestalten wird der innere Weg sichtbar, den der Autor nunmehr zurückgelegt hat. Zu ihnen wird später noch Trotzki kommen.

Orientierungs- und Korrespondenzgestalten

«Ich las intuitiv ... Es ging mir nicht
darum, einen Schriftsteller in ein Fach
einzuordnen, sondern nur Material bei
ihm zu finden, das mir entsprach ...»
(R 72)

In Kafkas Werken fand der spätere Autor von *Marat/Sade* eigene
Seelenlage gespiegelt. Sie ist bestimmt von dem Gefühl, ausgeschlossen zu sein, vor einer versiegelten Welt zu stehen, ohne daß der
Wunsch, aufgenommen zu werden, Erfüllung fände. Was damit
gemeint ist, hat Milena in einem Brief an Max Brod in die Worte
gefaßt: «... er (Kafka) ist nie in ein schützendes Asyl geflohen, in
keines. Er ist absolut unfähig zu lügen, so wie er unfähig ist, sich
zu betrinken. Er ist ohne die geringste Zuflucht, ohne Obdach. Darum ist er allem ausgesetzt, wovor wir geschützt sind. Er ist wie ein
Nackter unter Angekleideten.» Es ist, wie Günter Blöcker sagt, die
«Situation des qualvoll zwischen Selbstbehauptung und Selbstaufgabe schwankenden Menschen»[1]. In dieser subjektiven Zwangslage
dürfte sich Peter Weiss wiedererkannt haben. Es ist die Erfahrung
des sich früh als Außenseiter, als «anders» erlebenden Kindes oder
Jungen, «außerhalb des Gesetzes» zu stehen wie Josef K. im *Prozeß*,
der herausfällt aus der Gesetzmäßigkeit «des im Zeitkreis von Vergangenheit und Zukunft sich bewegenden Lebens»[2]. Das Bewußtsein der Unmöglichkeit der Freiheit, der Ausweglosigkeit in einer
unfaßbaren Weltstruktur führen zur Flucht in die Innerlichkeit, in
welcher jedoch Kafkas Vision der Freiheit, sein utopischer Entwurf
menschlicher Selbstverantwortlichkeit nebelhaft bleiben. Der Weg
nach innen ist begleitet von Alpträumen, Bildern von Drohung und
Gefahr, in denen die Umwelt, Familie, Schule, Gesellschaft lähmend
anwesend sind. Freiheit bleibt Wunschtraum, da die Realität nicht
die eigene Realität ist, sondern die der anderen – als Hölle. Ein einziges Mal habe er, sagt der Autor, in seiner Kindheit eine Ahnung
von körperlicher Freiheit erlebt. Sie bleibt Traum, Ziel, unerreichbar.
Selbstanalyse tritt an ihre Stelle, wie die Aufzeichnungen von Hesses Harry Haller sie zum Inhalt haben[3]. Vereinsamung, Frage nach
dem Sinn, Ekel an der Welt, Zerrissenheit zwischen Extremen: der
Vision des Unbedingten und der Erfahrung bürgerlich-infantiler Le-

bensfremdheit, die Unfähigkeit zur Integration des nackt Wölfischen in der eigenen Existenz. Aufbegehren der eigenen Natur gegen die von Frustration bestimmte Gesellschaft, in der Inzest nichts anderes als Inzest ist: verdammungswürdig, und nicht Ausdruck von Liebe, Wunsch nach Wärme. Vorstellung führt zu Neurose, die ins Selbstzerstörerische, Kranke umgebrochen wird. Angst erlebt sich als Lust, als Ersatz von Lebensgefühl, das frustriert ist, da sein Träger nicht mit den Verhaltensweisen, den Erscheinungsformen des «verpflichtenden Bildes» vom Menschen im Einklang ist. Zum Gefühl der Angst, der Bedrohung, zur Flucht in die Innerlichkeit kommt das Bewußtsein der Schuld. Später formt sich die Überzeugung, daß die eigene Problematik in einer lebensfeindlichen Moral begründet ist. Die bürgerliche Ethik, die gebietet, eher Gewalt zu dulden, als sie zu üben, läßt, wenn Barbarei triumphiert, denjenigen, der sich an sie hält, mitschuldig werden. Der Tod von Freunden und Bekannten fördert solcherart einen Schuldkomplex, der sich wiederum gegen die bürgerliche Gesellschaft entlädt.

So mag eine Erklärung für Hesses bis heute andauernde Wirkung, vor allem in Amerika, darin zu suchen sein, daß dieser Autor den jungen, dem übergroßen Druck der verwalteten, repressiven und absoluten Gesellschaft ausgesetzten Zeitgenossen die Fiktion eines Freiheitsraums schafft. Der Zivilisationswelt, verderbt, nivellierend, stellt er die Welt des Innern gegenüber, eines Kräftefeldes, innerhalb dessen, da Gut und Böse als gleichberechtigt schicksalsbildend genommen werden, im Sinne chinesischer Kosmologie (Yang und Yin), sich die Möglichkeit scheinbar ungehinderter Entfaltung der Persönlichkeit öffnet. Werde der du bist, lautet in Anschluß an Nietzsches Definition des Seins als Werden und an seinen Begriff des *amor fati*, die Aufforderung. Lausche in dich hinein, finde dein Schicksal etc., rät der Autor, auf Erkenntnisse der Psychoanalyse sich berufend, dem seine Identität Suchenden, vom ideologischen Angebot Verwirrten. Einswerden mit dem Schicksal bei Hesse, Einswerden mit der Schöpfung bei Henry Miller. Der Parallelen sind viele. Wir brauchten nur die Augen und die Herzen zu öffnen, um eins zu werden mit dem Seienden, sagt Miller, Einzelgänger und Außenseiter wie Hesse, und artikuliert damit eine arkadische Gegenposition zur Welt der modernen Zivilisation, die von rousseauscher Sehnsucht erfüllt, von einer hesseschen Flucht- und Umarmungsgebärde bestimmt ist. Protest, der an die Erneuerung des großen Traums von der Freiheit glaubt. Dies macht deutlich, daß beide Autoren dem jungen Leser nur Weggefährten für eine Strecke, eine «Stufe», wie Hesse sagt, sein können.

Kafka als Kronzeuge der Vergeblichkeit, als Vertreter der «schuldbeladenen, zum Untergang verurteilten und verdammten Bourgeoisie»[4], wobei der fundamental-ontologische Entwurf in seinem Werk verkannt wurde, Hesse als Autor, der Abgründe des Ich aufdeckt, den Blick auf den Wolf neben dem Lamm lenkt, Freiheit verheißt. Und schließlich Henry Miller, der Befreier. Er sagt die *ganze* Wahrheit, wie sie seit Jean Jacques Rousseaus *Bekenntnissen* nicht mehr gesagt wurde. «Die volle und freudige Bejahung des Verworfensten in uns ist der einzig sichere Weg, es zu verwandeln[5].» Die Welt ist «schrekkenerregend», sagt Miller, aber sie ist «gut»[6]. Das Bekenntnis zu ihr muß, wie bei Hesse, die ganze Welt umfassen, auch das, was als böse, verworfen gilt. «Was scheußlich, schmerzlich oder übel erscheint, kann ein Quell der Schönheit, Freude und Kraft werden, wenn wir ihm mit aufgeschlossenem Geist gegenübertreten[7].» Aber wir sind «moralisch und seelisch ... in Fesseln geschlagen»[8]. Aufgeschlossenheit heißt Forderung nach Freiheit, umfassender Freiheit. Denn das Verbrechen besteht darin, das Leben nicht voll zu leben. Keineswegs umgekehrt. Zivilisation gegen kosmische Bindung. Der Hunger nach Ganzheit. Protest gegen die Zivilisationswelt, der sich in der Ent-Bindung, Befreiung des Trieb-Ichs, im Sexus vollzieht. Das Zurück zur Natur wird abgewandelt in ein Zurück zum Geschlechtlichen: der Sexus erweist sich als Heilmittel des an der Zivilisationskrankheit Leidenden. Es versteht sich, daß Millers «Schock des Obszönen» weder für das Forum noch für das Kollektiv taugt. Es ist eine Außenseitererfahrung, deren Wahrheitsgehalt hier nicht zur Debatte steht. Befreiung ist demnach für das Individuum nur zu erreichen im individuellen Akt, der zurückführt zu den Quellen, zum Archaischen. Nicht das soziale Kollektiv ist das Entscheidende, sondern der Lebensstrom, an dem alle, die willens sind, teilhaben können. Mit anderen Worten, Millers erotomanisches Postulat ist demnach als Aktion der Befreiung genausowenig in der Form eines allgemeinen weltverbessernden Gesetzes zu verwirklichen wie Sades Wunschtraum. Mit dem Unterschied freilich, daß Miller sich von der «Büffelherde» getrennt hat, sie scheut, während Sade als Teilnehmer der Revolution die Brücke zu schlagen suchte. Er verharrt im Bereich der Kunst, wohin der resignierte Sade zurückkehrt. Millers Kunst, sein, wenn wir wollen, ästhetisches Programm, verweist auf den Surrealismus, auf dessen Befreiung der schöpferischen Kräfte der Tiefe: Traum, Rausch, Bild. Erlebnis der Totalität der Existenz. «Der Feind des Menschen sind nicht die Bazillen, sondern der Mensch selbst, seine Eitelkeit, seine Vorurteile, seine Dummheit, seine Arroganz. Keine Klasse ist immun, kein System bietet ein Allheilmittel. Jeder einzelne müßte sich gegen eine Lebensart auflehnen, die nicht die seine ist[9].» Dennoch kommt Henry Miller zur Forderung nach einer «Revolution – eine Weltrevolution von oben bis unten, in allen Ländern, allen Klassen, in jeder Schicht des Bewußtseins». Es ist eine Revolution ohne politisches Programm. Weltrevolution, die sich aus sich wandelnden Individuen summiert, wie es uns von Döblin, Sternheim und E. Weiß her bekannt ist.

In seiner Rede mit dem vielsagenden Titel «Gegen die Gesetze der Norm» sagt Peter Weiss: «Als ich als Fünfzehn-Sechzehnjähriger anfing, die Werke der Weltliteratur aufzustöbern, war es oft der Klang der Titel, der mich anzog ... Was damals aus der Welt dieses Umstürzlers, dieses Anarchisten Strindberg in mich eindrang, und auf welche Weise ich es verarbeitete, läßt sich kaum mehr feststellen. Das Spannende war, daß es verbotene Lektüre war, Lektüre, die meinen eigenen Aufruhr gegen Zwang und Unterdrückung anfachte» (R 72). Es ist eine Welt, wie sie in *Der Turm, Die Versicherung* und *Mockinpott* geschildert wird, karikiert, voll «von Gift und Fäulnis, von Geiz und Eifersucht, und in deren Erstarrung die Bewohner einander langsam zerfleischen» (R 73). Es sei ihm bei der Lektüre darum gegangen, schreibt Peter Weiss, «Material» zu finden, das ihm «entsprach» (R 72), das seine «Phantasie anregte». In *Schwarze Fahnen*, jenem Roman karikierender Abrechnung, bewußt verzerrender Gesellschaftsschilderung, versteht er beim Lesen der ersten Seiten, «mit der makabren Beschreibung der Gespenster-Mahlzeit ... daß hier eine ganze Klasse zu Grabe ging, unter den grotesken Zeremonien, die sie sich zur Selbstverherrlichung geschaffen hatte» (R 72). Wir fühlen uns an das Festmahl erinnert, das *Die Versicherung* eröffnet, aber den Ansatz zur Groteske völlig ausspielt. Im *Inferno*-Tagebuch findet er «das Dasein geschildert, voll Drohungen, Verfolgungen und unerklärlichen Erscheinungen. Endlich wurde es einmal ausgesprochen, das gab mir Mut und stärkte mich ... denn es war besser, das Unheil deutlich vor sich zu sehen, als im Dunkeln zu tappen» (R 73). Erst heute sei «die Reichweite seiner Visionen» wirklich zu fassen: «Wir wissen, was nachher kam, der Surrealismus,

Beckett, Adamov, Ionesco, Henry Miller» (R 73f.). Er habe es gewagt, «den inneren Widerstreit auszusprechen ... sich in seinen Gegensätzen zu zeigen» (R 76), er entwerfe das Bild eines neuen, zeitgemäßen Theaters, das der Zeit entspricht, «in der das unvollständige, gefühlsmäßige Denken mehr und mehr einem reflektierenden, analysierenden Denken weicht» (R 78f.). Neu sei auch «die Vielfalt der Motive, das Widerspruchsvolle und Unerklärliche in den Handlungen der Personen» gewesen (R 79). Charakter im herkömmlichen Sinn wird gedeutet als Zeichen von Anpassung, durch welche die Revolte erstickt wird. «Der Charakter, den Strindberg sah, ‹war gehetzt, nervös, hysterisch, zerrissen, hin- und hergeworfen zwischen Altem und Neuem›» (R 79). Die Destruktion des Charakters findet ihren Ausdruck in der Wahl einer «Collage-Technik», die, wie Peter Weiss sagt, «noch gültig (ist) für das moderne Drama: ‹Meine Gestalten sind zusammengesetzt aus vergangenen und gegenwärtigen Kulturphasen, aus Bücherseiten und Zeitungsblättern, aus Stücken anderer Menschen, aus Kleiderfetzen und Lumpen, und ihre Ideen entnehmen sie wechselweise voneinander›» (R 79). Die Gestalt, für die er sich am meisten interessierte, war er selber. «Er machte sich selbst zum Gegenstand der Untersuchung, der Vivisektion. Er stellte sich dar auf seinem Vordringen im völlig Weglosen und öffnete Möglichkeiten für neue Ausdrucksformen. In einer Welt, die krank, vergrämt und verfahren war, stand er selbst lebendig, gesund, mit weit offenen Sinnen» (R 82). Und was ist Dichtung für ihn? Im *Traumspiel* sagt er es: «Nicht Wirklichkeit – mehr als Wirklichkeit. Nicht Traum – waches Träumen» (R 80). Die Stichworte «Selbstanalyse» und «Traum» verweisen wieder auf Expressionismus und Surrealismus. Die Bedeutung von Vision und Traum, in die sich die Handlung auflöst, die Auffächerung der Hauptfigur in «Aspekte», in die Verkörperung ihrer Möglichkeiten wurde schon erwähnt und ist bekannt. Strindberg wirkte bahnbrechend. Die Bettlerfigur in *Nach Damaskus*, dem ersten expressionistischen Drama, ist ein Aspekt der Hauptfigur. Er verkörpert ihre unterdrückten und nichtverwirklichten Gefühle und Gedanken, hat sozusagen leitmotivischen Charakter. Hier liegt eine der Wurzeln für Peter Weiss' Verfahren der Aufspaltung seiner Figuren, wie sie in *Der Turm* und *Marat/Sade* vor allem in Erscheinung getreten war.

Zwischen Breton und Artaud kam es wegen des Strindbergschen *Traumspiels* zum Bruch. Im «Manifest des Surrealismus» stehen die

Worte: «Der Mensch, dieser unverbesserliche Träumer[10].» Doch was heißt Traum? Expressionismus wie Surrealismus beriefen sich auf ihn, jede Bewegung auf ihre Weise. Für den Expressionismus bedeutete er Aufhebung der empirischen Gesetze von Kausalität und Zusammenhang, war er Ausdruck der inneren Welt im Gegensatz zur äußeren. Seine Wirklichkeit unterscheidet sich nur in formaler Hinsicht von jener der Außenwelt. Die Umwelt wird zur Projektion des Inneren, Seelenlandschaft, wie schon in der Romantik und bei Büchner. Verbürgte Wirklichkeit erscheint lediglich anders, neu gefügt. Der Surrealismus hingegen erstrebt auch Änderung des Inhalts. Die Kruste des Ich soll durchbrochen werden, damit die verdrängte Wirklichkeit, die dämonischen Kräfte des Schöpferischen befreit und zur Erscheinung gebracht werden. Es ist der Glaube an seine «Allmacht», an das «zweckfreie Spiel des Denkens»[11], das seiner Auffassung vom Traum zugrunde liegt. Bei Peter Weiss verbinden sich beide Prinzipien. «Wir blicken in einen Traum ein», heißt es in dem Aufsatz «Avantgarde Film». «Es kommen nur Impulse zur Sprache»: «... elementare Triebe, Wünsche, Ängste» (R 20). «Wie in der Psychoanalyse wird das Verdrängte ans Licht befördert ... all das Amoralische und Barbarische» (R 21). «Die Sprache des Traums (wird) zu einer Sprache der Wirklichkeit» (R 27). Eine Urfassung von *Marat/ Sade* war als Hörspiel konzipiert: als Vision der Revolution, wie sie sich im Kopf des fiebernden Marat darstellt (M 30).

Es steht außer Frage, daß die Begegnung mit Kunst und Theorie des Surrealismus von überragender Bedeutung für Peter Weiss war. Aus seinen Äußerungen ist zu schließen, daß Lautréamont, Jarry, Apollinaire, die großen Vorläufer, und Artaud, Breton und andere zu Leit- und Korrespondenzfiguren für ihn wurden (F 69 f., 191; R 8, 17, 85; M 92). Daß Dante, Sade, Strindberg, Freud und Miller in Verbindung zum Surrealismus gesehen werden, ist bekannt. Sie alle waren, direkt oder indirekt, Herausforderung oder Bestätigung, die zur Auseinandersetzung einluden: Dantes, Sades, Strindbergs, Sartres «Höllen»-Erlebnisse, Freuds und Millers Wege zur Befreiung.

Am häufigsten beriefen sich die Surrealisten auf Lautréamont. «Seinem Werk Ebenbürtiges zu schaffen, ist ihr brennender Wunsch. Und tatsächlich hat keiner so stark den Surrealismus angeregt und befruchtet wie er»[12] mit seiner Befreiung des «Willens», der auch bei Schopenhauer und Nietzsche eine so dominierende Rolle spielt – Befreiung im Schreiben, in der Literatur. Auch bei Peter Weiss dürfte die Beschäftigung mit Lautréamont ihre Spuren hinterlassen haben. In *Fluchtpunkt*, wo der Autor einen Rückblick auf seine Beschäftigung mit den Zwanziger Jahren gibt (F 69 f., 191), wird er allerdings nicht erwähnt, lediglich Antonin Artaud (F 191). Es blieb dies dem schon mehrfach zitierten Filmaufsatz vorbehalten. In *Marat/Sade* findet sich eine Szene, die stark an die Intentionen Lautréamonts erinnert: Sade berichtet von einem zarten, zu philosophischem Gespräch neigenden Mann, der jemanden erschlägt: «ich sah ihn dann / über dem offenen Brustkasten des Gefällten / sah ihn das Herz das noch pulsierte / herausreißen und verschlingen» (D 1, 185). Er bediene sich seines Geistes, sagt Lautréamont, «um die Wonnen der Grausamkeit zu schildern. Keine flüchtigen, künstlichen Wonnen, sondern solche, die mit dem Menschen begonnen haben, die mit ihm enden werden»[13]. Man kommt diesem Bösen auf die Spur, indem man sich der automatischen Schreibweise anvertraut, hinabsteigt in Traum und Unbewußtes, sich dem Denken und Fühlen hingibt und in den Zustand des Träumens versetzt. Wie Sade wollte Lautréamont – auch er ein Vorläufer Freuds – die Schlangengrube aufdecken, die von Religion und Moral so beflissen mit einer Drapierung versehen wird. Wie rechtfertigt, wenn man von dergleichen sprechen kann, Lautréamont die Befreiung des Bösen, sein Ausleben in literarischer Arbeit? Er deutet den Vorgang dialektisch: das Bild der Finsternis erwecke die Sehnsucht nach Licht. Als apokalyptische Vision im Sinne von Hieronymus Bosch und dem «Höllen-Breughel», in deren Tradition Lautréamont steht? Die Hölle, das «Inferno», auch Peter Weiss wird es beschreiben.

Es wurde bereits auf Peter Weiss' Affinität gerade zu Artaud und dessen «Theater der Grausamkeit» aufmerksam gemacht. «Ich schlage daher ein Theater vor», schreibt Artaud in seinem Aufsatz «Schluß mit den Meisterwerken», «in dem körperliche, gewaltsame Bilder die Sensibilität des Zuschauers, der im Theater wie in einem Wirbelsturm höherer Kräfte gefangen ist, zermalmen und hypnotisieren»[14]. «Gewalt und Blut» sollen in den Dienst der «Gewalt des Denkens gestellt» werden. «Reflektieren» soll das Theater, sagt er an anderer Stelle, «und wäre es nur auf philosophischer Ebene». Damit sind zwei der wichtigsten Komponenten genannt, die das *Marat*-Stück prägen und die gleichzeitig zurück auf Sade verweisen.

Die Avantgardisten des Films, der Malerei, der Literatur stünden «immer noch an einem Anfang», sagt Peter Weiss in seinem Filmessay (R 17). Sie ließen sich «weiterentwickeln, fortsetzen ... Wir brauchen wieder gewaltsame künstlerische Handlungen – in unserem satten, zufriedenen Schlafzustand». Solche gewaltsamen Handlungen, psychischen Schockwirkungen kennzeichnen das «Theater der Grausamkeit» Artauds und finden sich auch beim Autor des *Marat/Sade*, ja, mehr noch, wir können die Behauptung wagen, daß *Marat/Sade* Verwirklichung dessen ist, was der große Theoretiker Artaud als Vermächtnis hinterließ.

Antonin Artaud gehörte zur Nachwuchsgruppe der Surrealisten. Peter Weiss hat sich in seinem Filmaufsatz mehrfach zu ihm geäußert. Auf ihn wie auf den avantgardistischen Film, auf den Surrealismus überhaupt, verweist die Thematik des Schreckens, der Auflehnung «gegen die Gewalten der Moralgesetze» (R 21), der sadistischen und masochistischen Obsessionen, wie sie vor allem in den autobiographischen Schriften thematisch wurden (z. B. 13 f., 126). Der surrealistische Dramatiker und Theatertheoretiker suchte mit seinem «Theater der Grausamkeit» – der Begriff dürfte von Sades «Theater der Grausamkeiten» entliehen sein[15] – die Ideen und Postulate des Surrealismus auf die Bühne zu übertragen. Das Theater sei dazu da, «unseren Verdrängungen Leben zu verleihen». Durch «sonderbare», die Lebenswirklichkeit in einer Art von «grausamer Poesie» entstellende Handlungen werde demonstriert, daß die «Lebensintensität ungebrochen ist und daß es ausreichend sein würde, diese besser zu lenken»[16]. Das Leben soll in Besitz genommen werden, das Unvermögen dazu, meint Antonin Artaud, führe zu Verbrechen. Mit anderen Worten: Triebbefreiung, Öffnung der Gefängnisse des Innern, wie de Sade es gefordert hat, ohne sich des Wertkonfliktes bewußt zu sein, der sich ergibt aus deren Verallgemeinerung in politisch-sozialer Hinsicht, d. h. aus der Verbindung der Positionen von Marat und Sade, wie sie das Grundproblem des Surrealismus war.

Funktion des Theaters der Grausamkeit will sein, dem Theater den Begriff eines leidenschaftlichen, konvulsivischen Lebens zurückzugeben. Denn im Grunde suche das Publikum «in der Liebe, im Verbrechen, den Drogen, in Krieg oder Aufstand einen Lebenszustand, der transzendiert, den poetischen Zustand»[17]. Aber das Theater hat nicht etwa eine politische Funktion, intendiert keine gesellschaftliche Veränderung, sein Ziel ist, «auf einer nicht bloß angenommenen und trügerischen, sondern inneren Ebene Luft (zu) machen»[18]. Nur so kann es ein «echtes Illusionsmittel darstellen», Katharsis erstreben. Es ist jene, die aus der Analyse, der Bewußtmachung, der Auflösung von Neurosen und Verdrängung entsteht. Als Illusionstheater liefert es dem Zuschauer «Traumniederschläge», «in denen sich sein Hang zum Verbrechen, seine erotischen Besessenheiten, seine Wildheit, seine Chimären, sein utopischer Sinn für das Leben und die Dinge, ja, sogar sein Kannibalismus»[19] darstellt. Theater gewinnt eine psychotherapeutische und moralische Funktion, aus der sich sein Blutdurst, seine Grausamkeit und Unmenschlichkeit rechtfertigt, da sie verdrängte Elemente unserer inneren Welt sind. Doch was heißt «Grausamkeit»? «Ich gebrauche das Wort Grausamkeit», schreibt Artaud, «im Sinne von Lebensgier, von kosmischer Unerbittlichkeit und erbarmungsloser Notwendigkeit, im gnostischen Sinne von Lebensstrudel, der die Finsternis verschlingt, im Sinne jenes Schmerzes, außerhalb dessen unabwendbarer Notwendigkeit das Leben unmöglich wäre; das Gute ist gewollt, es ist Ergebnis eines Tuns, das Böse dauert fort[20].» Und weiter, in seinem dritten «Brief über die Grausamkeit»: «Etwas wie uranfängliche Bosheit herrscht im Lebensfeuer, in der Lebensgier, im unbedachten Drang zum Leben: das Verlangen des Eros ist eine Grausamkeit, denn es verbrennt Nebensächliches; der Tod ist eine Grausamkeit, die Auferstehung ist Grausamkeit, die Verklärung ist Grausamkeit, denn nach allen Richtungen hin gibt es in einer geschlossenen, zirkulären Welt keinen Platz für den wahren Tod ... Das Gute befindet sich stets auf der Außenseite, doch die Innenseite ist ein Böses[21].» Grausamkeit als Ausdruck von Bedrohtheit und von Lebensgier, Ideen des Darwinismus klingen an. Konflikt zwischen Individuum und Gesellschaft ist unausbleiblich. Im Endeffekt wollen «alle Blut lecken», wie Sade sagt. Es überrascht nicht, daß auch Artaud die Absicht hatte, eine Erzählung des Marquis de Sade auf die Bühne zu bringen, «in der die Erotik auf allegorische Weise transponiert, versinnbildlicht und, im Sinne einer gewaltsamen Äußerung der Grausamkeit und einer Verschleierung alles anderen, eingekleidet wird»[22].

ZWEITER TEIL

Über die Möglichkeit der Demonstration von «objektiver Absurdität»

Zur Frage des «dokumentarischen Theaters»

«Das dokumentarische Theater ist parteilich.» (D 2, 469)

Von Skepsis ist der Dialog Sades mit seiner in Marat objektivierten eigenen Vergangenheit bestimmt. Doch die Rechtfertigung für die Preisgabe revolutionärer Hoffnung ist zugleich ein aufrührerischer Akt. Denn der Insasse einer politischen Zwangsanstalt, der Gefangene, protestiert mit dem Stück, dessen Erfinder und Inszenator er ist, gegen Zwang und Unterdrückung. Gegen jene Wirklichkeit, in der seine Metaphern realisiert sind, da sie sich darbietet als «objektive Absurdität». Ihre Perversion ist unleugbare Tatsache. Wenn auch nicht in dem Maße, wie dies im 20. Jahrhundert der Fall sein wird. Sade läßt in *Les cent-vingt journées de Sodome* den psychopathischen Herzog die auf seinem Schloß gefangengehaltenen zweiundvierzig Frauen und Knaben eindringlich warnen: «Überlegen Sie sich, was Sie sind und was wir sind ... Sie sind Ihren Freunden entzogen und Ihren Eltern – Sie sind für die Welt schon gestorben.» Die Welt des Terrors, des Konzentrationslagers, die Sade beschreibt, seine «Buchhaltung des Lustmordes», sie dürften vor knapp zweihundert Jahren so phantastisch gewirkt haben wie hundert Jahre später die technische Welt in Jules Vernes Romanen. Damals. Mittel und Ziele des nach noch einmal fünfzig Jahren postulierten «Theaters der Grausamkeit» müssen sich als unzureichend erweisen, sobald der Stoff der Wirklichkeit selbst schon so unfaßbar, unbegreiflich und absurd geworden ist, daß er jede Erfindung in den Schatten stellt.

«Eruption eines Grundes von verborgener Grausamkeit», «Enthüllung» suchte Artaud und mit ihrer Hilfe Reinigung, «Katharsis». Als parabolische Veranschaulichung zielte er auf Befreiung, sah sich aber als Theater noch nicht der Konkurrenz einer unübertrefflich bösen, unmenschlichen Wirklichkeit ausgesetzt. Will es die Herausforderung mit jener aufnehmen, so muß es den Prozeß der Beschwörung mit dem der Aufklärung kombinieren: über die historische und somit bis zu einem gewissen Grade demontier- und demonstrierbare Absurdität berichten: als dokumentarisches Theater. Es gewinnt eine mäeutische Funktion, die auf Veränderung gerichtet ist, ohne sich dabei ideologisch zementieren zu müssen. Dies mag dem entsprechen, was Breton 1935 als die «beiden wesentlichen Komponenten revolutionären Geistes» bezeichnete: «Weigerung, die dem Menschen auferlegten Lebensbedingungen zu akzeptieren ... das nachweisbare Bedürfnis, diese ... zu ändern», andererseits aber «dauerhafte Treue für die moralischen Grundsätze und Forderungen, die die Welt vorangebracht haben»[1]. Weiss hat sich nicht mit diesen Prinzipien zufrieden gegeben. Auf die Selbstkonfrontation in *Marat/Sade* folgte das Erlebnis des Frankfurter Auschwitz-Prozesses. Für die (objektive) Absurdität, die dort zur Sprache kam, glaubte er eine Antwort, eine Erklärung nur in Denkschablonen zu finden, die ihm der dialektische Materialismus griffig darbot. Die Möglichkeiten dokumentarischen Theaters überspringend, schrieb er von nun an politische Lehrstücke und Pamphlete. Dennoch gilt das auf *Marat/Sade* folgende Stück *Die Ermittlung*, 1964/65 entstanden, als Dokumentarstück. Dieses Werk soll demonstrieren, was der Autor in dem Aufsatz «Das Material und die Modelle. Notizen zum dokumentarischen Theater» programmatisch dargelegt hat: Es «enthält sich jeder Erfindung, es übernimmt authentisches Material und gibt dies, im Inhalt unverändert, in der Form bearbeitet, von der Bühne aus wieder» (D 2,465). Und in einer Anmerkung zum Stück heißt es: «Dieses Konzentrat soll nichts anderes enthalten als Fakten, wie sie bei der Gerichtsverhandlung zur Sprache kamen» (D 2,9). «Mitschreiben» der Wirklichkeit diesmal nicht auf der Basis nüchternen Beobachtens wie in *Schatten*, vielmehr ausgehend vom Dokument: als Dokumentationstheater. Es scheint angebracht, an dieser Stelle einige Überlegungen darüber einzufügen, was, befragt man den Begriff selber, unter einem solchen Theater zu verstehen ist und wo der schwache Punkt des Unternehmens liegt.

Zunächst: die altbekannte Frage, ob Dichter die Welt verändern können, vermag heute wohl nur noch ein Dichter zu stellen. Als Diskussionsthema wirkt sie längst peinlich, naiv. Sie geht davon aus, daß Literatur oder die Herstellung literarischer Texte, wie es inzwischen heißt, und Aktion vereinbar sind, daß dichterisches Wort für das Forum tauge. Spätestens Expressionismus und Surrealismus haben gezeigt, daß der Preis, den ein Schriftsteller für die Aktion bezahlt, eben meistens die Literatur ist. Wobei völlig unberücksichtigt bleibt, daß die Situation des Schreibenden heute durch den Zweifel an der Brauchbarkeit seines Werkzeugs und Materials noch belastet wird. Artistische Literatur auf der einen, der Traum vom Dichter als Sprecher eines Kollektivs auf der anderen Seite. Eine Aporie, die sich deutlicher denn je zu erkennen gibt. Muß das aber, wäre zu fragen, völligen Verzicht des Dichters auf Aktion bedeuten, auf den Versuch, geschichtliche Abläufe zu beeinflussen, indem er Menschen beeinflußt?

Daß es, so man unter Aktion nicht Agitation, Einwirkung unter einem eindeutig ideologischen Aspekt, versteht, noch eine dritte Lösung gibt, die zudem den Vorzug hat, auf eine lange Tradition zurückzublicken, ist aufs überzeugendste bewiesen. Lehrdichtung nennt sich die Richtung und Dokumentationstheater die neue Form. Als zeitgemäße Überformung des Problemdramas, mit dem es lehrhaften Charakter teilt, sucht es einen Sachverhalt, einen «Fall» möglichst genau nachzubilden. Beide Seiten sollen zu Wort kommen, ihren Standpunkt definieren. Glaube, daß es in der Pluralität der Meinungen einen vernunftbestimmten Standpunkt geben könne, trägt es. Das letzte Wort spricht der Zuschauer, an dessen kritische Rationalität sich der Autor wendet, die er durch Analyse zu wecken sucht. Es gibt keine Lösung, keine These, keine Heilsbotschaft – im Grunde nur Fragen. Das künstlerische Bemühen mündet hier in ein philosophisches, da es den Menschen «wach», der Welt und seiner selbst «bewußt» zu machen versucht. Neues Bemühen um Aufklärung, Wieland und Lessing verpflichtet, da es um Mündigkeit geht, um Appell an das kritische Vermögen, um Selbstbesinnung und -bestimmung, um Erfahrung und Abwehr von verzerrenden Totalansprüchen. Die Erklärung, auf die es zielt und die Aufklärung bewirken soll, ist somit Bestätigung und Ergebnis von Freiheit. Auch der Autor des Dokumentationstheaters sucht die Aktion, aber er wählt den indirekten Weg. Sein Versuch, in die Geschichte einzugreifen, stützt sich auf die Überlegung, daß historische Aktionen nur zu verstehen sind, wenn man menschliches Erleben und Handeln versteht, auf denen sie beruhen. Intellektuelle Schulung, Förderung von kritischer Fragebereitschaft als Mittel zur Wahrheitssuche. Sokratisches Theater.

Axiomatisch-deduktives Denken gewinnt an Einfluß. Selbst in den Geisteswissenschaften ist man dazu übergegangen, Verfahrensweisen von Logistik und Informationstheorie zu nutzen. Für die Literatur bedeutet das, daß man dem archimedischen Punkt des Ich – von dessen Festigkeit man zwar nach wie vor ausgeht, ja, ausgehen muß, dessen Hebelwirkung man jedoch bezweifelt – eine Realität entgegenstellt, die gesellschaftliche Realität, aber zugleich in naturwissenschaftlich-technischer Erfaßbarkeit verbürgt ist. Nicolai Hartmanns Aufzeigen der Phänomene als Voraussetzung zur Denkarbeit. Da ein Dokument, so es wirklich Dokument ist, ein hohes Maß an Objektivität besitzt, entsteht bei seiner Reproduktion auf der Bühne eine Wirklichkeit aus Fertigteilen, die vom Darzustellenden selber geliefert werden. Dokumentationstheater stützt sich zur Reproduktion von Wirklichkeit lediglich auf Wirklichkeit; dadurch verringert es die erkenntnistheoretischen, erhöht aber, in gewissem Maße, die künstlerischen Probleme. Es fordert den Autor auf, didaktisch zu demonstrieren und zugleich Kunst zu machen. Andererseits bietet es einem als mündig angesehenen Publikum ein Theater, das ihm freie, wiederholbare Erfahrung als Anschauung vermittelt, auf inhaltliche Vorentscheidungen verzichtet, um eine «Wahrheit» vorzuführen, die an keine Autorität gebunden ist. Es sei denn die einer als Axiom erfahrenen Moral.

Zu diesen äußeren Gesichtspunkten, die im Verhältnis des Autors zu den Wissenschaften gründen mögen, tritt ein innerer, durch die sogenannte Krise des Dramas bedingter. Er zwingt uns zurückzugehen zum Theater des Naturalismus und zu dessen «innerem Widerspruch». Isolation, Entfremdung, Reduktion des Menschen lassen sich nur auf Bühne darstellen, wenn man sie im Dialog entwickelt, sichtbar macht. Der zwischenmenschliche Kontakt, der sich solcherart ergibt, hebt aber gerade das auf, was der Dichter sinnfällig machen wollte. So kritisiert Hofmannsthal später an Goethes Prinzessin Leonore *(Tasso)* daß der Autor sie «verdorben» habe, «indem er sie über sich reden und deklamieren läßt, wo es ihre Sache wäre ... gerade nicht zu reden». Piscators Antwort auf die als unzulänglich erkannte Gestaltung sozialer Verhältnisse im Theater des Naturalismus war bekanntlich das neue Formprinzip der «politischen Revue»[2]. Indem er nämlich noch einen Schritt weiterging und die zwangsläufig ausgeschlossene soziale Realität durch entsprechende Inszenierung wieder hereinholte, konnte er den Menschen zeigen in seiner Bedingtheit durch die «Schicksalsmächte unserer Epoche ... Wirtschaft und Politik und als Resultate beider die Gesellschaft, das Soziale»[3]. Piscator forderte, daß der Stoff wissenschaftlich durchdrungen, auf die Umwelt bezogen und solcherart «beweiskräftig» gemacht werde. «Das kann ich nur», heißt es in *Das politische Theater*[4], «wenn ich, in die Sprache der Bühne übersetzt, den privaten Szenenausschnitt, das Nur-Individuelle der Figuren, den zufälligen Charakter des Schicksals überwinde. Und zwar durch die Schaffung einer Verbindung zwischen der Bühnenhandlung und den großen historisch wirksamen Kräften. Nicht zufällig wird bei jedem Stück der *Stoff* zum Haupthelden. Aus ihm ergibt sich die Zwangsläufigkeit, die Gesetzmäßigkeit des Lebens, aus der das private Schicksal erst seinen höheren Sinn erhält[5].» An einer anderen Stelle erwähnt Piscator als «Grundgedanken aller Bühnenhandlungen die Steigerung der privaten Szenen ins Historische ... ins Politische, Ökonomische, Soziale. Durch sie setzen wir die Bühne in Verbindung mit unserem Leben»[6]. Der Film wird für ihn zum Mittel der Verklammerung von Bühne und Leben, da er erlaubt, «Daten der Politik, Wirtschaft, Kultur, Gesellschaft, Sport, Mode» etc. in das Bühnengeschehen einzublenden. Solche Durchsetzung des Raums mit historischen Fakten läßt das Einzelschicksal in seiner sozialen Bedingtheit sichtbar werden, objektiviert und multipliziert es. Was freilich nicht darüber hinwegtäuschen darf, daß das Gefüge, in dem es erscheint, von einem epischen Ich zu einer Revue montiert wurde. Was Bertolt Brecht dieser Methode verdankt, ist bekannt. So findet sich der Begriff des «dokumentarischen Theaters», gebraucht in diesem Sinn, bereits 1927 bei Brecht. Andererseits liegt es auf der Hand, daß es von Piscators wissenschaftlicher Durchdringung des Stoffes zur Radikalisierung der Objektivierung und zum völligen Verzicht auf den «fiktionalen» Helden nur ein Schritt ist. Die technischen Mittel, etwa eine Gerichtsverhandlung, einen Prozeß im Pro und Contra zu erfassen (Tonband, Film etc.), schaffen die Voraussetzung für die Totalisierung des Historischen. Daß nicht alles «dokumentierbar», nicht jeder Autor zum Dokumentator und ganz bestimmt nicht jede weltanschauliche Orientierung als Standpunkt geeignet ist, wird sich in aller Deutlichkeit zeigen.

Doch was ist Dokument, was Dokumentation? Der Begriff wurde inzwischen mehrfach angewandt, es gilt ihn beim Wort zu nehmen. Zunächst: Dokument bedeutet lateinisch «Beweis»; im Deutschen indessen tritt zur Bedeutung «Beweis», «Probe» jener der «Urkunde». Dokumentieren heißt mithin beweisen, genau, d. h. objektiv zeigen. Das Dokument steht für eine Wirklichkeit, wird als deren Konstituens genommen, als untrüglicher Beweis, den man jederzeit gegen Nicht-Wirklichkeit (Nicht-Wahrheit) ins Feld führen kann. Unter «Dokumentation» ist nach dem *dtv-Lexikon*[7] zu verstehen «die Sammlung, Ordnung und Nutzbarmachung von Dokumenten, d.h. aller Gegenstände, die Studium, Belehrung und Beweisführung dienen, z. B. Zeitungen, Briefe, Akten, Urkunden, Filme, Schallkonserven, Modelle». Besondere Bedeutung habe die Dokumentation für die Rechtsprechung und Gesetzgebung, für die Naturwissenschaften, die Medizin, die Technik und die Wirtschaft. Von der Literatur ist in dem Artikel nicht die Rede, auch nicht von den Geisteswissenschaften überhaupt. Bekannt ist jedoch, und wäre somit zu ergänzen, daß beispielsweise die moderne Sprachwissenschaft ohne die den exakten Wissenschaften entlehnte Strenge und Systematik kaum die Rolle im geistigen Leben spielen würde, die ihr heute zukommt. Was gestern noch unvorstellbar war, Annäherung an das Wissenschaftsideal der Naturwissenschaft, ist heute Wirklichkeit, auch wenn die «äußere» Erfahrung der exakten Wissenschaft immer nur Ergänzung der «inneren», in menschlicher Erfahrung und Erleben gegründeten sein kann. Warum sollte, was für die Erforschung der menschlichen Sprache gilt, für eines der wesentlichsten Mittel und Formen der Welterfassung, nicht auch für die Welt selber gelten können, die mit der Sprache erfaßt wird?

Dokumentation und Argumentation gehören zusammen, das eine ermöglicht das andere, der materielle Beweis den geistigen. Das Argument stützt unsere Sicherheit, unterbaut sie, schafft zusammen mit dem Dokument den Grund, auf dem Wirklichkeit sich verfestigt. Dokumentationstheater oder «dokumentarisches Theater», wie Peter Weiss es nennt, ist Theater, das dokumentarisch ist, also «urkundlich belegbar». Nimmt man den Begriff als das, was er bedeutet, so erscheint Wirklichkeit in ihm als im Dokument begründet.

Während Dokumentation gewiß auch von einem geistig weniger suffizienten Zeitgenossen zu bewerkstelligen ist als Beweisen durch Registrieren, gehört zur Argumentation, welcher die Dokumentation dienen soll, Rationalität, Verfügbarkeit über und Glaube an Vernunft. Darauf bezog sich Diderot, als er forderte, man solle die Menschen durch Vernunft zur Wahrheit führen, und nicht durch Gewalt. Was andererseits aus einer Dokumentation wird, wenn die Rationalität, die mit ihr umgeht, sich von den zu ihrer Definition gehörenden ethisch-humanitären Idealen löst, braucht nicht erörtert zu werden.

Es tritt also der paradoxe Zustand ein, daß eine Dokumentation nur solange ihren Charakter als wirklichkeitsspiegelndes und -begründendes Material wahrt, wie der Umgang mit ihr von kritischer Rationalität, die ein hohes Maß an Objektivität und Wertneutralität miteinschließt, bestimmt ist. Das mit Dokumentation arbeitende Theater soll, fassen wir es zusammen, zu rationaler Argumentation und sachlichen Orientierung dienen. Es erstrebt und setzt voraus analytisches Denken, *sokratisches.*

Das Dokumentationstheater steht, wie weiter oben erwähnt, in der Tradition der Aufklärung, die, wie Kant formulierte, selbstverschuldeter Unmündigkeit ein Ende setzen soll. Die Relevanz ist mehr denn je gegeben. Auf religiöser und politischer Autorität beruhende Anschauungen läßt sie nicht gelten. Sie schätzt die Suche nach Wahrheit höher ein als die an eine Autorität gebundene, von ihr verbürgte oder vorgeschriebene Wahrheit. Gleiches gilt für das Dokumentationstheater, das sich in dem Augenblick selber *ad absurdum* führt, wo es sich der Argumentation, der Rationalität und Bereitschaft zur Revision, d. h. dazu, die eigene Position kritisch zu reflektieren, entzieht. Kausale und funktionelle Analyse sollen zum Erkenntnisfortschritt führen. Dem Prozeß auf der Bühne entspricht ein, möglicherweise gegenläufiger, Prozeß im Bewußtsein des Zuschauers. Niemand wird bestreiten, daß eine solche Hinwendung zur Überzeugungskraft rationaler Argumentation, zur erhellenden Wirkung konstruktiver Phantasie der Literatur neue Impulse zu geben vermöchte. Dies gerade in einer Zeit, die gegen jede Art von Überredung, Agitation empfindlich geworden sein sollte und staunend erlebt, wie auf Entmythisierung eine Welle unverkennbarer Remythisierung folgt. Andererseits liegen die Schwächen des Dokumentationstheaters, gerade weil es sich so eindeutig an die «kritische Rationalität» des Zuschauers wendet, ganz offen zu Tage. Auch dieses Theater ist fiktionale und damit literarische Form.

Sein «Sinn» birgt den «schwachen Punkt» des Dokumentationstheaters. Als Produkt künstlerischer Techniken – auch der Dokumentationsstoff muß für die Bühne eingerichtet werden – «ist» es nicht nur Wirklichkeit, es «bedeutet» sie auch. Es ist, wohl oder übel, auch Nicht-Wirklichkeit, Symbol und damit mehr und anderes als es «ist». Selbst wenn im Unterschied zum rein fiktionalen Kunstwerk der Dichter für sein Gebäude größere Realitätsblöcke verwendet, denen man gewissermaßen die Erdnähe des Stoffes ansieht, wenn er das

Material quasi unverändert übernimmt, stammt die dramaturgische Konzeption, nach der er baut, allemal aus seinem «Sinn». Die Betonung der «Sache» (die zusammen mit dem Sinn die «Symbolstruktur» der Kunst ausmacht[8]) zu Lasten des «Sinns», darf nicht den Blick dafür trüben, daß auch der dokumentierte Prozeß nicht der Prozeß selber ist, daß die Wirkungsweise des konzipierenden Sinnes die Sache so oder so verändert. Um so mehr Bedeutung gewinnt die Rolle des Autors, von dessen Einstellung die Bewahrung des Dokumentations- und Argumentationswertes abhängt. Ist er bereit, sich seiner selbst zu entäußern und sich mit einer mäeutischen Funktion *à la* Sokrates zu begnügen? Fragende Skepsis mit strenger kritischer Liberalität zu verbinden – einen Standpunkt zu vertreten, der frei ist von Ressentiments, von den Fesseln zäher Überlieferung und erstarrter Gewohnheit, der Gut und Böse als Möglichkeiten nebeneinander stellt und seinerseits auf die Rationalität seiner Zuschauer vertraut?

Als ein Erklärender und Aufklärender muß sich der Autor – und das macht seine Situation so delikat – ständig vor Augen halten, daß er sich auf Messers Schneide bewegt, wenn er sein Unternehmen nicht unterhöhlen will. Die dem Begriff Dokumentation innewohnende Objektivität löst sich in dem Maße auf und macht damit die Zielsetzung der Dokumentation sinnlos, wie der Autor, ihm zur Bühnenwirklichkeit verhelfend, dem Stoff nicht mehr dient, sondern sich des Stoffes bedient und dessen Autonomie aufhebt. Gericht wird zum Schauprozeß, der Zuschauer nicht aufgeklärt, er wird agitiert, reduziert. Um ein Wort von Brecht zu variieren, diese Art von Theater gibt dem Menschen nicht weniger Gelegenheit, ein «Mensch» zu bleiben als die Oper – nur macht es dort der Rausch, während es hier im Zurückweichen vor der in der irrationalistischen Vereinfachung liegenden Arroganz geschieht. Sie wirkt als kräftiges Alibi. Ein Wert gründet sich nämlich paradoxerweise in Wertneutralität, Zurücknahme des Sinns, Objektivierung der «Sache». Wie sich etwa im Falle von Heinar Kipphardts Stück *In der Sache J. Robert Oppenheimer* zeigt, ist dokumentarisches Theater als sokratisches Theater möglich. Die fast ausschließliche Verwendung von dokumentarischem Material, nicht bearbeitet, eingerichtet für spannende szenische Darstellung, zu Erhellung und Kritik, läßt die Urteilsbildung dialektisch erfolgen. Da es das Ziel des Autors ist, Licht in die Dinge zu bringen und er deshalb die Ratio mobilisieren will, schafft er eine Spannung zwischen den moralischen Maßstäben auf der Bühne (die korrigiert werden sollen) und dem Urteil des Publikums. Die Betroffenheit über die Diskrepanz führt zu Nachdenken und Stellungnahme. Das letzte Wort spricht das Publikum, der Autor wurde zum Mäeutiker.

Einer der wichtigsten Vertreter eines Dokumentationstheaters oder «dokumentarischen Theaters», wie er es in Anlehnung an Brecht nennt, ist Peter Weiss. Nach dem *Marat*-Stück hat er seine Arbeit ganz in den Dienst der «Dokumentierung» gestellt. Konnte Sade das Ende Marats noch als kulinarisches Theater inszenieren, Mord als Liebesspiel, den Schreibenden in der Voyeurposition bestätigend, so ist in den darauffolgenden Stücken der Individualismus, den Sade gegen Marats Kollektivismus stellt, ganz zurückgetreten. Sie zeigen einen gewandelten Peter Weiss, der als sein Ziel Aktion, Wirkung nennt, es zu erreichen sucht durch das Medium des «dokumentarischen Theaters». Es liegt nahe, die Stücke nach *Marat/Sade* als konsequente Ausformung eines Autors zu sehen, dessen individuell-subjektiver Konflikt nicht nur eine Entsprechung in objektiv-historischen Weltkonflikten findet – eine der entscheidendsten Voraussetzungen zur Entstehung von Literatur –, sondern der sich aufgefordert sieht, auch Heilung im Weltmaßstab unter die Leute zu bringen. Das «Lehrtheater», um es vereinfachend zu sagen, wird zum «Heilslehrtheater». Bei diesen vorbereitenden Betrachtungen soll es zunächst nur darum gehen, aufzuzeigen, was das dokumentarische Theater keinesfalls zu leisten vermag. Der Beweis wird später *ex negativo* geliefert. Die Frage lautet: Läßt sich dokumentarisches Theater erarbeiten, das Anspruch darauf erheben kann, im Sinne etwa von Kipphardt «Dokumentationstheater» zu sein und zugleich den Zielen gerecht zu werden, die Peter Weiss seinen «dokumentarischen Theater» setzt?

In den 1968 formulierten «Notizen zum dokumentarischen Theater» heißt es: «Ausgehend von der Schwierigkeit, eine Klassifizierung zu finden für die unterschiedlichen Ausdrucksformen dieser Dramatik, wird hier der Versuch unternommen, eine ihrer Spielarten zu behandeln, diejenige, die sich ausschließlich mit der Dokumentation eines Stoffes befaßt, und deshalb Dokumentarisches Theater genannt werden kann» (D 2,464). Des weiteren wird gesagt, daß das dokumentarische Theater sich «jeder Erfindung» enthalte: «es übernimmt authentisches Material und gibt dies, im Inhalt unverändert, in der Form bearbeitet, von der Bühne aus wieder.» Seine Aufgaben sind: «Kritik an der Verschleierung», an «Wirklichkeitsfälschungen», «Lügen» (D 2,465), es wendet sich «gegen jene Gruppen», «denen an einer Politik der Verdunkelung und Verblindung gelegen ist» (D 2,466). «Wirklichkeitsstoff» soll «zum künstlerischen Mittel umfunktioniert» (D 2,468) werden. Die Stärke des dokumentarischen Theaters liege darin, daß es «aus den Fragmenten der Wirklichkeit ein verwendbares Muster, ein Modell der aktuellen Vorgänge, zusammenzustellen vermag», wobei es «die Stellung des Beobachtenden und Analysierenden» einnimmt (D 2,468). Es will keine «emotionale Anteilnahme» (D 2,468) provozieren, sondern «Fakten zur Begutachtung» (D 2,468) vorlegen. Parteien stehen einander gegenüber: ein Prozeß, eine Gerichtsverhandlung wird geschildert, analytisch nachvollzogen; das «Beispielhafte» (D 2,269) soll gezeigt werden. Bis zu diesem Punkt ließe sich das Programm unter die Begriffe «erklären» und «aufklären» zusammenfassen und, vereinfachend gesagt, als nachträglichen Kommentar zur *Ermittlung*, bis zu einem gewissen Grade freilich, und, wie sich zeigen wird, zu Kipphardts *Oppenheimer* rechtfertigen. Der zweite Teil bringt jedoch die Revision, d. h. er nimmt zurück, was im ersten gesagt wurde, und läßt diese Betrachtungen als Ganzes völlig auf Peter Weiss' eigene Stücke zugeschnitten erscheinen. Das dokumentarische Theater hat danach «parteilich» zu sein (D 2,469), es verzichtet auf «Objektivität», will die Wirklichkeit, «so undurchschaubar sie sich auch macht, in jeder Einzelheit» *erklären, einleuchtend machen* (D 2,472). Trotzdem beharrt der Autor darauf, daß «ein dokumentarisches Theater, das in erster Hand ein politisches Forum sein will und auf künstlerische Leistung verzichtet», sich selbst «in Frage» (D 2,467) stellt.

Abschließend dürfen wir lesen, das dokumentarische Theater wende sich «gegen die Dramatik, die ihre eigene Verzweiflung und Wut zum Hauptthema hat und festhält an der Konzeption einer ausweglosen und absurden Welt» (D 2,472). Statt Erhellung der Ausweglosigkeit, die als Ideologie des «Unerklärlichen» abgetan wird oder, wie Ernst Fischer im Hinblick auf Ionescos *Nashörner* meinte, «Haute Couture des Antihumanismus» ist, Vernebelung des gesellschaftlichen Wandels – Gleichsetzung von «verstandener» Welt und Realität. Das Dokument im Dienste von Erklärbarkeit und damit von ideologisch definierter Realität. Fassen wir die Postulate zusammen: Unveränderte Wiedergabe von Dokumenten zur Kritik an Ver schleierung, Wirklichkeitsfälschung, Lüge; Wirklichkeit wird durchschaubar gemacht, Fakten werden zur Begutachtung vorgelegt. Aber die Be- und Verurteilung hat «parteilich» zu erfolgen, ohne Objektivität. Wir können davon absehen, uns lange bei dem Widerspruch aufzuhalten, der dieses Programm bestimmt. Der Begriff des dokumentarischen Theaters, wie er verstanden werden muß, wenn er Sinn haben soll, wird hier aufgehoben. Ein eindrucksvolles Beispiel für die praktische Umsetzung der Weiss'schen Theorie bietet der *Gesang vom Lusitanischen Popanz*. Wir werden im Zusammenhang mit ihm noch einmal auf das Problem des «dokumentarischen Theaters» zurückkommen und wenden uns zunächst der *Ermittlung* zu.

Bewußtmachung des (kapitalistischen) Inferno als Bedingung des (sozialistischen) Paradiso

Die Ermittlung

> «Es war unsere Stärke / daß wir wuß-
> ten / warum wir hier waren / Das half
> uns / unsere Identität zu bewahren.»
> (D 2, 87)

«Die Städte, in denen ich lebte, in deren Häusern ich wohnte, auf deren Straßen ich ging, mit deren Bewohnern ich sprach, haben keine bestimmten Konturen, sie fließen ineinander, sie sind Teile einer einzigen ständig veränderlichen irdischen Außenwelt, weisen hier einen Hafen auf, dort einen Park, hier ein Kunstwerk, dort einen Jahrmarkt, hier ein Zimmer, dort einen Torgang, sie sind vorhanden im Grundmuster meines Umherwanderns, im Bruchteil einer Sekunde sind sie zu erreichen und wieder zu verlassen, und ihre Eigenschaften müssen jedesmal neu erfunden werden. Nur diese eine Ortschaft, von der ich seit langem wußte, doch die ich erst spät sah, liegt gänzlich für sich. Es ist eine Ortschaft, für die ich bestimmt war und der ich entkam. Ich habe selbst nichts in dieser Ortschaft erfahren. Ich habe keine andere Beziehung zu ihr, als daß mein Name auf den Listen derer stand, die dorthin für immer übersiedelt werden sollten» (R 114). In dieser biographischen Betroffenheit liegt einer der Angelpunkte für Peter Weiss' Beschäftigung mit dem Thema Auschwitz, dem Symbol für die Hölle auf Erden. Gefühlslage, Vision, hier konkretisieren sie sich, werden faßbar, dingfest. Die zitierte Äußerung stammt aus dem Jahr 1964, dem gleichen Jahr, in dem der Autor mit der Arbeit an *Die Ermittlung*, Oratorium in 11 Gesängen, begann. Schon früher, 1960/61, hatte er sich, zurückblickend auf die eigene Vergangenheit, in *Fluchtpunkt* dazu geäußert, als er, dem sich die Tatsache des Überlebens, des Gerettetseins, mit Schuldgefühl verknüpft, zum ersten Mal einen der Dokumentationsfilme sah, die das ganze Ausmaß der Morde unter dem Hakenkreuz enthüllten. «Auf der blendend hellen Bildfläche sah ich die Stätten, für die ich bestimmt gewesen war, die Gestalten, zu denen ich hätte gehören sollen» (F 135). Und weiter: «es gab keine Worte mehr, es gab nichts mehr, es gab nichts mehr zu sagen, es gab keine Erklärungen, keine Mahnungen mehr, alle Werte waren vernichtet worden. Dort vor uns, zwischen den Leichenbergen, kauerten die Gestalten der äußersten Erniedrigung, in ihren gestreiften Lumpen ... Und dann sahen wir sie, die Wächter dieser Welt, sie trugen keine Hörner, keine Schwänze, sie trugen Uniformen, und geängstigt scharten sie sich zusammen und mußten die Toten zu den Massengräbern tragen. Zu wem gehörte ich jetzt, als Lebender, als Überlebender» (F 135 f.). Zwei Fragen ergeben sich: die nach der Historie, der Möglichkeit solchen Geschehens überhaupt, und die nach dem Menschen, seiner Psyche, seiner inneren Beschaffenheit, die ihn zu solchen Taten befähigt. Ein psychologisches Problem und ein politisch-soziales, für deren Lösung der Marxismus einen Weg anbietet.

Die Welt als Inferno, das Stichwort läßt uns an Dante denken. In der Tat hat Peter Weiss sich 1965 auch mit Dantes *Divina Commedia* beschäftigt. Nicht nur die Einteilung von *Mockinpott* in 11 und von *Marat/Sade* in 33 Bilder analog zu den je 33 Gesängen von *Inferno*, *Purgatorio* und *Paradiso* deutet darauf hin – der Dialog mit Dante spiegelt sich auch in «Vorübung zum dreiteiligen Drama *divina commedia*» (R 125) und «Gespräch über Dante» (R 142). Zunächst: Worum geht es bei dieser «Vorübung»? Die Gedanken des Autors umkreisen den Unterschied zwischen Giotto und Dante. «Dante streng festhaltend / am Kult und Zeremoniell des Religiösen, Giotto nur an den Menschen denkend / in düstrer Sinnlichkeit den Menschen schildernd, mit Grausamkeit / die körperlich ist, im Fleisch und Blut zu spüren, nicht eisig beherrscht / wie bei Dante, Giotto heftig ausfallend gegen den Klerus, Dante / erschreckt zurückfahrend vor diesem Ketzer» (R 129). Wieder ein Antagonismus: Giottos Welt als «faßbare Natur», mit Leidenschaften auch; die Dantes distanziert, bestimmt vom «Schmerz der Gedanken» (R 129). «Gemeinsam aber wäre ihnen das Erforschen / jeglicher Erscheinung, die Macht der Darstellung» (R 129). «Bei gründlicher Forschung / wäre viel Material aufzutreiben gewesen, als Hintergrund zum Gespräch / zwischen Dante und Giotto, vor mehr als sechseinhalb Jahrhunderten, / und bei genügend Geduld wäre es möglich gewesen, die Aktualität / dieses Gesprächs und die Aktualität der sie umgebenden Welt / festzuhalten ... doch alles was sie aussprachen, / und was geäußert wurde über sie, sollte sich beziehn auf die Zeit, / in der ich lebte und in der ich wiedererkannte, was Dante und Giotto begegnet war» (R 130). Die Gedanken des Autors über das an Sades Dialog mit Marat erinnernde Werk, das nie geschrieben wurde, schweifen weiter, Gegenwart und Vergangenheit umspannend, sie aneinander messend, ineinander spiegelnd. Ist es möglich, die Schuld abzuwaschen? Gibt es noch «Reinigung», wie Dante sie kannte? «Und Reinigung, was war dies, sollte es noch / möglich sein, in der Verwirrung in der wir lebten, uns freizukaufen / von dem Verflochtensein mit dem was andre hier begingen, Abbitte zu leisten / für Worte, Taten, riesige Ordnungen, die wir gebilligt hatten?» (R 133). «Waren dies alles nicht / bloße Formen», fragt der Autor schließlich, «die sie mir hinterlassen hatten, und vielleicht / nicht einmal mehr Formen, nur Vorschläge, nur konstruierte Muster, / und was da Inhalt war, mußte neu hineingezogen werden» (R 133). Der Schreibende von heute, der wie sie die Frage nach Gerechtigkeit und irdischem Leiden stellt, sieht sich Dante gegenüber im Nachteil: Für jenen war die Welt überschaubar, «kraft der Vereinfachung, die ihm überliefert worden war» (R 135), sie war ihm «heile», «ganze» Welt, dieser jedoch steht vor dem «Unförmlichen», vor einem Material, das sich «ins Unübersichtliche verlor und von keiner / Vereinfachung mehr gebändigt werden konnte» (R 136). Was für Giotto und Dante noch galt, Vision werden konnte, hier läßt es sich nicht mehr als «Gesicht» beschwören: die Realität hat die Höllenvision eingeholt. Statt «Gewalttätern» oder «Gerechten», faßbar wie das Maß ihrer Strafe oder ihres Lohns: «Namenlose auf beiden Seiten, nur Übriggebliebene / aus einer umfassenden Entwertung, nur Stammelnde, Verständnislose, / vor einem Gerichtshof, der trübe zerfließende Grausamkeiten ermittelte, / Grausamkeiten einförmig, tausendfach wiederkehrend, verschüttet, / ohne Farbe, verborgen und weit abgeschoben, obgleich / vor kurzem erst begangen, zu unsern Lebzeiten. Sie die dort saßen, / reihenweise, hinter Nummerntafeln, rückwärts von Bewaffneten / überwacht, vorn behütet von feisten Advokaten, und sie, / die einzeln vortraten und Platz nahmen am kleinen Tisch, / und zeugen sollten was bestritten wurde von jenen neben ihnen, / mit hohnvollen Gebärden, Spottgelächter, wo gehören sie hin, nach unten / die einen, in den Krater, beherrscht von Luzifer, dem Dreiköpfigen, / Menschenfressenden, nach oben / die andern, zu den Chören der Engel, oder / gehörten sie beide nur uns an, die wir bei ihnen saßen und versuchten, / sie zu verstehen? Sie gehörten nur uns an, sie gehörten / zu keiner Hölle, zu keinem Paradies, sie waren aufgewachsen mit uns, / und was sie getan hatten, was ihnen widerfahren war, / gehörte uns» (R 134). Gemeint ist Auschwitz, einer der Orte, an denen der Hölle durch Menschenhand zu Wirklichkeit verholfen wurde. Peter Weiss schrieb den Text während oder nach der Arbeit an der *Ermittlung* (1964/65), Auschwitz als Stoff für ein «Welttheater» auf der einen, für ein Dokumentationsstück auf der anderen Seite. Oder sollte das Dokumentationsstück bereits Elemente des Welttheaters enthalten, mit greifbaren weil auferlegten Rollen, als «theozentrisches Gleichnis» (Curtius) ohne Gott? Säkularisiertes Weltgericht? Das über Rollen befindet, die durch eine im Gesellschaftlichen verankerte Spielordnung definiert sind?

«Bei der Aufführung dieses Dramas», heißt es in einer Anmerkung des Autors, «soll nicht der Versuch unternommen werden, den Gerichtshof, vor dem die Verhandlungen über das Lager geführt wurden, zu rekonstruieren. Eine solche Rekonstruktion erscheint dem Schreiber des Dramas ebenso unmöglich, wie es die Darstellung des Lagers auf der Bühne wäre» (D 2,9). Nicht das Geschehen in Auschwitz ist Stoff des Oratoriums, sondern der Prozeß, wie er sich in Dokumenten, Akten, Protokollen, Tabellen, Ziffern, Filmen niederschlug. Als Grundlage für das Stück dienten vor allem die Berichte über den Auschwitz-Prozeß, die Bernd Naumann als Beobachter in der *Frankfurter Allgemeinen Zeitung* veröffentlichte[1]. Die Gerichtsverhandlung begann am 20. Dezember 1963, die Urteile wurden am 19. August 1964 gesprochen. Im Frühsommer 1964 nahm Peter Weiss als Zuhörer am Prozeß in Frankfurt teil. Erste Teile des Stückes, überschrieben «Frankfurter Auszüge», erschienen in *Kursbuch 1* (Juni 1965). Antwort auf seine Fragen, Lösung suchend, hatte der Autor das besucht, was von Auschwitz und Birkenau geblieben ist. «Meine Ortschaft» ist sein Bericht überschrieben (1964). Einen Tag lang wanderte er durch dieses Reich der Schatten, das heute Museum ist. Seine Beschreibungen halten das fest, was jeden erschüttert, der wachen Sinnes dieses einstige Inferno betrachtet. In einem der letzten Absätze bei Peter Weiss steht: «Ein Lebender ist gekommen, und vor diesem Lebenden verschließt sich, was hier geschah ... Nur wenn er selbst von seinem Tisch gestoßen und gefesselt wird, wenn er getreten und gepeitscht wird, weiß er, was dies ist ... Jetzt steht er nur in einer untergegangenen Welt. Hier kann er nichts mehr tun. Eine Weile herrscht die äußerste Stille. Dann weiß er, es ist noch nicht zu Ende» (R 124). Auschwitz als permanente Möglichkeit, als Teil unseres Lebens. Wir sagten es bereits: Es ist in uns, als psychische Fakultas, es ist um uns als historisches Faktum. Bildet es

Teil des Menschen, seiner Sündenfähigkeit? Oder wird es geschaffen durch die Gesellschaft, in der er lebt? Die Antwort auf diese Fragen läßt sich am weiteren Weg des Autors ablesen: Er fand die Lösung, in der heile Welt wieder möglich erscheint. Schon vor der Aufführung des Oratoriums bekannte Peter Weiss in «10 Arbeitspunkte eines Autors in der geteilten Welt»: «Zwischen den beiden Wahlmöglichkeiten, die mir heute bleiben, sehe ich nur in der sozialistischen Gesellschaftsordnung die Möglichkeit zur Beseitigung der bestehenden Mißverhältnisse in der Welt» (M 119).

Es versteht sich, daß der Stoff verdichtet, geordnet und stilisiert werden mußte. Der Reduktion des Personals entspricht Formalisierung im Sprachlichen, Zurücknahme der Sprache auf eine schmucklos freirhythmische Prosa. «Hunderte von Zeugen traten vor dem Gericht auf. Die Gegenüberstellung von Zeugen und Angeklagten sowie die Reden und Gegenreden waren von emotionalen Kräften überladen. – Von all dem kann auf der Bühne nur ein Konzentrat der Aussage übrigbleiben» (D 2,9). An Personen treten auf: Richter, Vertreter der Anklage, Vertreter der Verteidigung, Angeklagte 1–18, Zeugen 1–9. Also 18 von 23 Angeklagten und 9 von 400 Zeugen erscheinen auf der Bühne. Es ergibt sich eine Zahlenproportion von 3 Mitgliedern des Gerichts, 9 Zeugen, 18 Angeklagten. Das Vorwalten der Zahl drei, überliefertes Symbol, verweist wieder auf Dante. Die Überschriften der 11 Gesänge, von denen jeder wieder in 3 Teile gegliedert ist, dienen als Argumenta; sie fassen den Inhalt zusammen und akzentuieren die Intention der Bewußtmachung. Sie lauten: 1 Gesang an der Rampe, 2 Gesang vom Lager, 3 Gesang von der Schaukel, 4 Gesang von der Möglichkeit des Überlebens, 5 Gesang vom Ende der Lili Tofler, 6 Gesang vom Unterscharführer Stark, 7 Gesang von der Schwarzen Wand, 8 Gesang vom Phenol, 9 Gesang vom Bunkerblock, 10 Gesang vom Zyklon B, 11 Gesang von den Feueröfen. Es erübrigt sich, das Geschehen im einzelnen nachzuerzählen. Es ist eine Hypothek, die uns gegenwärtig sein sollte. Die Überschriften zeigen, daß der Autor dem Weg der Opfer folgt, von der Ankunft an der Rampe bis zur Verbrennung der Ermordeten. Geschildert wird die Prozedur der Entmenschung, Sterben und Leben in der Erniedrigung, der Reduktion auf primitiv kreatürliche Existenz, die ihre eigenen Gesetze hat und in der es nur mehr ums Überleben geht. «Es war das Normale / daß uns alles gestohlen worden war / Es war das Normale / daß wir wieder stahlen / Der

Schmutz die Wunden und die Seuchen ringsum / waren das Normale / Es war normal, / daß zu allen Seiten gestorben wurde / und normal war / das unmittelbare Bevorstehn des eigenen Todes / Normal war / das Absterben unserer Empfindungen / und die Gleichgültigkeit / beim Anblick der Leichen / Es war normal / daß sich zwischen uns solche fanden / die denen die über uns standen / beim Prügeln halfen / Wer zur Dienerin der Blockältesten wurde / gehörte nicht mehr zu den Niedrigsten ... Überleben konnte nur der Listige ... Die Unfähigen ... wurden zertreten» (D 2,38f.). Bogers «Schaukel», die Schlag- und Torturinstrumente gehörten zu dem Arsenal von Folterwerkzeugen, das in dem Werk von Peter Weiss den Obsessionen Bild und Nachdruck verleiht. Die Beschreibung von Bogers teuflischer Tätigkeit bildet eine Parallelszene zu Damiens Hinrichtung in *Marat/Sade*. Folterungen, Tötungen der verschiedensten Art: Terror und Massenmord. Doch die «Ermittlung» über die konkrete «Sache» Auschwitz führt über die Bestandsaufnahme dessen, was Entwurzelung und Bedrohung, auch des Autors, bedingte, hinaus zur Frage nach Schicksal und Identität, wie sie bereits in *Fluchtpunkt* gestellt worden war. «Lange trug ich die Schuld», hieß es dort, «daß ich nicht zu denen gehörte, die die Nummer der Entwertung ins Fleisch gebrannt bekommen hatten, daß ich entwichen und zum Zuschauer verurteilt worden war ... ich hätte mich opfern müssen, und wenn ich nicht gefangen und ermordet, oder auf einem Schlachtfeld erschossen worden war, so mußte ich zumindest meine Schuld tragen, das war das letzte, was von mir verlangt wurde» (F 137). Das bedeutet schuldbewußtes Sichfügen in Unabänderliches. Aktion für Veränderung kann das Gefühl eigener Schuld lösen, zumal wenn das Böse in globalem, den Widerspruch eigener Existenz zu bürgerlichen Postulaten lösendem Maßstab gesehen wird. Wir hören Marat, der Sade der Passivität zeiht, eines Ästhetentums – wie es der «Revolutionär» Nguyen Tuan in den *Vietnam-Notizen* überwindet –, ihm indirekt vorwirft, nichts getan zu haben und deswegen «eher zu den Mördern und Henkern» (F 136) zu gehören. «Deutlich sah ich nur», hieß es in *Fluchtpunkt*, «daß ich auf der Seite der Verfolger und Henker stehen konnte» (F 13). In der *Ermittlung* steht zu lesen: «Viele von denen die dazu bestimmt wurden / Häftlinge darzustellen / waren aufgewachsen unter den selben Begriffen / wie diejenigen / die in die Rolle der Bewacher gerieten / Sie hatten sich eingesetzt für die gleiche Nation / und für den gleichen Aufschwung und Gewinn / und wären sie nicht zum Häftling ernannt worden / hätten sie auch einen Bewacher abgeben können / Wir müssen die erhabene Haltung fallen lassen / daß uns diese Lagerwelt unverständlich ist / Wir kannten alle die Gesellschaft / aus der das Regime hervorgegangen war / das solche Lager erzeugen konnte» (D 2,85). Man könnte sich an Trakls Gedicht «Kaspar Hauser Lied» erinnert fühlen, wo der Unschuld Kaspar Hausers die Schuld des Mörders gegenübersteht: Opfer wie Mörder sind Symbole für das Ich des Schreibers. Hinzu tritt aber jetzt die Absage an die Anthropologie, an die Psychologie, da die Frage nach Schuld und Unschuld in deren Deutung als Ergebnis von Lebensumständen ihre Beantwortung und Aufhebung erfährt: sie wird zur Schuld der Gesellschaft, der bürgerlichen Gesellschaft. Wer das eine ändert, ändert das andere.

Diese fast verständnisvolle, menschliche Einstellung den Henkern gegenüber, begreiflich auch vor dem Hintergrund früherer Räsonnements, kontrastiert scharf mit der Verurteilung einer Gesellschaft, die solche Monstrositäten zugelassen, den Henker im Menschen (und im Opfer) geweckt hat. Der im Ablösungsprozeß von der eigenen Vergangenheit, dem Elternhaus und der bürgerlichen Welt gewonnene Standpunkt setzt die ausbeutende Entmenschung der Opfer in *Ermittlung* mit jener des *Marat*-Dramas gleich und versteht sie ideologisch. Der Übergang von der Psychologie zur Politik führt später zur Quasi-Gleichsetzung der westlichen Welt mit Nazideutschland. Die Verurteilung gilt allerdings jetzt, der Ideologie entsprechend, weniger dem «Regime» als der Gesellschaft, aus der das Regime hervorgegangen ist. In der Erklärung des Zeugen 3: «Es war unsere Stärke / daß wir wußten / warum wir hier waren / Das half uns / unsere Identität zu bewahren» (D 2,87), findet die Zerrissenheit, unter welcher der Erzähler in *Fluchtpunkt* leidet, eine Versöhnung, weil der Glaube, das politische Bekenntnis, die revolutionäre Aktivität eine Identität begründet. Solidarität und Ideologie als Gegenmittel, nicht nur gegen die Möglichkeit der «Entmenschung», auch gegen die Fähigkeit, «Henker» zu sein, wie sie in der Tatsache der «Unterstützung» des Terrorregimes «von Millionen» und der von «Zuschauern» gesäumten Wege der Opfer ihren Ausdruck findet. Deshalb ist die in diesem Stück gegebene Analyse über Feststellung und Anklage hinaus Aufforderung zur Revolte und damit konsequente Fortführung des in *Abschied*, *Fluchtpunkt* und *Marat/Sade* begonnenen Dialogs, der im *Marat*-Stück (in der letzten

Fassung) mit den Schreien des Radikalsozialisten Roux endet: «Wann werdet ihr sehen lernen / wann werdet ihr endlich verstehen» (D 1,255).

«Die Vorgänge in Auschwitz, im Warschauer Getto, in Buchenwald vertrügen zweifellos keine Beschreibung in literarischer Form. Die Literatur war nicht vorbereitet und hat keine Mittel entwickelt für solche Vorgänge.» Es soll hier freilich nicht die Frage erörtert werden, ob Brechts Bedenken gerechtfertigt sind und das Auschwitz-Oratorium nach ästhetischen Kategorien bewertet werden darf. Die Form des Dokumentationsstückes zwang zur Reduktion des Symbolischen, zu bühnengerechter Umsetzung und zugleich «Deutung» des historisch überlieferten Stoffes zu Lasten seines «Seins». Objektivität entsteht daraus, daß nicht Dokumente des «unfaßbaren» Ereignisses Auschwitz dem Stück zugrunde liegen, sondern solche des im Protokoll «konkret» gewordenen Auschwitz-Prozesses. Dieser Tatsache kommt besondere Bedeutung zu, da die Objektivität des Dokumentationsstückes in ihnen, d. h. in ihrer Übersichtlichkeit, gründet. Der Wegfall dieses Rahmens wird später auch den dokumentarischen Gehalt auf ein kaum wahrnehmbares Minimum reduzieren. Dokumentarisches Theater wäre im Falle *Ermittlung* fast nahtlos zu verwirklichen gewesen. Dem steht jedoch entgegen einmal die äußere Form des «Oratoriums» mit Gesängen, freien Versen, dem künstlerischen Aufputz, s.v.v., zum andern der alles andere als erhellend-aufklärende Schluß, der die Wucht des demonstrierten und für sich selbst sprechenden Prozesses durch heilsweisende Agitation entwertet. Setzt der Autor nicht seine Glaubwürdigkeit aufs Spiel, wenn er einerseits den Schatten der zur Auseinandersetzung herausfordernden Monumentalität immer wieder auf das eigene biographische Involviertsein fallen läßt, andererseits aber für ein System eintritt, dem Einweisung mißliebiger Autoren in Irrenhäuser, elektrisch geladener Stacheldraht, Mord und Entmenschung ähnlich vertraut sind wie jenen, für die Auschwitz ein Symbol ist? Die Frage nach Qualitativem kann nicht mit dem Hinweis auf Quantitatives vom Tisch gewischt werden.

Haben wir es mit einem agitatorischen Unternehmen zu tun? Mit einer Farce gar? Oder am Ende mit beidem? Peter Weiss hat es vorgezogen, die Staatsanwälte mit den Vertretern der Nebenkläger in eine Figur, den Ankläger, zusammenzufassen. Solcherart wird der DDR-Anwalt Kaul, eine höchst umstrittene Figur, dessen politische

Rhetorik immer wieder durchschimmert, zum eigentlichen Vertreter der Anklage. Das krampfhafte Bemühen, die Schuld an der Existenz der Vernichtungslager nicht Nazideutschland allein, sondern dem kapitalistischen System überhaupt anzulasten, muß deshalb als Intention des Autors gedeutet werden, der Faschismus und Kapitalismus unter einem Nenner sieht. Es nimmt sich doch ein wenig ärmlich und nicht gerade einfallsreich aus, wenn die Vernichtungsmaschinerie der Konzentrationslager nicht als Ausgeburt von Hitlers Rassenwahn, sondern als Profitquelle der Krupp und anderer Großindustrieller gesehen wird. Vergewaltigung zur Ausbeutung wird Grundidee auch des Stücks *Gesang vom Lusitanischen Popanz* sein. Der Verteidiger, auch er eine Sammelfigur, schwillt in dem Stück zum Vertreter der «westlichen Welt». Seine Fragen, um Verharmlosung wie Diffamierung bemüht, stehen für die Geistesverfassung einer unverbesserlichen, verstockten Gesellschaft. Während Richter und Ankläger das Prinzip der Wahrheitsfindung repräsentieren, verkörpert er dessen Verhinderung. Aus dem Prozeß über Auschwitz, dieser Wunde, wird unversehens eine scholastische Streiterei. «Selbst wenn wir alle / die Opfer aufs tiefste beklagen / so ist unsere Aufgabe hier / Übertreibungen / und von bestimmter Stelle gelenkten / Beschmutzungen / entgegenzuwirken / Nicht einmal die Zahl von 2 Millionen Toten / läßt sich im Zusammenhang mit diesem Lager / bestätigen / Nur die Tötung von einigen Hunderttausend / hat Beweiskraft» (D 2,196). Gegen diese Worte des Verteidigers protestiert der Ankläger. Er sieht in ihnen «die Fortsetzung / jener Gesinnung ... die die Angeklagten in diesem Prozeß / schuldig werden ließ», was dem Verteidiger wieder Gelegenheit gibt, die «unpassende Kleidung» des Anklägers zu tadeln und die Frage zu stellen, wer «dieser Nebenkläger» denn überhaupt sei (D 2,197). So grotesk der übrigens aktenkundige Effekt auch sein mag, es erhebt sich die Frage, ob das dargebotene Konzentrat an Fakten noch das Gesamtbild spiegelt, in dem Sache und Sinn maximale Identität erreichen, oder nur gewisse, vom Autor ausgewählte Züge. Der Schluß kann denn auch nicht anders als reiner Hohn genannt werden: «Wir alle ... haben nichts als unsere Schuldigkeit getan / selbst wenn es uns oft schwer fiel / und wenn wir daran verzweifeln wollten / Heute ... sollten wir uns mit anderen Dingen befassen / als mit Vorwürfen / die längst als verjährt / angesehen werden müßten» (D 2,199). Diese Worte des Angeklagten 1, mit denen das Stück ausklingt, sollen offenbar, unausgesprochen, die Summe bilden. Mit ihnen wird auf die vielumstrittene Frage der Verjährung angespielt und durch Analogieschluß eine Gleichsetzung von Angeklagten und Vertretern des Bundestages erreicht. Die Denunziation ergibt sich von selbst. So sehen dann die Fronten aus: Kaul – Ankläger – Ostdeutschland – Wahrheitsfindung; Verteidiger – Angeklagte – Westdeutschland – deren Verhinderung; Sozialisten gegen Kapitalisten, Moral gegen Unmoral, das Gute gegen das Böse. Ob die Dinge wirklich so einfach liegen? Literatur über Geschichte und Rolle beispielsweise von Zwangsarbeit als Ausbeutung in der Menschheitsgeschichte, von Babylon bis Workuta oder Kolima, ist sie dem Autor der *Ermittlung* wirklich unbekannt geblieben? Andererseits: Wer von denjenigen, die freiwillig ein Buch lesen oder freiwillig ins Theater gehen, stimmte nicht mit Zeuge 3 überein, wenn er sagt: «Wir / die noch mit diesen Bildern leben / wissen / daß Millionen wieder so warten können / angesichts ihrer Zerstörung / und daß diese Zerstörung an Effektivität / die alten Einrichtungen um das Vielfache / übertrifft» (D 2,86).

Sprechen wir es offen aus: Ob der Autor sich nicht in der Situation Coulmiers befindet, der die Vorzüge seines Regimes, dessen Errungenschaften rühmt, während seine Pfleger die Patienten niederknüppeln, Roux auf die Bank schnallen, ihm den Mund zuhalten?

Was haben wir durch dieses Oratorium erfahren? Daß Auschwitz die Hölle war, von Menschen für Menschen bereitet, gewiß. Doch die Frage nach dem Warum bleibt ausgespart, wird mit dem Klischee, daß ein Auschwitz zwangsläufig Folge des kapitalistischen Ausbeutungsprozesses sei, überdeckt. Zusammenhänge zwischen Auschwitz und dem nationalsozialistischen Ideologienkonglomerat werden nicht sichtbar, die historischen Bezüge fehlen. Ein «objektives» Sachbuch hätte der Bewußtmachung fraglos besser gedient. Mit der *Ermittlung* werden bereits die Grenzen erkennbar, die einem Stück gesetzt sind, das Dokumentationstheater, Kunstwerk und Bekehrungspredigt in einem sein will. Sollte es tatsächlich möglich sein, die verfremdende Form des Oratoriums – denn die Intention der Verfremdung war doch wohl bestimmend für die Wahl der Form – mit der Bemühung um Dokumentierung zu verbinden? Ist das Ergebnis nicht groteske Verzerrung, ein unfreiwilliger parodistischer Unterton, den der Leser oder Zuschauer nur aus Pietätsgefühl überhört?

Die Bezeichnung Oratorium meint hier Wiedergabe eines dokumentierten apokalyptischen Stoffes ohne ausgespielte Szene, als Bericht. Der Testo, der Evangelist oder Erzähler, eine Rolle, die der Richter übernimmt, führt den Zuhörer durch die Hölle, die sich im Prozeß in Frage und Antwort darstellt. Gewiß, nicht Ereignisse an sich sind Gegenstand des traditionellen Oratoriums, sondern Ereignisse im Spiegel menschlicher Reaktion. Verdient, wäre dennoch zu fragen, das «Oratorium» *Die Ermittlung* nach allem, was gesagt wurde, überhaupt die Bezeichnung «Dokumentationsstück»? Aber könnte eine Montage, die nur «ist», darauf verzichtet, zu «bedeuten», noch als Theaterstück, als Kunstwerk genommen und verstanden werden? Der *Gesang vom Lusitanischen Popanz* wird, wie bereits gesagt, diese Problematik deutlicher zeigen.

1965 schrieb Peter Weiss seine «Vorübung». Besteht ein Zusammenhang zwischen dem Stück und den freien Rhythmen der «Vorübung»? Peter Weiss sagte Anfang 1965 in einem Interview, daß er an einer eigenen Version der *Göttlichen Komödie* arbeite, «Purgatorio», «mit Jazzeinblendungen, Tanz und musicalartig»[2]. Fast die gleichen Worte gebrauchte Weiss in den «Vorübungen». Dort heißt es zunächst: «Dante, sollte er seine Wanderung / noch einmal antreten, müßte nach anderen Mitteln suchen, seine Zeit / zu vergegenwärtigen, grundlegend müßte er den Sinn revidieren, den er / den Ortschaften Inferno, Purgatorio und Paradiso beigemessen hatte» (R 136). Dann entwirft der Autor ein eigenes Grundmuster. «Inferno / beherbergt alle die, die nach des früheren Dante Ansicht / zur unendlichen Strafe verurteilt wurden, die heute aber / hier weilen, zwischen uns, den Lebendigen, und unbestraft / ihre Taten weiterführen, und zufrieden leben / mit ihren Taten, unbescholten, von vielen bewundert. Alles / ist fest hier, geölt ... Nur uns, die wir uns anmaßen, nicht / zu ihnen zu gehören, doch die wir an sie gebunden sind, mit unsrer / Mutlosigkeit, unserm Mangel an Kraft, sie zu stürzen, graut / vor ihnen. Wir sehen ihr Vorhaben, wir sehen, woher sie kommen / und wir sehen das Ziel das sie vor Augen haben, und wir müssen / hier bleiben, verbündet mit ihnen, so lange wir sie walten lassen» (R 137). Wieder wird von der Schuld dessen gesprochen, der in Passivität verharrt, sich schwach zeigt. «Purgatorio dann / ist die Gegend des Zweifelns, des Irrens, der mißglückten / Bemühungen, die Gegend des Wankelmuts und des ewigen Zwiespalts» (R 137). Aber es gibt Bewegung hier, «den Gedanken an eine Veränderung der Lage» (R 137). Und weiter: «... in einem Alltag, in dem schon / das Aufwachen morgens unter den Ansturm verstümmelnder Schläge / geriete, und in dem dann von Stunde zu Stunde die Aufmerksamkeit / zermürbt und die Anstrengung zum Überleben / gesteigert würde, hier müßte gefordert werden, daß man / Farbe bekenne, hier müßten Fragen gestellt werden, / die eine Entscheidung verlangten» (R 138). Dann sieht der Autor die Landschaft des Paradieses: sie ist verödet, leer, «denn / der Alighieri von heute müßte das Spiel mit Illusionen aufgeben, keinen Toten / kann er erwecken, er besitzt nichts als die Wirklichkeit / von Worten, die jetzt noch aussprechbar sind, und es ist seine Aufgabe, / diese Worte zu finden, und sie leben zu lassen, in der absoluten Leere» (R 138). Auferstehung wird zur Beschwörung der Toten, «als Stimmen ... körperlos» (R 139), gesprochen «von Zeugen, so wie ich sie sah, vorm Gerichtshof ... im Gedächtnis suchend nach Spuren aus der Zeit in der sie auserwählt worden waren / zum paradiesischen Dasein ... Nur wenige waren es, fast verschwanden sie / vor der Übermacht derer, denen sie entkommen waren und die breit / über ihnen thronten und jedes ihrer Worte in Frage stellten und gegen sie / drehten, als seien immer noch sie es, die Wenigen, / die verurteilt werden sollten» (R 139). Die Toten, die Opfer, sie finden, wenn wir den Autor richtig verstehen, ihr Paradies in der Verewigung durch ihn, in der Vergegenwärtigung auf der Bühne. Die Möglichkeit der «Ermittlung» der Hölle als Voraussetzung für die Beschwörung des Bildes vom Paradies? Daß Peter Weiss mit der «Übermacht» und den «Wenigen» die Situation des Auschwitz-Prozesses meinte, unterliegt keinem Zweifel. Es ergibt sich daraus, daß Gerechtigkeit nur entstehen kann, wenn die Gesellschaft verändert, die Rollen von «Übermacht» und «Wenigen» vertauscht werden. Diesem Ziel – nennen wir es «Klassenkampf» – gilt sein weiteres Schaffen.

Den Seinsweisen von Hölle, Fegefeuer und Paradies entsprechen drei Phasen in der Entwicklung des Autors Peter Weiss: in der ersten «die Ursachen enthaltend», in der zweiten «die Ahnung einer Alternative» und in der dritten «die Folgen» (R 139). Er, der «Alighieri von heute», wie er sich nennt, leidet unter der Erkenntnis, daß er seine Beatrice «verriet», da er aus «Furcht vor jeder Bindung» sich von ihr abgewandt, sie nicht auf seine «Flucht» mitgenommen hatte. «Dies / seine Niederlage. Und diese Einsicht, daß alles / was er bisher betrieben hatte, falsch war und mißglückt, / könnte den Anlaß bilden zum Antritt / eines neuen Weges» (R 141). Der Autor nimmt hier direkt Bezug auf jene Stelle in *Fluchtpunkt*, wo von dem tschechischen jüdischen Mädchen die Rede ist, mit dem er eine briefliche Verbindung unterhielt und das er, um es zu retten, heiraten wollte. Es war zu spät. «Was geschah mit Beatrice?» heißt es im «Gespräch über Dante». «Vielleicht vergast» (R 154). Und im gleichen Gespräch stellt B die Frage: «Was hat dich dann dazu gebracht, die *Göttliche Komödie* nicht nur zu studieren, sondern sie zum Vorbild für eine dramatische Arbeit zu wählen?» (R 142). A antwortet, er habe ein «Welttheater» geplant und nach einem «Modell» gesucht. Im Renaissancetheater seien immer die «Unterdrücker» dagewesen und die «Leidtragenden» (R 142). Dantes Weltbild sei ein «heiles Weltbild» (R 144), er suche nach dem «Sinnvollen», wo man heute nur das Absurde und Ausweglose sehe. «Für uns ist das Sinnvolle die Ergründung jedes Zustands und die darauf folgende Weiterbewegung, die zu einer Veränderung des Zustands führt. Das ist der Freispruch von der eigenen Verschuldung» (R 148). An dieser Stelle wird es unmißverständlich ausgesprochen: der Gedanke an Veränderung, die Bemühung um sie tilgen die Schuld.

In seinem Aufsatz «Das Material und die Modelle» wird sich Peter Weiss dann (1968), wie bereits erwähnt, gegen «die Dramatik» wenden, «die ihre eigene Verzweiflung und Wut zum Hauptthema hat und festhält an der Konzeption einer ausweglosen und absurden Welt. Das dokumentarische Theater tritt ein für die Alternative, daß die Wirklichkeit, so undurchschaubar sie sich auch macht, in jeder Einzelheit erklärt werden kann» (D 2,472). Das «heile Weltbild», in dem «keine Gefahr des Zerfalls der Werte» besteht und das Dante zu urteilen und zu richten erlaubte, Peter Weiss entdeckt es schließlich im historischen Materialismus. Von dessen Weltanschauung empfängt sein der «Struktur der Göttlichen Komödie» folgendes «Welttheater» Sinn und Gesetz[3]. «Paradiso» als Welt der Seligen, «die immer noch auf ihre Befreiung warten» (R 168). *Die Ermittlung*, wäre mithin festzuhalten, ist nicht nur dramatische Beschwörung von Auschwitz, des «Inferno» im danteschen Sinn, auch des «Paradiso», wie Peter Weiss es verstanden hat. Ablehnung der Transzendenz, der Metaphysik, Diesseitigkeit des Denkens zwingen den Autor, sein «Paradiso» in diese unsere Welt zu verlegen. Aber wohin? In Coulmiers Welt, dorthin, wo der Sozialismus Wirklichkeit ist, theoretisch? In Stalins «Sowjetparadies»? Der Autor steht vor einem Dilemma. Sein Ausweg: Hölle und Paradies werden identisch. Beseitigung des Höllencharakters der Welt führt zum Erscheinen des

Paradieses. Dantes metaphysische Sinngebung wird erneuert in der utopischen Voraussicht des dialektischen Materialismus, die eine neue Heilsperspektive schafft. Das «Inferno» also als Ort, an dem die Bösen walteten und an dem wir sie weiter «walten lassen» (R 137) und die «Mächtigen dieser Welt in ihren Hochburgen» sitzen (R 168), ein Ort schließlich, an dem wir uns der Opfer erinnern, der «Seligen», «die immer noch auf ihre Befreiung warten» – zum «Paradiso», das «neuer» Mensch und «neue» Gesellschaft ihnen schaffen.

Ein Dante heute werde wissen, schließt Peter Weiss sein «Gespräch über Dante», «daß es diese Befreiung für sie» (die auf ihre Befreiung wartenden Seligen) «nur hier und zu ihren Lebzeiten geben kann, und daß ihnen eine Befreiung nichts nützt, wenn sie tot sind» (R 169). Schaffung des Paradieses durch Bewußtmachung der Hölle und ihre Veränderung. Das ist Fazit und Lehre der *Ermittlung*.

An der Pforte zum Paradies

Gesang vom Lusitanischen Popanz

«Die große Figur stürzt vornüber. Mit
gewaltigem Krach fällt sie zu Boden.»
(D 2, 264)

Die Zweiteilung der Welt in einen Machtblock mit den «sozialistischen Kräften» und einen mit der vom «Kapitalismus bedingten Ordnung» (M 115) ist für Peter Weiss jetzt Tatsache. «Gültige Wahrheit»
enthalten für ihn die «Richtlinien des Sozialismus» (M 118), schreibt
er 1965. Mit anderen Worten: die «sozialistischen Kräfte» sind identisch mit der «Wahrheit». Indem der Wahrheitsbegriff politisch-
ideologisch definiert wird, gewinnt er Handlichkeit und Faßbarkeit,
wird er zum eindeutigen archimedischen Bezugspunkt, zur Scheide-
linie, wie die Konzeption des «Welttheaters» und sein richtendes Gesetz sie zur Voraussetzung haben. Reinlich geschieden, in schönstem
Schwarz-Weiß-Kontrast zu totschlägerischer Eindeutigkeit einander
gegenübergestellt sind Wahrheit und Unwahrheit, Moral und Unmoral in *Gesang vom Lusitanischen Popanz*[1], 1966 entstanden und,
wie sich zeigen wird, eine unglückliche Hand verratend. Das «Stück
mit Musik in zwei Akten», wie der Autor es nennt, besteht aus 11
Einzelteilen wie *Die Ermittlung,* ohne indessen deren auf Dante ver-
weisende Zahl 33 zu erreichen, da die Nummern zwar unterteilt sind,
doch nicht nach einem erkennbaren Prinzip. Die Zahl 3 begegnet aber
als Ordnungsprinzip wieder, da die Stimmen der Unterdrücker (Popanz, Bischof, General, Kolonisatoren), des Chores (die Afrikaner)
und der Einzelsprecher (Afrikaner) ihre Entsprechung in drei
Sprachformen finden: rhythmisierte Prosa, freie Rhythmen und
Knittelverse. Die ständige Anwesenheit des «Popanz» als bühnenbe-
herrschendes Element gibt der revueartigen Montage Mittel- und
Bezugspunkt. Nach den Regieanweisungen soll sich die Figur des
Popanz «auf der rechten Hälfte der Bühne» befinden. «Sie kann aus
Eisenschrott errichtet werden. Auf der Höhe des Gesichts eine Klappe,
die von der Rückseite her zu heben ist. In der Öffnung zeigt sich
das Gesicht des Spielers, der die jeweiligen Aussprüche des Po-
panz übernimmt. Die Klappe muß krachend zufallen können. Die
Konstruktion des Popanz muß so durchgeführt werden, daß die

Figur am Ende des Stückes an Scharnieren vornüber fallen kann»
(D 2,202).

Das Stück wird eingeleitet im 1. Bild von Spott- und Schmäh-
strophen auf den Popanz, die in ihrer Schlichtheit an Kinderreime
erinnern. «Schimpf und Schande Schreck und Graus / machen einen
Popanz draus / was er hat das liegt im Dreck / bei uns an jedem
Straßeneck / Blech und Knüppel Lumpen Stroh / ist kaum mehr inko-
gnito» (D 2,203) etc. etc. Das ist die Sprache von *Nacht mit Gästen*.
Grob gereimte Knittelverse schaffen eine Atmosphäre, wie sie für
das Kaspertheater charakteristisch ist. «Alle werden ihn erkennen /
und beim rechten Namen nennen» (D 2,204), sagt Nr. 5, einer der
sieben Spieler, vier weibliche und drei männliche, die sämtliche Rollen des Stücks darstellen. Die selbstgefällige Antwort des Popanz,
der zuvor den Mund «zu einem großen Gähnen» aufriß, besteht aus
der Berufung auf Gott, Hinweis auf die «göttliche Botschaft», die
Sendung. Der Mensch, heißt es, bedürfe «der Leitung einer Autorität,
die ihn davor bewahrt / dem Eigennutz und dem Materialismus /
zu verfallen» (D 2,204). Wir kennen diesen antiquierten Standpunkt
nicht weniger gut als die Gegenargumente. Barbarei bedrohe die
Welt, rechtfertigt er sich. «Der Feind / macht sich an unser Land her-
an / verbreitet das Gift / des Internationalismus / Gefährdet / das
heilige Recht des Eigentums / Untergräbt / die Moral der Familie /
Zersetzt / die ehrwürdige Religion – *gähnt* / Jugend / mehr denn
je / müßt ihr euch stärken / körperlich und geistig / um morgen bereit zu sein / die Soldaten abzulösen / zur Verteidigung / unsrer
Werte» (D 2,207). Eine «jubelnde und untergebene Masse» pflichtet
ihm bei. Der Erhaltung der Werte entspricht die Ausbeutung. «Wer
sein Dienstvolk aufgibt / gibt die Zivilisation auf» (D 2,208), heißt
es unverblümt. Eine Pantomime, illustrierende Kurzszene, bringt den
Sachverhalt ins Bild. Das Verhältnis von Herr und Knecht, Ausbeuter und Ausgebeutetem wird demonstriert. Doch dem Popanz gilt
als Ursache für die Aufstände die «Unreife» der Schwarzen, die sie
anfällig mache für Aufwieglungsversuche. Zerstörung der «Ideale»
sei das Ziel. Nachdem der Zuschauer solcherart mit diesem heuchle-
rischen Alibi konfrontiert wurde, heißt es: «Der Stellvertreter Gottes
auf Erden / blickt voller Vertrauen auf Lusitanien / der Heilige Vater / übermittelt Lusitanien seine Grüße ... Von den Segenswünschen ihrer Mütter begleitet / eilt Lusitaniens Jugend / zum Schutz
der überseeischen Provinzen» (D 2,210). Die Nummer schließt mit

den Worten des Popanz: «Die Gefährdeten mit väterlicher Hand / zu schützen und zu lenken / ist unsre zivilisatorische Mission» (D 2,210f.).

Die Vergröberung und Vereinfachung, mit welcher der Autor zu Werk geht, ist peinlich. Das Ideal der Welt des Popanz ist Ausbeutung, befürwortet sowohl vom «Stellvertreter Gottes auf Erden» als auch von den Müttern, deren Kinder zum Schutz von Portugals «zivilisatorischer Mission» nach Afrika «eilen». Abstrahierend-summarisches Denken erzielt hier grotesk-komische Wirkung, fordert zum Lachen heraus, das sich kaum mit dem aufklärerisch-agitatorischen Bemühen des Verfassers vertragen dürfte.

In den sich anschließenden Bildern kann dann die Beschaffenheit dieser zivilisatorischen Mission und die Reaktion der Eingeborenenbevölkerung darauf vorgeführt werden. Sie erwachse aus dem »Prinzip christlicher Nächstenliebe» (D 2,211), verkündet eine Stimme in Andachtspose (Bild 2). Landung der Portugiesen und Eroberung des Landes vor 500 Jahren, die solcherart Rechtfertigung finden sollen, werden in einer Ballade rekapituliert. Sie endet mit den Worten: «So lehrte Diego Cao sie / die ihn gastfreundlich aufgenommen / den Haß kennen / der nie mehr versiegte» (D 2,214). Lyrischer Wechselgesang unterstreicht in Bild 3 den Schmerz der Erniedrigung. These und Antithese folgen einander. Ein Beispiel: Nr. 6: «In die Städte bin ich gekommen / mir ein Haus zu bauen» – Nr. 5 und 7: «Putz mir die Stiefel Schwarzer / Trag mir den Koffer» (D 2,217). Oder: Nr. 3 schildert das Schicksal der Assimilados, der wenigen Afrikaner – einer von hundert –, die lesen und schreiben gelernt haben, und als Gegensatz Nr. 4: «Wir sind die 99 von 100 / afrikanischen Arbeitern in Angola / die nie die Zeit hatten / und die Mittel besaßen / lesen und schreiben zu lernen / Wir arbeiten vom Alter von 10 Jahren / bis zum Tod» (D 2,218f.). Das 4. Bild deutet «pantomimisch Gewalthandlungen» an: Beschaffung von Arbeitskräften durch Zwangsrekrutierung. Im 5. Bild werden die «weißen Arbeiter in unserm Land» der mangelnden Solidarität angeklagt; es bringt die Geschichte Anas, die ihr fieberndes Kind ins Krankenhaus bringen will, aber für den weißen Herrn Hemden bügeln soll. Sie wird mißhandelt und ins Gefängnis geworfen, ihr Mann, der sich nach ihr erkundigt, geschlagen. Soweit der 1. Akt. Beginnend mit Bild 6, zeigt der 2. Akt die Gegenbewegung gegen den von kolonialer Ausbeutung, Unterdrückung und Abhängigkeit bestimmten 1. Verlangen nach

Gleichberechtigung, Änderung der Verhältnisse: Nr. 7: «Das ist ein Hotel» – Nr. 6: «Hallo / in einem Hotel möcht ich auch wohnen» (D 2,235). Petitionen und als Antwort Strafexpeditionen. Kommentar der Machthaber: «In Angola ist alles ruhig» (D 2,239). Daß es sich nach Meinung des Popanz lohne, in Angola sein Geld zu investieren, teilt Bild 7 mit, das sich mit der speziellen Ausbeutung der schwarzen Arbeiter durch Investitionen beschäftigt. Namen werden genannt, unter anderem «die Firma Krupp» (D 2,242). In Bild 8 schärft sich der Protest zur Aktion: «Zu dieser Stunde / überall / in unserem vom Feind / besetzten Land / versammeln wir uns / um die Befreiung / vorzubereiten ... Zu dieser Stunde ... planen wir / den Aufstand» (D 2,244 f.). Der Protest gipfelt in der Forderung: «Das Land soll denen gehören / die das Land bebauen ... Die Güter sollen von denen genutzt werden / die die Güter erzeugen» (D 2,245). Das leitet über zum Aufstand: «Merkt euch das Datum / Der Kampf um unsre Selbständigkeit / hat begonnen» (D 2,247). Es ist der 15. März 1961. Kommentar des Chors: «Und die westliche Welt sah voll Befriedigung zu / und als die Feuer brannten sagte keiner na nu ... Denn sie waren ja alle laut Kontrakt / getreue Partner im Atlantischen Pakt» (D 2,250). Und weiter: «Für die westlichen Zuschauer war dies alles nur Plunder», sie rechneten die schwarzen Toten nicht, denn «30 Tausend oder 50 Tausend das war ihnen egal» (D 2,251). Als Kontrastwirkung zu dieser Welt der Erniedrigung und Ausbeutung bietet das 9. Bild den Besuch eines ausländischen Justizministers. Natürlich sieht er nur «Inseln des Friedens», «Gleichberechtigung», keinen «Zwang», jede «Form von Bildung», kurz, von «Kolonialmacht» kann er «nicht das geringste Zeichen entdecken» (D 2,253f.). Daß Afrikaner aus Moçambique an die Gruben von Südafrika, Rhodesien, Katanga zwangsweise vermietet werden, sieht er freilich genausowenig. «300 000 Männer aus Moçambique / fördern Gold Kohle und Erz / den Herren der Gruben / in Südafrika Rhodesien Katanga» (D 2,256). Imperialismus und Monopolkapitalismus verbinden sich im 10. Bild: Ein ausländischer Bankdirektor mit der Maske eines Fuchses kommt zu offiziellem Besuch nach Lusitanien. «Jetzt sehn wir wie der Herr einer mächtigen Bank / seine Geschäfte betreibt zu anderer Mächtigen Dank ... Mit seinen Berechnungen half er ihre Kriege zu führen / und was dabei herauskam konnte ihn nicht rühren (D 2,256f.). Er gewährt Kredite als Anerkennung und Gegenleistung «für Ihre humanistische Gesinnung /

und Ihr hochausgeprägtes Rechtsbewußtsein / indem Sie nach dem letzten Krieg / unsere auf Ihren Hoheitsgebieten / stehengebliebenen Guthaben / unangetastet ließen» (D 2,257). Wer bis dahin noch nicht gemerkt hat, daß die Beziehungen zwischen der Bundesrepublik und Portugal gemeint sind, erfährt es noch einmal deutlicher: Während die beiden, der Popanz und der Bankmann, «pantomimisch Taschendiebstähle aneinander verüben», heißt es: «Als Zeichen der freundschaftlichen / Verbundenheit zwischen unsern Staaten / stellen wir Ihnen bei Beja / Flugplätze ... zur Verfügung» (D 2,258 f.). Und «die westliche Welt steht hinter ihm vereint» (D 2,259). Ein Refrain ergänzt: «Denn höher als alles andere in der Welt / schätzt er seinen Umgang mit Geld» (D 2,259). Das leitet über zum letzten Bild, dem 11., das verkündet, daß es in Lusitanien «stetig aufwärts» gehe, der Umlauf der Escudo-Noten zu 131 Prozent durch Gold und Devisen gedeckt sei, aber als Kontrast an das Leben derer erinnert, die als Gegner des Regimes in Fort Peniche schmachten. Leiden und Kapitalsanlage, Ausbeutung und Gewinn, das sind die Pole, zwischen denen das Stück sich bewegt. «Wir Gefangenen verfluchen die Nacht, die unser Land in solcher Ohnmacht verbracht ... Und es kommen alle Verbündeten der westlichen Welt / um zu verteidigen ihr erstohlenes Geld» (D 2,264). Zum Schluß wandelt sich die drohende Haltung zu offenem Zorn. Alle stürzen zum Popanz, ziehen an der Figur, sie fällt zu Boden. «Die Tragpfähle stehen leer» (D 2,264). Mit diesem Symbol – daß nicht nur Portugal mit ihm gemeint ist, hat auch der ahnungsloseste Zuschauer inzwischen begriffen – stürzt das Höllische dieser Welt. Die Pforten des Paradieses stehen offen, dessen Verwirklichung rückt in greifbare Nähe.

Das Stück, eine Revue mit agitatorisch-lehrhafter Intention, bedient sich der verschiedensten Bühnenmittel. Zum Kommentar tritt die Darbietung dokumentarischen Materials, zum episch-balladesken Bericht der raffende Chorvortrag, zu Bänkellied und Pantomime das Schattenspiel, Elemente des Kabaretts lassen sich genauso nachweisen wie jene des Kasperspiels. Das alles ist assoziativ montiert, Kontraste und Parallelen schaffend, ist farbiges, bewegtes Spiel, dessen Tendenz zum «Gesamtkunstwerk» unverkennbar ist. Was jedoch Dokumentationstheater zu sein vorgibt, ist in Wirklichkeit «dokumentarisches Weihespiel», so widersprüchlich es klingen mag, in dem der Versuch gemacht wird, Dokument mit Offenbarung im Kultspiel zu verbinden. Dessen theatralischer Ablauf, getragen von Bild,

Ton und Bewegung, hat Symbolcharakter und soll zum Zeichen werden, das Gemeinschaft stiftet und voraussetzt. Es weist trotz Einbeziehung vielfältiger anderer Elemente zurück auf die «Bühnenkunstwerke» des Sturm-Kreises, die revolutionär, aber wenig folgenreich waren. Wirklich strukturbildende Bedeutung wird diese Anregung erst für das nächste Werk des Autors gewinnen.

Das Ziel des Stückes ist, wie Peter Weiss unter Hinweis auf Portugal in seinem Aufsatz zum dokumentarischen Theater, von dem bereits die Rede war, eindeutig sagt – «Angriffshandlungen der portugiesischen Kolonisatoren gegen Angola» (D 2,469) –, «Fakten zur Begutachtung» vorzulegen. Was es erstrebt: die rationale Durchleuchtung der Vorgänge, die 1961 zu den blutigen Aufständen in der portugiesischen Kolonie Angola geführt haben. Es will also, so wir den Autor beim Wort nehmen, trotz Neigung zum Kabarettistischen, zu Grand Guignol etc., alles andere als unterhalten, was angesichts von Thema und Stoff auch geradezu pietätlos wäre. Grundsituation ist eine Art Gerichtsverhandlung: Als Angeklagter für die portugiesische Kolonialpolitik fungiert die Symbolfigur des Popanz (Vogelscheuche, Schreckgestalt für Kinder). Er wird verurteilt als Ausbeuter, Mörder und Heuchler, als eine Art Moloch, der keine Gnade kennt, und zugleich verhöhnt. Aber, wäre hier zu fragen, wenn dem so ist – und die Fakten sind aus der Historie bekannt –, verträgt sich dann die äußere Form, in der wir, wie gesagt, Elemente aus Kabarett und Kaspertheater zu erkennen glauben, mit diesem Stoff? Wir verhalten sich Form und Gehalt zueinander? Verfügt es über den Informationswert eines Dokumentationsstückes? Und was ist mit der Intention zur Dokumentation?

Danach zu fragen, ist angesichts der Zielsetzung von dokumentarischem Theater absolut gerechtfertigt. Die Frage nach manieristischer Überinstrumentierung eines auf Schulbibelformat reduzierten historischen Zusammenhanges soll hier nicht interessieren. Da es inzwischen vorzügliche dokumentarische Literatur über Angola gibt, ist es relativ leicht, das von Peter Weiss entworfene Bild mit dem in Dokumenten gespiegelten Tatbestand in einigen Punkten zu vergleichen, stichprobenweise sozusagen.

Die «westliche Welt», das «Kapital», der «Monopolkapitalismus», die Interessen der Nationalökonomie, wirtschaftliche Ausbeutung, Nationalismus, Chauvinismus, Bigotterie, KZ-Methoden, Imperialismus, fehlende Klassensolidarität, Atlantischer Pakt, Beja (Bundes-

republik) u. a. auf der einen Seite – Internationalismus, Klassensolidarität, die Forderung, daß das Land denen gehören solle, die es
bebauen etc., gerechter Kampf um Selbständigkeit, der Schrei des ge-
knechteten, geschundenen, aber zum äußersten entschlossenen Afri-
kaners auf der anderen. Es ist keine Frage, auf welcher Seite der aufgeklärte, denkbereite Zeitgenosse steht. Das Fatale an diesem Dualis-
mus-Schema liegt jedoch darin, daß die selbstverständliche Sympathie, die Solidarität mit der zweiten Partei geschickt mit pauschaler
Opposition gegen die erste verbunden wird; sie wird hier sozusagen
unterschoben, da es kein Abwägen, nur ein Gegenüberstellen gibt.
Dieses hier erstmals unmißverständlich installierte Schwarz-Weiß-
Schema wird der Autor, sich nunmehr restlos zu marxistisch-lenini-
stischer Geschichtsschreibung bekennend, bis zu seinem vorläufig letzten Stück *Trotzki im Exil* beibehalten. Zwar kann der Zeitgenosse
nicht «überzeugt» werden, da «Parteien», die im Sinne der Bedeutung
von überzeugen: «mit Zeugen überführen» zu repräsentieren wären,
hier nicht konfrontiert sind und somit keine rational nachvollziehba-
ren Konflikte gezeigt werden, sondern lediglich «sozial-ökonomisch
bedingte Verhaltensweisen». Doch tut der Autor alles, seinen Mangel
an Überzeugungskraft durch makellose Worte zu ersetzen. Da das
Stück jedoch den Zweck verfolgt, einen Tatbestand zu entschleiern,
der von den Betreffenden ver-schleiert wird, wäre zu fragen, ob es
sich bei dieser schlichten, durch reichlichen Bühnenaufwand über-
deckten Teilung der Welt um Naivität handelt oder um, sagen wir,
Verleugnung dessen, woraus ein Dokumentarstück, so es diesen Namen verdient, doch angeblich lebt.

Zwei Aspekte sollen hier, *pars pro toto*, knapp erörtert werden.
Ihre Behandlung durch den Autor legt den Gedanken nahe, daß unter dokumentarischem Theater in seiner Interpretation eher anti-
dokumentarisches Theater zu verstehen sei. Der erste betrifft die
Rolle der «westlichen Welt», die andere die der «Kirche». Wenn man,
durch sein dokumentarisches Theater aufgeklärt und bei dem Bemühen um «Wahrheitsfindung» unterstützt, Peter Weiss glauben will,
so «eilt», dem bekannten nationalistischen Klischee folgend, «von
den Segenswünschen ihrer Mütter begleitet ... Lusitaniens Jugend /
zum Schutz der überseeischen Provinzen» (D 2,210), *pro patria mori*.
Und «voll Befriedigung» sah «die westliche Welt» zu, wie in Angola
die Schwarzen niedergeknüppelt wurden. Nicht genug damit: «als die
Feuer brannten sagte», wie schon erwähnt, «keiner Nanu» (D 2,

250). Mehr noch: der «Stellvertreter Gottes auf Erden blickt voller Vertrauen auf Lusitanien» (D 2,210), d. h. er segnet die Waffen.

Vorausgeschickt sei, daß es bei dieser kritischen Stellungnahme nicht im geringsten darum geht, Partei für die Kolonialmacht Portugal zu ergreifen und ihre mittelalterlichen Vorstellungen von Ordo und Untertanentum zu rechtfertigen. Sie kann nicht scharf genug verurteilt werden. Genausowenig haben die folgenden Überlegungen zum Ziel, eine Institution zu verteidigen, die den Anschluß an Welt und Geschichte verloren hat und in ihrer Starrheit eine anachronistische Erscheinung ist wie Kolonialmächte im 20. Jahrhundert. Worum es geht, ist einzig und allein die Frage nach Aufklärung, Dokumentation, marxistischer Nicht-Objektivität, die untrennbar mit der Frage nach der Möglichkeit dokumentarischen Theaters verbunden ist.

Was ist, wäre als erstes zu fragen, unter «westlicher Welt» zu verstehen? England? Schweden? Spanien? Alle diese Länder bilden Teil der westlichen Welt, als Einzelglieder eines Kollektivbegriffes. Meint der Autor sie oder die USA? Nun, fraglos zielt er in seiner Zweiteilung des Erdballs auf diesen sogenannten «Repräsentanten» der westlichen Welt, der «voll Befriedigung darauf verzichtete, «Nanu» zu sagen. Davon kann jedoch keine Rede sein.

Am 20. April 1961 forderte die Generalversammlung der Vereinten Nationen mit 73 gegen 2 Stimmen (Spanien und Südafrika) bei 9 Enthaltungen Portugal auf, «to consider urgently the introduction of measures and reforms in Angola for the purpose of the implementation to General Assembly resolution 1514 (XV)», welche die Vorbereitung seiner Unabhängigkeit zum Inhalt hat. Unter denjenigen, die *für* die Resolution stimmten, waren die USA. Auch am 15. März hatten die USA im Sicherheitsrat für eine Untersuchung der Situation in Angola durch die Vereinten Nationen gestimmt. Es kann nachgelesen werden, daß Holden Roberto sogar eine Unterredung mit John F. Kennedy hatte und sich im Anschluß daran anerkennend über Amerikas Haltung zum Angola-Konflikt äußerte. Trotz Protesten von seiten Portugals stimmten die USA mit der Sowjetunion und afro-asiatischen Mitgliedern des Sicherheitsrates im Juni für eine Resolution, die Portugal aufforderte, von weiteren repressiven Maßnahmen in Angola abzusehen. Außerdem wurde der Waffenverkauf nach Portugal gestoppt und eine Dollarhilfe von 25 Millionen auf 3 Millionen gekürzt. Amerika mußte sich dafür von Herrn Salazar sagen lassen, daß es die «kommunistische Subversion» unterstütze,

wie das, *et vice versa alibi*, üblich ist. Daß die Amerikaner im Anschluß an eine neue Berlin-Krise ihre Position und den Wert ihrer
Stützpunkte auf den Azoren überdachten, gehört in einen anderen
Kontext. Politik ist nun einmal bestenfalls die Kunst des Möglichen
und Relativen.

Die Rolle der Kirche in Angola erschöpft sich für den Autor des
Lusitanischen Popanz anscheinend in einem Solidaritätstelegramm
des Papstes, der ja ohnehin als Vertreter der «westlichen Welt» gilt.
Nun, sehen wir genauer hin, mit Solidaritätstelegrammen ist es so
eine Sache, da «Solidarität» in erster Linie da zu finden ist, wo der
Mensch «total» gefordert wird. Es gab tatsächlich nicht nur unter den
für Peter Weiss durch Salazar repräsentierten weißen Angolanern
auch Anti-Salazaristen (die höchst komplexe Situation im portugiesischen Mutterland, ohne deren Erhellung oder zumindest Andeu-
tung das Geschehen in Angola weitgehend unerklärlich bleiben muß,
wird kaum erwähnt), auch die Kirche, obwohl Staatskirche, spielte in
ihren einzelnen Vertretern eine Rolle, die ganz und gar nicht in die
marxistische Schablone paßt. Vor allem protestantische Seminare,
aber auch katholische, hatten einen nicht zu unterschätzenden Anteil
an der geistigen Vorbereitung des Aufstandes. Im übrigen ist das
schuttverdeckte Evangelium, so es ohne Seitenblick auf die Institution
vom Individuum beim Wort genommen wird, Zündstoff genug für
Revolution, selbst wenn es dazu nicht ausdrücklich auffordert. Diese
Kreise traf denn auch entsprechend Salazars Rache. Näheres nachzu-
lesen ist hierüber in den in den Anmerkungen genannten Werken[2].

Die Montage ausgewählter Fakten nach einer vorgegebenen Idee,
welche diese Fakten wiederum als Beweis für sich selber nutzt, fördert hier nicht den wirklichkeitsgreifenden dokumentarischen Charakter – sie schafft subjektiv gläubige Verzerrung. Ob die Schein-
Logik von Schlüssen (wie: Portugal unterdrückt Angola, Portugal
ist Mitglied des Atlantikpaktes, also unterdrückt der Atlantikpakt,
und mit ihm die Bundesrepublik, die gleichfalls Mitglied des Atlantikpaktes, Angola) nur Zufallserscheinungen sind oder bewußt intendiert, soll offen bleiben. Auch die schlichte Multiplikation von Ereignissen ließe sich durch dramaturgische Notwendigkeiten erklären,
die Vereinfachung, Typisierung verlangen. Das sieht dann allerdings
folgendermaßen aus: Bei Peter Weiss steht zu lesen: «Wir Frauen
aus Cabinda / stehen vor dem Gefängnis / mit den Kleidungsstük-
ken unsrer Männer / Ihr Herren Polizisten / wir wollen unsern

Männern / ihre Kleider bringen.» Der Popanz antwortet: «Die werden sie nicht mehr nötig haben» (D 2,239). Bei Marcum, und nicht nur da allein, heißt es, daß der Revolutionär António Mariano, der in dem als «Marias Krieg» bekannten Aufstand eine führende Rolle spielte, verhaftet (zwei seiner Landsleute hatten ihn für jeweils 1000 Escudos und ein Fahrrad verraten) und ins Gefängnis gebracht wurde. Als ihm seine Mutter ein paar Tage später zu essen bringen wollte, «she was told not to bother any more». Ob man dieses schändliche Faktum, selbst wenn es kein Einzelfall war, so einfach verallgemeinern kann? In einem Dokumentationsstück?

Es ging darum, zwei Dinge zu zeigen. Einmal, daß die Methode des dokumentarischen Theaters grundsätzlich versagen muß, wenn es sich darum handelt, (kollektive) historische Abläufe, lebendige Sozialkörper oder «sozial-ökonomische Verhaltensweisen» zu fassen und auf der Bühne zur Diskussion, zum Nachdenken zu stellen. Übersicht, Distanz lassen sich angesichts solcher Dimensionen nicht mehr erreichen. Was entsteht, ist gezieltes Gerede, das genau das nicht zuwege bringt, was Brecht vom dokumentarischen Theater verlangt: «zeigen», daß dem Menschen sein Schicksal von Menschen bereitet wird. Objektivität, verankert in einer «kritisch-liberalen», die Notwendigkeit der Reform ständig implizierenden Denkweise ist aber die Voraussetzung, die conditio sine qua non des dokumentarischen Theaters. Wobei unter Objektivität, trotz des anfeuernden Idealbeispiels der Naturwissenschaften, nur die relative, vom seelisch-geistigen Sosein gefärbte menschliche Objektivität zu verstehen ist. Zum anderen sollte man sich, um es noch einmal zu sagen, darüber im klaren sein, daß dokumentarisches Theater sich selber aufhebt, wenn es den Boden der kritischen Rationalität, die Liberalität und Toleranz einschließt, verläßt, d. h. das Ziel, aufzuklären und durchsichtig zu machen, mit dem der Agitation und Propaganda vertauscht. Daß der Marxismus Objektivität, gerade weil sie Neutralität, Wertfreiheit voraussetzt, ablehnt, ist bekannt. Das bedeutet aber, daß, wer sich an dieses scholastische Postulat hält, dokumentarisches Theater zu produzieren nicht mehr in der Lage ist. Er mag es drehen und wenden, wie er will. Ein Paradiesspiel, das mit «Lehrstück» überschrieben wird, bleibt deswegen doch ein Paradiesspiel. Die mäeutische Funktion des dokumentarischen Theaters ist bestimmt von der Überzeugung, wie Heinrich Mann sie vertrat, daß der Mensch über eine kritische Instanz verfüge und «sittlicher» Erkenntnis fähig sei. Ein Theater dieser Art ist, da es den Zeitgenossen als mündig betrachtet, im besten Sinne «fortschrittlich». Die Gegenposition, überflüssig sie zu erwägen: Reduktion des kritischen Denkvermögens, Schablonisierung, letzten Endes anti-rationale Haltung und damit Aufhebung des Dokumentarischen. Nach den Erfahrungen dieses Jahrhunderts wiegt dergleichen doppelt. Und wie sagte doch Brecht in «Fünf Schwierigkeiten beim Schreiben der Wahrheit»[32]. «Die Propaganda für das Denken, auf welchem Gebiet sie immer erfolgt, ist der Sache der Unterdrückten nützlich.» Er sprach von *Denken*.

Die Installierung des Denkens in Totalzusammenhängen macht Tatsachenanalyse zum theologischen Problem. Objektivität, gefordert vom Dokumentationstheater, das gerade dem Streben nach ihr seine Entstehung verdankt, wird zur Untugend, Parteilichkeit zur höchsten Tugend, so daß die Zweiteilung der Welt in Schafe und Böcke vollkommen ist. Erkenntnis verengt sich zur politischen Erkenntnis, deren Fazit im voraus, eingebettet in theologischen Bezug, gewertet ist. So reduziert sich die Analyse eines höchst komplexen Phänomens, dem selbst ein wissenschaftliches Werk nur schwer beizukommen vermag, zum betrachtenden Vis-à-vis zweier von Theokratie bestimmter Standpunkte. Glaubensgehorsam steht gegen Glaubensgehorsam, der Wille zu glauben unterdrückt den Willen zur Entdeckung, zu Demonstration und Revision. Dogmatisch-ideologische Verhärtung auf beiden Seiten.

Was mag Peter Weiss dazu bewogen haben, dieses Stück zu schreiben? Das Vordergrundmotiv unterscheidet sich nur graduell von Voltaires Kampf im Falle Calas oder Zolas Eintreten für Dreyfus. Angegriffen wird die Unfähigkeit zur Revision, wie sie für die Kolonialmacht Portugal nun einmal charakteristisch ist. Peter Weiss tut dies von einem Lager aus, das gleichfalls unfähig ist zur Revision, zur Vermenschlichung. Stellt er, wäre erneut zu fragen, damit nicht die eigene Position in Frage? Leitete der *Gesang vom Lusitanischen Popanz* vielleicht ein Ende ein, das damals, als er entstand, noch unsichtbar war? Einen Prozeß, der den Autor Peter Weiss, so naiv seine Grundkonzeption auch wirkte, wieder zurückführt zum Künstlerischen? Zu dessen Merkmalen, wie die Geschichte der Literatur zeigt, auch die Fähigkeit zur Revision gehört. Der *Viet Nam Diskurs* gibt eine erste Antwort.

Deklamationen über Inkommensurables

Viet Nam Diskurs

«Wir wissen / So lange er herrscht /
mit der riesigen Macht / seines Reichtums / wird nichts sich verändern.»

(D 2, 458)

Das dokumentarische Theater sei ein «Theater der Berichterstattung»,
schreibt Peter Weiss in seinem schon mehrfach zitierten Aufsatz «Das
Material und die Modelle». Bericht wird erstattet in dem 1966/68
entstandenen Stück mit dem epischen Titel *Diskurs über die Vorgeschichte und den Verlauf des lang andauernden Befreiungskrieges
in Viet Nam als Beispiel für die Notwendigkeit des bewaffneten
Kampfes der Unterdrückten gegen ihre Unterdrücker sowie über die
Versuche der Vereinigten Staaten von Amerika die Grundlagen der
Revolution zu vernichten.* Es soll Vorgeschichte und Hintergründe
des Krieges in Vietnam erhellen. Diesmal ist das Bühnengeschehen
nicht in 11 «Gesänge» oder schlicht Nummern, sondern in zwei mal
11 «Stadien» eingeteilt. An der auf Dante verweisenden Zahl 11 hat
Peter Weiss festgehalten. Stadium bedeutet Entwicklungsstufe im
zeitlichen Ablauf des Geschehens auf der Welt. Der Begriff dient hier
zur Bezeichnung eines Abschnitts in der kämpferischen Auseinandersetzung zwischen herrschender und ausgebeuteter Klasse, einer
Stufe im Klassenkampf, der nach Vorstellung der Vertreter des historischen Materialismus den geschichtlichen Ablauf bestimmt. Ziel des
Stückes ist es mithin, den Verlauf der Geschichte Vietnams als Geschichte von Klassenkämpfen zu demonstrieren, als dramatisierte
Weltgeschichte im Ausschnitt. Der Autor sagt selber: «Wir versuchen, die Folge der gesellschaftlichen Stadien und ihre wesentlichen
Merkmale und Widersprüche so herauszustellen, daß sie die heutige
Auseinandersetzung erklären» (D 2,269).

Der Einzelausgabe des Werks, 1967 im Suhrkamp Verlag erschienen, ist eine Chronologie beigegeben, die das historische Geschehen
der einzelnen Stadien stichwortartig festhält. In die Ausgabe der
Dramen wurde es nicht aufgenommen[1]. Zur informatorischen Lektüre ist diese Stoffbeschreibung wesentlich besser geeignet als das
Stück. Es erübrigt sich, das im *Diskurs* – was soviel wie Erörterung
und Abhandlung, auch Unterredung, bedeutet – beschriebene, den

159

Zeitraum von 2500 Jahren umfassende Geschehen im einzelnen zu referieren.

Der erste Teil beginnt mit Stadium I um 500 v. Chr. oder v. u. Z. (vor unserer Zeitrechnung), wie es bei Peter Weiss heißt. «Chinesische Seefahrer betreiben Handel mit dem Reich Funan, im Süden des heutigen Viet Nam gelegen» (Di 205). Es kommt zur Gründung des ersten «urkundlich erwähnten Viet-Staates, vom Kaiser Liu Fang der Han-Dynastie als selbständiger Staat unter chinesischer Oberhoheit anerkannt; von den Chinesen Nam Viet genannt» (Di 205). Fünfundzwanzig Jahre später wird es von den Chinesen annektiert. So geht es weiter: Aufbau, Zerstörung, Unterdrückung, Aufbegehren, ein blutiger Rhythmus, der uns von der Geschichte anderer Länder und Völker bekannt ist. Man denkt an das Nietzsche-Wort, wonach die Geschichte der Menschheit nichts anderes sei als die «Experimentalwiderlegung vom Satz der sogenannten sittlichen Weltordnung». Chinesen, Mongolen, Portugiesen, Holländer, Franzosen, Japaner wechseln als Unterdrücker. «Was sich während Jahrtausenden veränderte / waren nur die Namen der Herrscher» (D 2,340). In Stadium XI, am Ende des ersten Teils, kommt es zur «Konstituierung der Demokratischen Republik Viet Nam; Proklamierung der Unabhängigkeit Viet Nams durch Präsident Ho Chi Minh in Hanoi» (Di 210). Unmittelbar darauf setzen die Anstrengungen Frankreichs ein, die Kontrolle über das Land zurückzugewinnen: Beginn des Indochinakrieges. Das Stadium endet mit der Luftlandung französischer Truppen in Dien Bien Phu. Der zweite Teil erst löst das ein, was der Titel verspricht: Er beschreibt die «Versuche der Vereinigten Staaten von Amerika, die Grundlagen der Revolution zu vernichten», und setzt die Rolle der USA, die nach und nach an die Stelle der Franzosen traten, in Bild und Szene. Hilfslieferungen an Frankreich, wegen «Bedrohung der Freien Welt», erfolgen natürlich auch der «wirtschaftlichen Interessen» (D 2,367) wegen. Es heißt schlicht: «Können wir die Rohstoffpreise / nicht mehr diktieren so / sind unsre gewohnten Gewinnspannen / unmöglich» (D 2,383). Oder: «Die Industrien können demnächst / mit neuen Großaufträgen rechnen» (D 2,384). Ngo Dinh Diem tritt in Stadium II und III auf als Marionette der amerikanischen «Imperialisten», «Kriegstreiber», «Militaristen» und «Ausbeuter», wie sie sich in solcher Perspektive darstellen. In diesem Sinn sagt er: «Alle Feinde / unsres neuen Staates / sind unschädlich zu machen / Als Premierminister behalte ich mir vor

/ die freie Wahl des Wohnsitzes / der Bürger einzuschränken / die Ver-
sammlungs- und Pressefreiheit / aufzuheben und der Polizei / un-
eingeschränkte Vollmacht zu geben» (D 2,419). Stadium V gilt der
Aufzählung von Mordtaten der Diem-Truppen, Gründung von Kon-
zentrationslagern, Abzug der Franzosen; in VI lehnt Diem erneut
Angebote der «DRV», wie es bei Peter Weiss heißt, zu freien Wahlen
ab. Statt dessen Aufrüstung mit Hilfe der USA und Terrorakte. Im
Dezember 1958 «Beginn des bewaffneten Kampfes der Bevölkerung
Süd Viet Nams gegen die Regierung Diem» (Di 217). Stadium VII
berichtet von Standgerichten, zunehmendem Einfluß der USA. So
geht es weiter von VIII bis XI im gleichen Stil. Die Chronologie endet
mit dem Hinweis: «Die Ermordung Martin Luther Kings führt zur
offenen Revolte in den Ghettos der amerikanischen Städte. Die
schwarze Bevölkerung der USA beginnt ihren Befreiungskampf; ein
‹langer heißer Sommer› steht bevor» (Di 221). Desgleichen die
Eskalation des Krieges. Und der Schlußchor im Stück, zu einer unge-
ordneten Reihe vortretend, läßt uns wissen: «Mit jedem Tage /
wachsen die Stimmen / derer die Not / und Erniedrigung / nicht
länger dulden / Die Schüsse hallen / in den Ghettos / seiner eigenen
Städte ... Wir wissen / So lange er herrscht mit der riesigen Macht /
seines Reichtums / wird nichts sich verändern / Wir zeigten / den
Anfang / Der Kampf geht weiter» (D 2,457f.). Denn an die Stelle
«aller früheren Unterdrücker» ist dieser «mächtige Feind» getreten,
seine Absicht: «alles Lebendige / in unserem Land / zu vernichten»
(D 2,456).

Das Stück ist im Grunde ein einziger großer berichtender Monolog;
es bietet trotz Einblendung von Äußerungen historischer Persönlichkeiten wie J. F. Kennedy, Dulles, Mansfield, die mit «Leuchtbildern»
kombiniert werden, weder Analyse noch Dialog. Nicht die Geschichte
Vietnams stellt sich dar auf der Bühne, sondern Geschichte eines
Landes, wie der Autor sie sieht, aus dem Gesamtvolumen von
Aktion und Ereignis auswählt, deutet, kondensiert und montiert.
Wieder verkörpert, in einem mobilen Ensemble, jeder Schauspieler
eine Vielzahl von Figuren, deren Aussagen und Verhaltensweisen
für den Geschichtsablauf zeugen sollen. Historische Gestalten agieren
neben anonymen Vertretern von Gruppen; Tendenzen, Interessen
finden ihr Sprachrohr in Sprechern. Der Autor verwendet Attribute
zur Kennzeichnung bestimmter Rollen: Helm, Schild, Waffe etc., er
verdeutlicht historische Kollektive durch Fahnen, Embleme, Kleider

etc. Bestimmendes Element ist aber das Wort, dessen Wirkung durch Gestik und choreographische Gruppierung zur vollen Wirkung kommen soll. Auch die Instrumentalbegleitung dient diesem Ziel. Der dokumentarische Stoff wird aufbereitet zum «dokumentarischen Weihespiel». Wieder ist eine Art Gesamtkunstwerk intendiert, in dem, wie schon im *Popanz* nachweisbar, das Zusammenwirken von Bild, Ton und Bewegung der Bühnenhandlung Symbolcharakter verleiht. Man fühlt sich an die Tradition des Barocktheaters erinnert wie an die Experimente Kandinskys, Kokoschkas und Sorges. Nur daß das Weihespiel jetzt zum Träger eines politisch-historischen Vorwurfs wird und der «innere Klang», den es zu vermitteln sucht, nicht der Aktivierung der Phantasie der Zuschauer dient, sondern deren Agitierung. Oder haben wir es, am Ende, mit einem Versuch zu tun, das kulturmythische Drama zu erneuern?

Zwischen zwei Prinzipien habe der Darsteller von Geschichtlichem zu wählen, schrieb T. W. Adorno[2], «die beide der Sache gleich unangemessen sind: der Psychologie und dem Infantilismus». Daß es kein «hinreichendes Drama über den Faschismus» gebe, liege nicht «am Mangel an Talent», sondern das Talent verkümmere an der «Unlösbarkeit der dringlichsten Aufgabe des Dichters». An diese Worte muß denken, wer kritisch über den *Viet Nam Diskurs* reflektiert. Die Reduktion auf griffige Formeln, übersichtlichen Verlauf rückt das Stück in die Nähe von Peter Weiss' Versuch *Nacht mit Gästen*, worüber weder der formale Aufwand noch der anspruchsvolle Stil hinwegzutäuschen vermögen. Die Welt ist inzwischen noch erklärbarer, ihre Grundstruktur noch eindeutiger geworden.

Peter Weiss verzichtet jetzt völlig darauf, Probleme zu erörtern, sie in Analyse und Diskussion aufzubereiten. Statt dessen zeichnet er die Faktizität der Aktionen nach, sie um der Klarheit, des Schemas willen vereinfachend, Äußerungen dabei manipulierend. Detail folgt auf Detail, in keiner Reflexion gebrochen. Es ist wie bei einem Passionsspiel, wo der Verfasser, als wäre es das Selbstverständlichste von der Welt, davon ausgeht, daß niemand die Existenz des Heiligen Geistes oder bestimmte Heilswahrheiten und ihre Sukzession in Frage stellt. Der Titel mochte auf diesen Ansatz vorbereitet haben, da er eine «Abhandlung», die Nachzeichnung von etwas Gegebenem, verheißt. Das Fehlen der Ebene des Kommentars, auf der das Material zu sich selbst zu kommen hätte – ein Mangel, der schon am *Gesang vom Lusitanischen Popanz* aufgefallen war –, erklärt sich wohl daraus, daß diese, ähnlich den Gewerkschaften im kommunistischen Staat, unter der Perspektive des historischen Materialismus als überflüssig angesehen wird, da die «Wahrheit» für sich selbst spricht und keines Kommentars bedarf. Daraus resultiert dann aber, worauf noch zurückzukommen sein wird, die Unaufführbarkeit solcher Stücke in der, wie Peter Weiss es nennt, «westlichen Welt». Die Abwicklung der Revolution «im Stil von Vollzugsmeldungen», wie ein Kritiker es geistvoll nannte, setzt nämlich voraus, daß der Zuschauer sich mit dem, was «vollzogen» wird, völlig identifiziert.

Man könnte das Stück eine monumentale historische (Mammut-) Revue nennen, in der die Medien von Lautsprecher und Leuchtbild organisch mit den Bühnenvorgängen verbunden werden, um direkte Gegenüberstellung von Unterdrücker und Unterdrücktem auf (scheinbar) dokumentarischer Basis zu erreichen. Grundprinzip dieser oratorienhaften Deklamation mit verteilten Rollen, bei welcher der Chor für das unterdrückte Volk spricht, ist wieder die Montage von (scheinbar) authentischem Material und dessen Verbindung mit gestisch-komödiantischen Mitteln. Auch wenn der Autor von der Vorstellung ausgeht, die Montage authentischer Elemente müsse ein gleichfalls authentisches Produkt ergeben, wird sein Stück nichts anderes als ein Zerrbild, das nicht analysieren, sondern höchstens Gemeinsamkeit im Mythos beschwören will. An den Glauben appellierend, duldet dergleichen lediglich Kritik im Ästhetischen. Das völlige Fehlen der Bereitschaft zu objektiver analytisch-dokumentarischer Darstellung wird besonders deutlich an der Wahl von Gestus und Wort. Während etwa die französischen Abgesandten sich wie «Mandarine» bewegen (D 2,321), «arienhaft» sich äußern (D 2,328), sollen die Amerikaner durch eine Redeweise charakterisiert werden, die an schlechte Gedichte erinnert. Durch «salbadernden Hendiadyoin (‹Wachsen und Blühen›), edle Genitivmetaphern (‹Bürde der Führung›) und affektierte Enjambements» werden sie «vollends ins Licht von Bigotterie und Dümmlichkeit getaucht», schreibt B. J. Warneken[3] und meint, eine solche Karikatur, «welche die Funktion des Gezeigten vernachlässigt», führe «zur Unterschätzung der wie immer partikularen Rationalität und Organisationsfähigkeit noch des Spätkapitalismus»[4]. Ob der Prozeß der Bewußtmachung durch solche Mittel gefördert wird? Während im ersten Teil des Werks noch von «Eroberung», «Feldzug», «Angriff» gesprochen wird, finden sich im zweiten Teil nur mehr Ausdrücke wie «Aggression», ist die Rede von «Liquidierungskampagnen», «Massakern» etc. Südvietnamesen, die in Nordvietnam einsickern, sind «Saboteure», im umgekehrten Falle handelt es sich um Freiheitskämpfer. Zu diesem die aufklärerische Intention zugunsten agitatorischer Überredung denunzierenden Propagandavokabular tritt die quälende Beharrlichkeit der Wiederholung. Insistenz ersetzt kein Argument. (Nord-)Vietnam ist dem von der Notwendigkeit der Veränderung und der Effektivität der Revolution überzeugten Autor zu einem Modell, einem Idealbild geworden. Das ferne Land symbolisiert Gerechtigkeit, Demokratie, Fortschritt, Freiheit; es bedeutet Verneinung alles dessen, was seine Kindheit, Jugend und frühen Mannesjahre überschattete.

Das Idealbild: Eine heile Welt

Notizen

«Der Feind, der sie angreift, besitzt
nichts als seine Gewalt, er ist im Inneren leer ...» (N 152)

Die Wirklichkeit könne in jeder Einzelheit erklärt werden, lautet
einer der Gedanken, die Peter Weiss' Auffassung vom dokumentarischen Theater bestimmen. Diese naiv-vertrauensvolle Ansicht wird
kaum ein Zeitgenosse teilen können, der sich der Auslöschung des
Subjekts und des Unmaßes, der Unmenschlichkeit des Objekts bewußt ist[1]. Er geht davon aus, daß wir in einer Zeit leben, in der
sich zwar alle Ansichten verbreiten lassen, alle Formen des Protestes
artikulieren, die vorherrschenden Verhältnisse genügend zu durch-
schauen, uns jedoch nicht möglich ist. Gerade darin besteht das Problem, mit dem wir leben müssen.

Was ist die Wahrheit, wäre zu fragen? Und wie verhält sie sich
zur Wirklichkeit? Wenn sie vom sogenannten objektiven Sein verbürgt sein soll, von der Wirklichkeit als Umfassendem, so ergibt sich
daraus, daß sie nur relativ ist, nur Teilwahrheit, weil die Wirklichkeit in ihrer Totalität nun einmal weniger denn je faßbar ist. Niemand weiß das so gut wie wir, die wir in einer Welt der Indoktrinie-
rung und Ideologisierung leben. Der Konvergenz in den Naturwissenschaften, der Annäherung an Werte mit objektiver Gültigkeit
entspricht keine Parallele in der Wahrheitserkenntnis. Die Konvergenz bleibt hier Postulat, Idee. Die Phänomene der menschlichen
Gesellschaft entziehen sich immer mehr Griff und Darstellbarkeit.
Deshalb drängt sich an die Stelle ihrer Beschreibung die Beschreibung
der Befindlichkeit eines schreibenden Bewußtseins. Die Desorientie-
rung durch die gesellschaftlichen Verhältnisse, wie sie, bedingt durch
die Entwicklung des Menschen und seiner Hervorbringungen, die
moderne westliche Industriegesellschaft kennzeichnen, macht die
Frage nach der «gültigen» Wahrheit sinnlos.

Die Voraussetzungen, die Brecht 1934 vorfand, als er die «Fünf
Schwierigkeiten beim Schreiben der Wahrheit» formulierte, sind nicht
mehr gegeben. Wahrheit hatte sich damals durch die Unwahrheit des
Faschismus definiert, sie hatte sich in einem faßbaren Dualismus
konstituiert. «Wer heute die Lüge und Unwissenheit bekämpfen und

die Wahrheit schreiben will», heißt es bei Brecht, «hat mindestens fünf Schwierigkeiten zu überwinden. Er muß den *Mut* haben, die Wahrheit zu schreiben, obwohl sie allenthalben unterdrückt wird; die *Klugheit*, sie zu erkennen, obwohl sie allenthalben verhüllt wird; die *Kunst*, sie handhabbar zu machen als eine Waffe; das *Urteil*, jene auszuwählen, in deren Händen sie wirksam sind; die *List*, sie unter diesen zu verbreitern[2].» Es liegt auf der Hand, daß diese Postulate in den siebziger Jahren ins Leere zielen, da unsere Wahrheit nicht daran scheitert, daß sie unterdrückt wird, sondern daß jede «Wahrheit» heute auf dem Markt angeboten werden kann und ihre Abnehmer findet. Der Pluralismus ist unser Dilemma und zugleich die unabdingbare Voraussetzung für unsere Freiheit. Die Waffe der Kunst, wenn man von einer Waffe sprechen will, ist stumpf geworden, weil in der pluralistischen Konsumgesellschaft zu ihrem Gebrauch weder Mut noch List gehört. Auch die Kunst ist mehr denn je konsumierbare Ware, die Kulturbedürfnisse befriedigt und Aufklärung nur soweit vermitteln kann, wie sie diese Intention mit Konsumierbarkeit verbindet. Genauso, wie die Vorstellung vom Paradies sich in dem Augenblick *ad absurdum* führt, da man die Menschen mit Bajonetten in ihr Glück treibt, ist es unmöglich, jemandem ein Ärgernis zu geben, wenn er es nicht nehmen will, wie es bei Friedrich Schlegel heißt. Es sei denn auf dem Verordnungswege, der die Freiheit aufhebt.

Wenn Wahrheit sich an der Wirklichkeit orientiert, von der Objektivität verbürgt ist und sich mit ihr wandelt, so erscheint der Begriff der Wahrheit jeweils gegeben, wenn authentische Wirklichkeit durch Lüge und Propaganda verdeckt wird. Entlarvung eines Tatbestandes, einer Wirklichkeit führt dann zum Sichtbarwerden von Wahrheit. So war nach 1945 Wahrheit identisch mit der Realität, die jetzt hergezeigt werden durfte. Sie wurde exemplarisch, weil sie auf dem Erlebnis aller beruhte. Das Bewußtsein, ein gemeinsames Schicksal zu haben, Erinnerung daran trug gemeinsame Wahrheit. So konnte Wolfgang Koeppen in einer Vorbemerkung zu seinem Roman *Tauben im Gras* die Überzeugung aussprechen, was er über die Zeit «kurz nach der Währungsreform» geschrieben habe, sei allgemeingültig. «Diese Zeit, den Urgrund unseres Heute, habe ich geschildert, und ich möchte nun annehmen, sie allgemeingültig beschrieben zu haben, denn man glaubte, in dem Roman *Tauben im Gras* einen Spiegel zu sehen, in dem viele, an die ich beim Schreiben nicht gedacht hatte, sich zu erkennen wähnten, und manche, die ich nie in Verhältnissen und Bedrückungen vermutet hatte, wie dieses Buch sie malt, fühlten sich zu meiner Bestürzung von mir gekränkt, der ich nur als Schriftsteller gehandelt hatte, und nach den Worten George Bernanos ‹das Leben in meinem Herzen filterte, um die geheime mit Balsam und Gift gefüllte Essenz herauszuziehen›»[3]. Gesellschaftliche Realität, im Beispielhaften erfaßt, bot sich dar als nachprüfbar. «So war es, wie wir es erlebt haben», war der Kommentar des Lesers. Eine ähnliche Wirkung erzielte denn auch nach dem Ersten Weltkrieg etwa Piscators monumentale Revue *Trotz alledem!*, von der es damals hieß, es handele sich um «zu einer Art wilder Stoßkraft zusammengepferchte Szenen aus Krieg und Revolution, klaffend und aufgerissen von Tendenz, aber dennoch, solange nacktes, wahrhaftiges Geschehen dargestellt wird, von beinahe unerwarteter, höchst innerlicher Wirkung – Gesinnung»[4]. Und Piscator selbst sagte dazu: «Worauf kommt es mir denn an bei meiner ganzen Arbeit? Nicht auf die bloße Propagierung einer Weltanschauung durch Klischeeformen und Plakatthesen, sondern auf die Führung des Beweises, daß diese Weltanschauung und alles, was sich aus ihr ableitet, für unsere Zeit die allgemeingültige ist. Behaupten kann man vieles; nicht einmal durch eine Wiederholung wird eine Behauptung wahrer oder wirksamer[5].» Vor Schmerz und Selbstanklage soll «der Zuschauerraum gebrüllt» haben[6], als in der Revue die «revolutionären Höhepunkte der menschlichen Geschichte vom Spartakusaufstand bis zur russischen Revolution» über die Bühne gingen. Gemeinsame Erinnerung verhalf dem Symbol zur Wirklichkeit, führte zu Betroffenheit. Das Typische, der Ausschnitt füllte sich mit Leben, gewann als Beschwörung Beweiskraft.

Ausbleiben muß dieses Getroffensein beim Wiedererkennen in dem Augenblick, da die Voraussetzungen zur Anamnese, zur mäeutischen Bewegung entfallen. Solches mag zum Beispiel für eine Generation zutreffen, die bestimmte historische Ereignisse nicht selbst oder nur aus der Ferne miterlebt. Ist sie von Skepsis durchsäuert, muß, wer sie erreichen will, sich zwangsläufig doppelt bemühen, geeignete Mittel zu finden, ihre Aufmerksamkeit auf sich zu ziehen. Hoher künstlerischer oder durch seine Persönlichkeit verbürgter hoher ethischer Anspruch mögen ihm, falls er ohne gemeinschaftsbildendes Wissen oder Erinnerung – die vielleicht bis zu einem gewissen Grad bindende gemeinsame Weltanschauung ersetzen – zurechtzukommen hat, eine gewisse Resonanz sichern: Man nimmt ihn zumindest zur Kenntnis. In dem Maße also, wie der Autor als Sprecher einer Gemeinde fungieren, als Fürsprecher oder als Verwalter einer Sache auftreten kann, mag er darauf verzichten, Kunst zu bieten. Er referiert dann zum Beispiel Geschichte, die Geschichte seiner Gemeinde ist, Probleme, die ihre Probleme sind, von einem Standpunkt, einer Perspektive aus, in der sich die anderen wiedererkennen. Ob Weihespiel oder (scheinbares) Dokumentationsstück, ein Nerv wird so oder so getroffen.

Was geschieht jedoch, wenn die in Objekt und dessen Betrachtungsweise gegründete Gemeinsamkeit fehlt? Eine Antwort auf diese Frage bietet das Schicksal Bertolt Brechts. Warum wird er im Westen gespielt? Weil seine Stücke «Ideendichtung voll Leiblichkeit und Bosheit» sind, wie er das selber einmal sagte. In seinen Figuren kommt zum sinnlichen Glanz der poetisch-philosophische, der sie hinaushebt über ideologische Begrenzung. Sie leben unabhängig von ihrem Schöpfer. Es mag jemand Brecht ablehnen und dennoch seine *Mutter Courage* besonders lieben. Es ist eine größere, höhere, menschlichere Wahrheit, um die es hier geht. Je papierner, abstrakter eine Figur, auf desto peinlichere Weise strebt sie zum Autor zurück, desto deutlicher gibt sie sich als seine Marionette zu erkennen. Es sei denn, die Kunst, oder was dafür gehalten wird, übernimmt für Autor und Gemeinde eine Funktion. Auf Peter Weiss angewandt, heißt das, daß Preisgabe der «künstlerischen Wahrheit» zur Abhängigkeit von einer Gemeinde führen muß, Angewiesensein auf gemeinsame «ideologische Wahrheit» zum Verlust derjenigen Leser, die Kunst, nicht besserwissende Agitation von ihm erwarteten.

Diese «gemeinsame Wahrheit» dürfte es vor allem gewesen sein, was Peter Weiss bei seinem Besuch in der Demokratischen Republik Viet Nam vom 14. Mai bis zum 21. Juni 1968 fasziniert hat. «Wie ist es der Bevölkerung, die sich nun in der dritten Generation im Kampf befindet, möglich», fragt Peter Weiss, «einem Angriff zu widerstehen, der in seiner Totalität die Zerstörungsaktionen des Zweiten Weltkrieges weit übertrifft ... Was befähigt diese Nation, trotz der Zertrümmerung alles Erbauten, ihre Produktion und ihre gesellschaftliche Einheit aufrechtzuerhalten?» (N 9). Das Buch *Notizen* will Antwort geben, dem Leser erklären, «warum der Angriff der imperialistischen Technokratie, der Reichen Welt, an diesem kleinen Agrarstaat, dem Repräsentanten der Armen Welt, scheitern muß» (N 9).

Fassen wir im folgenden zusammen, was in den Augen von Peter Weiss die Überlegenheit des kleinen Landes ausmacht: Es hat seine «Wahrheit» und «Identität» gefunden. Diese wiederum definieren sich durch die Unwahrheit, die «Lüge» (N 7) des «Imperialismus» (N 147), die «imperialistische Aggression» (N 144). Der «neue» Mensch, die «neue» Gesellschaft entstanden durch «Wandlung», wie der Autor nicht müde wird zu betonen, sind der «materiellen Gewalt überlegen, weil sie im Besitz einer inneren Geschlossenheit und Übereinstimmung, einer Festigkeit und geistigen Widerstandskraft sind, die sich seit Jahrzehnten, Jahrhunderten in ihnen herausgebildet hat. Der Feind, der sie angreift, besitzt nichts als seine Gewalt, er ist im Inneren leer, er hat keine andere Zukunft, als sich in seiner eigenen Raserei zu zerreiben» (N 152). Was Expressionismus und Surrealismus vergeblich zu erreichen suchten, hier scheint es Wirklichkeit zu sein: Kunst und Revolution sind verklammert. «Die Schilderung von Einsamkeit, von Ausweglosigkeit, von Unzugehörigkeit und persönlicher Enttäuschung, damit ist wenig anzufangen» (N 62), heißt es. «Gegen den Nihilismus des Feindes wird eine Zuversicht gestellt. Wir sprechen vom Aufbau, nicht von der Verwüstung» (N 63), läßt er einen nordvietnamesischen Autor sagen. Das Buch ist für sie eine «Waffe», es verändert den Leser, verändert die Welt (N 64); die «Bedeutung» der Kunst wird «zu einer sozialen, pädagogischen und ethischen» (N 134). Als Gegensatz zu «Aufbau», «Fortschritt», «Gewißheit des Sieges» (N 79) – die (Un-)Kultur der «Menschenmörder», «die Welt der amerikanisierten Todeskultur, mit ihrer Korruption, ihrer Dekadenz, ihrer Not und Prostitution» (N 78f.). «Schundliteratur», «brutalisierende Filme» (N 80), kurz, der «moralische Bankrott des Modernismus, der einer Außenwelt nur die subjektive Vision, den Hohn, die Ablehnung entgegenstellt, der sich an Außenseiter wendet, oder an eine Elite von Spezialisten» (N 80). Die Kehrseite: Theater fürs Volk, das zugleich Kunst ist.

So vertiefen und ergänzen die *Notizen* das im *Viet Nam Diskurs* entworfene Bild. Beobachtungen, Gespräche mit Bewohnern Nordvietnams zeigen deutlich, was an dieser Welt den Autor gefangen nimmt. Wenn es etwa vom Schriftsteller Nguyen Tuan heißt (N 49), er habe sich vom «Individualisten und Ästheten» zum «Revolutionär» entwickelt, so kann dies als direkte, wörtliche Anspielung auf *Abschied* (A 119), *Fluchtpunkt* (F 60) und auf jenen (vom Autor erfundenen) Marat gelesen werden, der den (gleichfalls vom Autor erfundenen) Sade letztlich überwindet. Wenn die «Notwendigkeit» akzentuiert wird, «sich zu entscheiden, Farbe zu bekennen» (N 51), liegt es nahe, an ähnliche Aufforderungen in *Fluchtpunkt* (F 60) zu denken. Die Entdeckung der Identität von Umwelt und eigenen Wünschen, der Übereinstimmung der eigenen, in grübelnden Auseinandersetzungen mit den Möglichkeiten des Ich gewonnenen Vorstellungen führt freilich auch zu einer Gleichsetzung des Gegners mit «Stagnation» und «Verrottetheit» (F: «mein Zerfall», 64, 103; 51: «Fäulnis»). Sie mündet in die Mythisierung, Ergebnis der uralten Sehnsucht nach Identität von Anschauung und Begriff, nach Einheit und verbindlicher Wahrheit – nach einer heilen Welt. Konfrontiert werden zwei Sphären, die sich durch folgende Begriffspaare definieren: Nihilismus – Zuversicht, «Verwüstung» – «Aufbau»; «Schönheit», «Würde», «Reichtum» – «Todeskultur», «Korruption», «Dekadenz», «Not», «Prostitution»; «Verschwendung» – «Armut». Im letzten Teil spricht der Autor mit dem Piloten eines über Nordvietnam abgeschossenen amerikanischen Bombenflugzeugs. Der Major bietet «ein Bild der totalen Entwurzelung» (N 138). «Er hatte sich nie zum Herrn über seine eigenen Entschlüsse gemacht. Sein Zittern ist das Zittern einer Leere, in der es nichts gab als mechanische Regungen» (N 139). Seine «ganze Existenz» erscheint «ideenlos», er ist ein Mensch, «der nie nach seinem Weg gefragt hat», ein «Mörder und Gewalttäter» (N 141) – ein Schalthebelmörder letztlich wie die Schreibtischmörder Nazideutschlands. Parallele und Projektion sind unverkennbar: «er ist Bestandteil eines Systems, das Fragen ausschließt ... das keine Ideen kennt» (N 142). Unverkennbar ist gleichfalls, daß die Attribute, die seine mit hartem Richterblick betrachtete Existenz definieren – entwurzelt, passiv, leer, ideenlos –, auch auf bestimmte in *Abschied* und *Fluchtpunkt* geschilderte Situationen zutreffen, in denen sich der Erzähler nicht weniger als «Gefangener», als gequältes und erniedrigtes Wesen fühlte. Die «Preisgegebenheit», aus welcher die jungen, von Nordvietnam in ihre Heimat zurückkehrenden Amerikaner «weinten», entspricht einer anderen, inzwischen überwundenen «Verlorenheit» und «Preisgegebenheit» (A 116; F 161). Wenn der Autor den «blinden Egoismus Europas», den «Verrat» beklagt, «der dort stündlich an diesem Land begangen wird» (N 151), steht dem Leser deutlich die Szene vor Augen, in der der Erzähler in *Fluchtpunkt* sich der Passivität, der Flucht, Feigheit (F 137) und der «Unbeteiligtheit»

(F 138) zeiht und die Frage stellt: «Was soll ich denn tun» (F 138). Die Antwort ist gegeben.

Der Autor ist jetzt im Besitz jener «gültigen Wahrheit», die für ihn «die Richtlinien des Sozialismus» enthalten (M 118). Es ist seine Wahrheit und die Wahrheit eines Vietnam, das er als heroische Idylle beschrieben hat. «Heute aber sehe ich, daß ... Bindungslosigkeit der Kunst eine Vermessenheit ist, angesichts der Tatsache, daß die Gefängnisse derjenigen Länder, in denen Rassenunterschiede und Klassengegensätze mit Gewalt aufrechterhalten werden, angefüllt sind mit den tortierten Vorkämpfern der Erneuerung» (M 118f.).

Abschied von den Eltern hieß Peter Weiss' erstes analytisches autobiographisches Werk. Es endet mit dem Motiv des Jägers, in dem sich der Gejagte erkennt. Jacques, der Freund, wurde darin zum Symbol des Andersseins, er hatte sich «der Offenheit und den Wunden ausgesetzt», «er hatte sich schon seine verzehrende Freiheit erobert» (A 109). Auch der Erzähler befreit sich schließlich von der «Übermacht» (F 179) der Mutter, der Familie, verläßt die «Zwingburg des Heims» (F 47). Es ist offensichtlich, daß in *Viet Nam Diskurs* und *Notizen* von einem ganz ähnlichen Vorgang berichtet wird: Selbstbefreiung eines Landes, Loslösung von einer ihm aufgezwungenen Lebensform, Befreiung von der Vormundschaft eines Kolonialherrn ist das Thema. Auf die einfachste Formel gebracht: ein überindividueller Vater-Sohn-Konflikt. Kampf um Identität, um Selbstverwirklichung auch hier. Nur: die Stelle des Individuums nimmt jetzt ein ganzes Volk ein. Und es kennt sein Ziel. Wieder ist der Autor seinem Urthema treu geblieben. Es heißt Vergewaltigung und Befreiung.

Revolution als Glaubensbekenntnis

Trotzki im Exil

> «Alles war beherrscht vom Gedanken
> der internationalen Revolution. Nur
> diese kann endgültig Ausbeutung, Ge-
> walt und Kriege aufheben.» (T 142)

In *Viet Nam Diskurs* läßt Peter Weiss seine die Bevölkerung von
Vietnam verkörpernden Schauspieler auf das Beispiel Rußlands hinweisen: «Die Matrosen erzählten von einem Land / in dem die Arbeiter die Macht ergriffen haben ... Dieses Land heißt Rußland ...»
(D 2,338). Und der Chor sekundiert resümierend: «Jetzt ist die Zeit
des Lernens / Rückständig war Rußland ... Gering war die Anzahl
der Revolutionäre ... groß / ihre Leidenschaft und ihr Mut / So er-
richteten sie ihre Herrschaft» (D 2,341). Es ist aber genau in diesem
Herrschaftsbereich, wo sich, so wir noch einmal auf unseren Wahrheitsbegriff zurückkommen, eine Verkehrung der Situation ergeben
hat: Brechts «Fünf Schwierigkeiten beim Schreiben der Wahrheit»
haben dort wieder Gültigkeit erlangt. Was Brecht meint, trifft nicht
zu für die «westliche Welt», es gilt für die Welt der sowjetrussischen
Hegemonie, die fälschlicherweise als Geltungsraum von Sozialismus
und Demokratie angesehen wird. Die Parteiideologie tritt dort als
alles beherrschende «Wahrheit» auf und zwingt die Schriftsteller,
sich ihrem Diktat zu unterwerfen. Statt der Wahrheit in ihrem relativen, menschlich unvollkommenen Sinn – die absolute Wahrheit,
die sich wieder aufhebt und den äußersten Gegensatz zur Position
der Ratio bildet. Die Macht der Bajonette schließt die Kluft zwischen
Relativität und Absolutheit. Vielleicht hat auch diese Tatsache dazu
beigetragen, daß Peter Weiss, trotz volltönender Worte für Rußland,
der marxistischen Verelendungstheorie widersprach und meinte:
«Wir werden zeigen / daß in einem zurückgebliebenen Kolonial-
land / das Proletariat eher die Macht ergreift / als in den entwickel-
ten / westlichen Ländern» (D 2,342). Es ist hier nicht der Ort, sich in
Debatten über die Stichhaltigkeit solcher Äußerungen einzulassen.
Entscheidend ist, daß der Autor damit einen Absprung gefunden hat
zu einer neuen utopischen Perspektive, einer Entwicklung sich zuwenden kann, die sich noch jenseits von Überprüf- und Widerlegbar-
keit befindet: den Angelegenheiten der sogenannten Dritten Welt.

In einer Betrachtung zur «Literatur in Süd Viet Nam» heißt es: «In ihrer Unbeholfenheit, ihrem Mangel an Stil, in ihrem Suchen nach einem Ausdruck, in ihrer Loslösung von allem Esoterischen, begründet diese Literatur einen neuen Humanismus. Diese Literatur stellt die Ausdauer, die Geduld, die Festigkeit von Kräften dar, die sich von unmenschlichen Bedingungen nicht überwinden lassen. Es ist die Literatur der Letzten Welt, die wir die Dritte nennen, und die zur Stärksten werden wird» (N 78). Auf eine nähere Begründung dieser Äußerung wird verzichtet. Dieser Rückzug aus der, wenn man will, empirischen Welt und die Hinwendung zur arkadischen Spekulation, zu einem neuen dritten Standpunkt, der den Dualismus zu überwinden hofft in einer veränderten utopischen Projektion, finden einen Niederschlag in Peter Weiss' bislang letztem Werk: *Trotzki im Exil*.

Trotzki und die russische Revolution ist das Thema dieses Stückes in 2 Akten und 15 Bildern, geschrieben zwischen November 1968 und Juni 1969. Als Beschwörender und Beschworener tritt der Propagator der Idee von der permanenten Revolution auf der Bühne in Erscheinung: Retrospektive Vision als in Szene gesetzter innerer Monolog (1. Akt) und epische Revue (2. Akt) ergänzen einander. Szene fügt sich sprunghaft an Szene, blitzt auf und erlischt wieder, Bildelemente bietend, die sich keineswegs zu einem Ganzen integrieren, Puzzlespiel bleiben und keinem Gesamtbild zur Transparenz verhelfen. Der Schatten des Autors thront über dem Ganzen, als Regisseur, Puppenspieler, der sein Geschöpf an den Drähten tanzen läßt. Nach Belieben bzw. seiner irrationalen Lehrintention entsprechend. In einzelnen Auftritten, die schnell und willkürlich aufeinanderfolgen, wird Trotzki gezeigt in den verschiedenen «Stadien» des Exils, als Schreibender und Denkender, der sich mit bestimmenden Personen und Kräften der Revolution auseinandersetzt. Der Raum mit Arbeitstisch und Feldbett bleibt sich stets gleich, während die Zeitebenen wechseln, damit die Einheit von erlebendem Bewußtsein sichtbar wird. Das Prinzip, nach dem die Szenen zusammengefügt sind, ist offenbar das der assoziierenden Collage, die ein Bild von Vorbereitung, Verwirklichung, Scheitern und Weiterbestehen der Idee der russischen Revolution bieten soll, analysiert und interpretiert durch Trotzki, den Revolutionär und Schriftsteller, Sieger und Verleumdeter, der mit dem gleichen Recht von sich sagen könnte: «Ich bin die Revolution» wie Marat (D 2,171).

Zeitliche Basis des 1. Aktes ist das Jahr 1928. Von hier wird mehrfach zurückgeblendet in die Jahre 1900, 1902, 1903, 1905 und 1906. Dann folgt, als Stütze sozusagen, vor Rückblenden in die Jahre 1915 und 1917, eine kurze Szene aus der dritten Emigration in Alma-Ata 1928. Die Jahreszahl 1929 mit der Ausweisung leitet über zum 2. Akt, der mit 1929 beginnt, zurückspringt in die Jahre 1921 und 1924 und dann über 1934, 1936 und 1938 mit 1940 endet. Vergangenheit und Gegenwart, Erinnern und Erleben werden miteinander verknüpft, zu einer Einheit, die für den Autor und seinen Protagonisten die Quintessenz der russischen Revolution darstellt, den Leser jedoch in einen Strudel zieht, der, wenn überhaupt, mehr sein Gefühl in Bewegung setzt als seinen Verstand.

Wieder legt Peter Weiss seiner Komposition Dokumente zugrunde. Im Anhang nennt er die Werke, auf die sich das Stück stützt. Die authentischen Äußerungen, die Zitate als solche zu kennzeichnen, war nicht möglich. Hauptfigur von *Trotzki im Exil* ist nicht der historische Trotzki, sondern das Geschöpf des Autors Peter Weiss. Für die Fragwürdigkeit solcher Klebegestalten gilt das gleiche, was zu den Klebehandlungen von *Popanz* und *Diskurs* gesagt wurde. Verkürzung, Stilisierung, die im Sprachlichen bis in die Nähe Sternheims führt, Reduzierung, Umfunktionierung der Materialteile durch Verlagerung in neuen Zusammenhang, um nur einiges zu nennen, all das mag unter rein ästhetischen Gesichtspunkten unproblematisch sein, als Methode zur dokumentarischen Darstellung eines Sachverhaltes ist es unzureichend. Das Leben entzieht sich der Konstruktion, ohne im Ästhetischen ein Alibi zu finden. Ein mit Klischees behangener «Popanz» entsteht, aus dessen «Gesichtsklappe» der Autor spricht, um *seinen* Trotzki vorzuführen.

Die Einbeziehung von stilisierendem sternheimschen Lakonismus – «Trotzki: Rakowski schreibt über Dante. Ja, natürlich, Produkt eines gegebenen sozialen Milieus. Natürlich. Commedia, diktiert von bestimmten Klasseninteressen ... Historisches Dokument. Doch weil Auseinandersetzung mit seiner Zeit, Schilderung psychologischer Entwicklung, Gedankenverbindung mit uns herstellt. Sprengt die Zeitgrenzen. Ja. War zum Tod durchs Feuer verurteilt. Schrieb im Exil. Durfte nie mehr zurück» (T 45) – neben mimetisch anbiederndem Duktus – «Parvus: Gut, da ist die Rosa. Aber die steht auch ziemlich allein. Lew, die Sache sieht übel aus. Obgleich wir recht haben. Auf lange Sicht» (T 43 f.) – macht deutlich, wie verkrampft und

wenig wählerisch der Autor in seiner Bemühung ist, die Ideenskelette
mit Fleisch zu drapieren.

Der 1. Auftritt, überschrieben «Die Verweisung» und 1928 spie-
lend, zeigt Trotzki vor dem Abtransport, mit dem Bucharin beauf-
tragt ist; das politische Büro versucht, «die Verbannung als freiwil-
lige Vereinbarung hinzustellen» (T 10). Im 2. befindet sich Trotzki
als Verbannter unter dem Zarenregime in der sibirischen Strafkolonie
Wercholensk, lesend, arbeitend, reflektierend, diskutierend. Der Auftritt endet mit Trotzkis Flucht. Zurück blendet der 3. Auftritt: Trotzki
ist in London, 1902, besucht Lenin, spricht mit ihm. Es geht immer
wieder um die Frage, schon im 2. Auftritt war sie erörtert worden:
«Welche Rolle soll die Partei spielen? Will die Partei für das Proletariat denken, entscheiden, handeln?» (T 20). Wie verträgt sich die
Diktatur der Partei mit jener des Proletariats? Lenin fordert zunächst
die bürgerliche Revolution, erst dann, nach entsprechender Vorbereitung, soll es zur Diktatur des Proletariats kommen. Anders Trotzki:
er will «Stadien überspringen» (T 20), will sofort die «sozialistische
Revolution», ein Standpunkt, den in seinem Bekenntnis zur «Dritten
Welt» auch Peter Weiss vertritt. «Dann kamen unsre Differenzen»,
sagt Trotzki im 4. Auftritt («Brüssel, 1903»). Die «Brüsseler Ta-
gung» wird beschworen. Trotzki versteht jetzt vieles, auch Lenins
Worte, wonach «die Zielsetzung ... jede Rücksichtslosigkeit» rechtfertigt (T 26). Diskutiert wird die Frage, wie sich «Diktatur mit der
Auffassung einer demokratischen Republik» verträgt (T 28). Es ist
das Problem der Avantgarde, im Gespräch zwischen Marat und Sade
bereits berührt, doch man geht über ihre Aporien zur Tagesordnung
über. Lenins und Trotzkis Meinungen divergieren in der Frage nach
der Führung. Lenin: «Aber siegen können sie nur, wenn die Führung
da ist» – Trotzki: «Wenn Lenin Diktatur des Proletariats sagt, meint
er Diktatur über das Proletariat» (T 30). Organisation der Partei
statt Partei – am Ende «fällt ... das Löwenhaupt von Marx», prophezeit Trotzki (T 31). Es kommt zur Spaltung der Partei in Menschewiki
und Bolschewiki. Die Szene springt nach Sankt Petersburg. 5. Auftritt: «Neunzehnhundert fünf.» Vater Gapon, Arbeiterführer während des Aufstandes von 1905, erscheint. Generalstreik, Bitten, die
mit Schüssen beantwortet werden. Trotzki ruft auf zu «bewaffnetem
Aufstand»: Gewalt gegen Gewalt. Zum zweiten Mal wird Trotzki
verbannt: 6. Auftritt. In Sibirien (1906) Rekapitulation von Ereignissen 1903 und 1905. Dann zurück in das Jahr 1928: Trotzki äußert

seine berühmte Theorie: «Die Revolution ist permanent» (T 43), die er nach 1907 im westlichen Ausland entwickelt hatte. Seit zehn Jahren befindet sich Trotzki in der Emigration, in Zürich, im 7. Auftritt. Das Datum: 1915. Dialog mit Lenin, in dem die Bilanz gezogen wird. Eine «Gruppe von Schriftstellern, Künstlern» erscheint, «Stammpublikum der Kneipe an der Ecke der Spiegelgasse. Gründer des Café Voltaire und des Dadaismus: Emmy Hennings, Hugo Ball, Tristan Tzara, Marcel Janco, Richard Huelsenbeck» (T 51 f.). Gibt es Gemeinsamkeiten dieser Internationale des Dadaismus mit jener des Bolschewismus? «Wir werden in die Geschichte eingehn wie ihr», verkündet Tristan Tzara. «Ihr sagt, die bürgerlichen Ordnungen, die müssen zerschlagen werden, wir wollen nichts von ihnen übernehmen, sie müssen verschwinden, wir beginnen neu. Das ist auch unser Manifest. Wir werden alles zertrümmern, was die sich aufbauen ließen» (T 52). Lenin nennt sie «Pseudorevolutionäre» (T 54), die es sich leisten können, «das Kulturgut zu vernichten» (T 54). Während sie zerschlagen, will er bewahren, fürs Volk. «Diejenigen, die davon abgeschnitten waren, die sollen beurteilen, was davon zu verwerfen, was davon noch zu gebrauchen ist» (T 54). Eine Verbindung der beiden Bewegungen ist nicht möglich: Der Aufhebung der Aporien der Avantgarde im Dadaismus durch Verzicht auf inhaltliche Fixierung steht der Traum von einer neuen Kunst gegenüber: Kunst fürs Volk, dessen Urteil unterworfen. «Die Kunst», fordert Trotzki, «muß dazu beitragen, die Welt zu verändern. Die Kunst ... die neue Kunst, die allen gehört, sie muß im Dienst der Revolution stehn.» Und Lenin ergänzt: «Es gibt keine absolute Freiheit für die Kunst. Kunst muß parteilich sein. Wir werden uns wehren gegen die Selbstbespiegelung in der Kunst. Gegen die Angriffe des Hohns, der Vulgarität, des Zynismus, der Menschenverachtung, wenn sie auf uns zukommen unterm Tarnmantel des schöpferischen Genies» (T 55). Die «neue Kunst», es ist die gleiche, deren Lob Peter Weiss in *Notizen* gesungen hat. Alles Künstlerische steht dort im Dienst des Befreiungskrieges, es ist politisch, und der Künstler sucht das totale Engagement. Daß die Kunst «parteilich» sein solle und ähnliches, hat übrigens auch Peter Weiss fast wörtlich in dem bereits mehrfach zitierten Aufsatz «Das Material und die Modelle» gefordert. Das Fatale an diesen Gedanken besteht darin, um es noch einmal zu sagen, daß der Autor, sich auf die mystische Objektivität des historischen Materialismus berufend, allen Ernstes glaubt, dokumentarisches Theater könne parteilich und zugleich objektiv sein. Er verwechselt «richtig» im Sinne scholastischer Dogmatisierung mit objektiv, d. h. an der empirischen Wirklichkeit orientiert. Und wie sieht diese Kunst aus, von der Lenin und Trotzki träumen? Es ist «revolutionäre Kunst». Nach Lenin «wird sie realistisch und wissenschaftlich sein» (T 56), nach Trotzki: «Massenkunst», «Gemeinschaftskunst», «klassenlose Kunst» (T 57). Statt der «Menschenverachtung» des modernen Formalismus, dieser bourgeoisen Verirrung, Realismus, sozialistischer Realismus, positive, sinngebende Kunst, von der es, wäre zu ergänzen, zum geistlichen Spiel nur ein Schritt ist (T 55). Wir brauchen auf das Problem Kunst–Politik hier nicht weiter einzugehen. Es wurde im Anschluß an *Marat/Sade* im Zusammenhang mit dem Surrealismus, der nicht zuletzt an der Unvereinbarkeit der beiden Postulate zerbrochen ist, bereits erörtert. Neues zum Thema bietet der Dialog zwischen den Vertretern einer Kunstrevolution und jenen einer politischen Revolution nicht.

Markiert dieser Auftritt zusammen mit dem 8., der dem «Fünfundzwanzigsten Oktober» gewidmet ist, nur zufällig die Mitte des Stückes? Der bewaffnete Aufstand bricht los. Lenin: «Es gibt keinen besseren Bolschewisten als Trotzki» (T 67). Später wird in einem Schauprozeß festgestellt werden, daß es keinen schlechteren gegeben hat. «Und der Streit zwischen uns?» fragt Lenin mit runder Geste im 9. Auftritt («Sechsundzwanzigster Oktober») den Genossen Trotzki: «Jetzt zu Ende?» Trotzkis Antwort: «War es ein Streit? Wars nicht nur ein Kräftemessen? Haben einander vorangetrieben. Haben Gedanken voneinander übernommen. Gegensätzlichkeiten zur Synthese gebracht. Die Revolution war noch unerprobt. Verschiedene Ansichten und Möglichkeiten mußten aneinanderstoßen und sich in der Praxis beweisen. Auch in Zukunft muß es Kontroversen, Widersprüche geben. Wären wir sonst Marxisten, Dialektiker?» (T 70). «Wir sind einander gewachsen», stellt Lenin fest und prophezeit: «Die andern ... Sie werden sich zusammentun und dich ausstoßen» (T 71). Nicht ohne Grund verweist dies auf die Szene beim Abendmahl, als Christus sagt, daß einer ihn verraten wird. In den letzten 6 Auftritten erfüllt sich die Prophezeiung. Zunächst erleben wir freilich Lenin und Trotzki noch in schöner Gemeinsamkeit. «Wenn hier Genossen sind, die unser Programm nicht akzeptieren, dann sollen sie mit den übrigen Deserteuren und Anpaßlingen verschwinden. Weiter. Gehn wir weiter» (T 73). Die Idee ist formuliert, ein sie

177

vertretendes und ihr entsprechendes Kollektiv installiert. Auch die Wahrheit ist etabliert, wessen Wahrheit es nicht ist, der gehört auf den «Kehrichthaufen der Geschichte», wie Trotzki sagt. Die Revolution hat sich selber *ad absurdum* geführt: Im Besitz ihrer inhaltlich fixierten Wahrheit *sub specie aeternitatis* verlor sie die Wahrheit der Revolution. In die Szene von der Machtübernahme durch die «unterdrückten Massen» (T 75) wird die Anklage gegen den Bürger Trotzki wegen «Vorbereitung des bewaffneten Kampfes gegen die Sowjetmacht» (T 77) eingeblendet. Ein Offizier gibt das Urteil bekannt: Ausweisung «aus den Grenzen der Sowjetrepublik», 1929. Das Geschehen findet eine Entsprechung im 1. Auftritt mit dem «Abtransport» in die Verbannung 1928.

Die Bühne ist unverändert im 2. Akt. In Prinkipo (10. Auftritt, «Kronstadt») vergegenwärtigt sich Trotzki 1929 den Parteikongreß von 1921 mit den internen Auseinandersetzungen und dem Kronstadter Aufstand. Die Revolution ist pervertiert und gescheitert. Stalin, der Epigone, «ist kein Epigone mehr». «Revolution heißt jetzt, Kampf um die russische Erde» (T 82). Aber Trotzki läßt sich nicht beirren: «Der Arbeiterstaat ist noch vorhanden. Die Bedingungen zum Aufbau des Sozialismus sind gegeben. Die Menschen sind da, denen die Revolution noch in den Gliedern sitzt. Doch die Revolution läßt sich nicht konservieren in *einem* Land. Sie ist Teil eines einzigen zusammenhängenden Prozesses. Ein nationaler Sozialismus kann Rußland nur wieder in die alte Rückständigkeit werfen. Hat Lenin nicht bis ins Letzte unsre Abhängigkeit von der internationalen Revolution betont?» (T 82f.). Die Zauberworte heißen «Internationalismus», «Weltrevolution», «revolutionäre Gewalt», sie werden überwinden, woran die Revolution in Rußland scheiterte. Trotzki betont erneut die Notwendigkeit von «Terror», rechtfertigt ihn mit dem «Terror des Kapitalismus»; der «Gegner ist ungeheuerlich», vor allem das «amerikanische Finanzkapital, das jetzt einen Kontinent nach dem andern unter sich legt» (T 85). An dieser Stelle werden eingeblendet Gespräche vom Parteikongreß 1921. Lenin verteidigt die «Reinigungsaktionen» – gemeint sind die berüchtigten «Säuberungen» –, nennt die Kritik an der «Parteidiktatur», an den «Auswüchsen», «nebelhaftes Freiheitsgeschrei, das sich steigert zum Ruf, es lebe die dritte Revolution» (T 90). Die Szene erinnert an die Stelle in *Marat/Sade*, wo die Gefangenen Marat fragen, was aus ihrer Revolution geworden sei (T 87 ff., D 1,224). Trotzki droht mit der Roten

Armee, mit ihr will er auf die Kritik antworten. Zum ersten Mal fällt der Name «Stalin», zuvor hieß es lediglich «er»; «er» habe als einziger «von Anfang an neben Lenin» gestanden, wird behauptet (T 83). Es fällt auf, daß Peter Weiss den bestimmten Artikel vor Stalins Namen setzt, um ihn damit von den anderen abzuheben. Als eine Art Luzifer? Im 11. Auftritt, nach «Lenins Tod», 1924, hat der Böse die Schöpfung der Revolution an sich gerissen. Das Gespräch zwischen Trotzki und Sinaida Wolkow, das den Auftritt eröffnet, mutet an wie eine Szene aus Dostojewskis *Großinquisitor*. Sinaida Wolkow: «Sie würden auch Lenin holen, wenn er noch lebte ... Sie würden ihn holen und unschädlich machen» – «Und dich» (T 96). Gemeint ist Trotzki. Und Lenin? Der geht «den Kopf gesenkt, nach vorn», sagt: «Wir sind immer davon ausgegangen, daß es unmöglich ist, den Sozialismus in einem isolierten Land aufzubauen ... Im Parteiapparat wuchert die Bürokratie ... Stalin, er muß aus seinem Amt entfernt werden ... Unsre Revolution wird ersticken, wenn sie nicht zur Weltrevolution wird» (T 97 ff.). «Weltrevolution» ist denn auch der 12. Auftritt überschrieben. Trotzki hat sich nach Grenoble geflüchtet (1934), sein Leben ist gefährdet, er fürchtet sich: «Sie werden uns abschießen» (T 101). Studenten aus verschiedenen Ländern besuchen ihn, stellen ihm Fragen. Aus den Antworten Trotzkis spricht eine erschreckende, kaum glaubliche Wirklichkeitsfremdheit. Gilt solches auch für den «Vater der Roten Armee»? Oder lediglich für die Gestalt, die in *Trotzki im Exil* seinen Namen trägt? Es dürfte freilich kaum Peter Weiss' Absicht gewesen sein, dergleichen ins Licht zu rücken. Die Ähnlichkeit mit Marats abstrahierendem Denken, seiner Bereitschaft, für die Unversehrtheit der Idee Menschen und nochmals Menschen zu opfern, das Sterben, den Terror durch Heilsgeschehen in der Zukunft zu rechtfertigen, ist verblüffend. Es ist das «Hirn», das spricht und den «Leib» nicht zur Kenntnis nimmt. Wenn der deutsche Student daran erinnert, auch «in der Sowjetunion werden jüdische Bürger diskriminiert. Hätte ein jüdischer Staat das Problem lösen können?» So weiß Peter Weiss' Trotzki nichts anderes zu antworten, als daß niemand sagen könne, «die verhafteten Juden werden für was andres bestraft als ihre Kritik an der Parteiführung» (T 102). Die einzige Möglichkeit, den Juden zu helfen, sei der «erweiterte Kampf zur Wiederherstellung der Internationale». Aber währenddessen seien «Hunderttausende von Juden in Deutschland unmittelbar bedroht?», meint der deutsche Student und fragt, ob die

«Zurückbleibenden» ihrem «Untergang» entgegensehen sollen, da die Nazis bekanntlich ihre systematische Ausrottung planen. Trotzkis Antwort ist an Zynismus nicht zu überbieten: Die Juden «zahlen einen schrecklichen Preis dafür, daß sie sich mittreiben ließen ... Der Kampf der Juden um ihr Überleben ist in der großen Konfrontation von geringer Bedeutung. Sie sind nur Opfer eines Widerstreits innerhalb des Kapitalismus» (T 103). Trotzki spricht von «Tragik», von Unvermeidlichkeit, flüchtet sich in Gerede und Metaphysik. Seine Antwort ist die eines Gläubigen. Empfängt man sie mit der Offenheit des Gläubigen, was sicherlich für den Autor gilt, mag sie weniger zynisch klingen. Aber was ist dann mit dem Auschwitz-Erlebnis des einst zur Deportation Bestimmten? Muß ein sich so äußernder Trotzki in seinen Augen nicht Schuld auf sich laden? Fragen. Kaum anders verhält es sich mit dem Problem «Volksfront». Die Bildung einer Volksfrontregierung, für die sich Trotzki früher ausgesprochen hatte, lehnt er jetzt ab, da die «französische Volksfront» zu nichts anderem dient, «als die Energie der Arbeiter zu brechen und die sozialistische Revolution zu verhindern» (T 104). Dem vorsichtigen Hinweis, Trotzki habe schon zum «wievielten Male» prophezeit, «das kapitalistische System hätte jetzt das Stadium des Zerfalls erreicht» (T 105), begegnet dieser mit der lapidaren Feststellung: «Der Kapitalismus stinkt vor Fäulnis ... Agitation, Massenstreiks, unnachgiebige Forderungen, und das verrottete kapitalistische System würde zerplatzen» (T 105). Der deutsche Student bezweifelt, ob es gelungen sei, «die Revolution auch auf den Menschen auszudehnen» (T 108), ja, er wirft Trotzki vor: «Die Befreiung des Bewußtseins habt ihr verhindert» (T 108). Trotzki ist «empört», verweist dümmlich darauf, daß Revolution nun einmal nur mit «äußerster Gewalt» möglich sei. Und wo «ist der neue sozialistische Mensch, ohne Eigensucht, Machtstreben, Rivalitäten und niedrige Absichten?», will der deutsche Student wissen. Trotzkis Antwort, monumental, platt, gläubig: «Trotz der Deformierungen» stelle die sozialistische Gesellschaft «immer noch den größten Fortschritt dar, den Menschen erreicht haben. Im Kampf gegen den Faschismus werden sie die Hauptlast zu tragen haben» (T 109). Den Pakt zwischen Stalin und Hitler hat der 1940 Ermordete noch erlebt.

Als «Volksfeind», dessen Gehilfen in Schauprozessen abgeurteilt werden (1936 bis 1938), führt der 13. Auftritt Trotzki vor. In einer Vision erlebt dieser, wie er zum Konterrevolutionär, zum Gegner des Sozialismus gestempelt wird. Nun zeigt es sich, daß er, der das Schauspiel nur mitansehen kann, ohne die Möglichkeit einzugreifen, die Aporien der Avantgarde durchschaut. Aber statt hieraus die Konsequenzen zu ziehen, die ihn zu einem Gescheiterten machen, sein Werk der Vergeblichkeit anheimgeben würden, befreit sich Peter Weiss' Held aus dem Widerspruch, indem er das zu Beweisende durch scheinbar Bewiesenes ersetzt. Die Forderung nach dem «neuen Menschen», die seit Menschengedenken erhoben wird, ohne daß sich auch nur ein Bruchteil von ihr erfüllt hätte, wird ersetzt durch den Lobpreis der Tatsache des neuen Menschen. Die Idee ist stärker für ihn als die blutige Realität. Blinder Glaube triumphiert.

Welchen Kommentar hat Peter Weiss' Trotzki zu den Schauprozessen zu geben? «Jede Einzelheit kann widerlegt werden.» Man solle schnell «das Material» herbeischaffen. «Aber schnell, schnell. Sonst fallen sie alle» (T 124). Er reagiert mit Blindheit, will gläubig Beweise präsentieren: Die Definition der Wahrheit als «parteilich», als «Parteiwahrheit», von Lenin und anderen postuliert, richtet sich nun gegen ihn selber. Der angeklagte Sinowjew faßt den Tatbestand schließlich schlüssig zusammen: «In der letzten Instanz hat die Partei immer recht, weil sie das einzige geschichtliche Instrument ist, das die Arbeiterklasse zur Lösung ihrer Probleme besitzt» (T 129). Der Blickwinkel, aus dem Geschichte und Wirklichkeit verstanden und gedeutet werden, unterscheidet sich nur graduell von jenem, aus dem die katholische Kirchenhierarchie noch heute das Weltgeschehen zu betrachten geneigt ist. Immerhin gewinnt Trotzki durch seine Blindheit und seinen «materialistischen Idealismus» ein Mittel, die Idee der Revolution für sich zu retten. Gegen Bretons Meinung im 14., im mexikanischen Exil spielenden Auftritt («Das Testament»), daß Opfer wie Henker sich im Schauprozeß zum Sündenbock machen lassen – diese durch ihre Leidensbereitschaft, jene durch ihre Tyrannei –, und dem Sozialismus Schaden zugefügt haben, der nie wieder gutzumachen sei, hat Trotzki einzuwenden, damit sei nicht die «Falschheit des Sozialismus, sondern die Gebrechlichkeit, die Unerfahrenheit in unsern revolutionären Handlungen» bewiesen (T 140). Während Breton einen Bankrott ihrer Ideologie darin sieht (T 137), bescheidet sich Trotzki mit dem Gedanken: «Es war uns nicht gelungen, menschliche Schwäche, menschliche Feigheit, menschliche Niedertracht zu vertilgen» (T 140). Nicht die Idee – der Mensch trägt die Schuld. Das ist seine Erklärung dafür, daß es zu einem

«Bruch zwischen einer abstrakten entpersönlichten Welt und den elementarsten menschlichen Ansprüchen gekommen ist» (T 138). Der Denkfehler, den beide machen, der Autor wie sein Protagonist, besteht darin, daß sie im Anschluß an Hegel in der Idee das objektiv Wahre und zugleich das wahrhafte Sein erblicken. Weil sie als Primat gilt, hat die Wirklichkeit nach der Vorstellung des dialektischen Materialismus stets ein Alibi; einzig durch die wirtschaftlichen Verhältnisse bedingt, gewinnt der Traum vom Paradies Realisierbarkeit. Trotzki sagt, während der Mörder schon hinter ihm steht: «Die Mißerfolge und Enttäuschungen können mich nicht dran hindern, hinter dem jetzigen Niedergang den Aufstieg aller Unterdrückten zu sehn. Dies ist keine utopische Prophezeiung. Es ist die nüchterne Voraussicht des dialektischen Materialismus» (T 141). Ein Glaubensbekenntnis, sein «Testament», wie der Autor sagt. Trotzkis tröstliche *prévoyance* läßt sich bis Comte zurückverfolgen; die metaphysische Komponente des auf Eudämonie gerichteten kausalmechanischen Weltbildes ist nicht zu übersehen. Die Immanenz wird gleichgesetzt mit der «Ordnung der absoluten Gemeinheit, der absoluten Habgier, des absoluten Eigennutzes. Diese Ordnung ist unveränderlich. Sie kann ihrem Wesen nach nur noch räuberischer, nur noch destruktiver werden» (T 141). Sie ist also bestimmt vom «Weltkapital» (T 142), von der «Erpressung», «den Lügen der bürgerlichen Herrschaft» (T 141). Die Transzendenz, die ihr gegenüberzustehen hat, heißt «Sozialismus», der «trotz der Verbrechen, die in seinem Namen begangen wurden», «veränderlich» ist, «zu verbessern, zu erneuern» (T 141). Warum eigentlich hier Veränderlichkeit und dort Unveränderlichkeit? Handelt es sich nicht um die gleichen Menschen? Fragen, die der Autor nicht stellt.

Nur die «internationale Revolution» kann «endgültig Ausbeutung, Gewalt und Kriege aufheben» (T 142). Der Löwe wird dann endlich beim Lamm liegen, die messianische Hoffnung der Menschheit erfüllt sein. Peter Weiss hat seinen 15. Auftritt «Die Hinrichtung» überschrieben, obwohl Trotzki mit dem Eispickel *ermordet* wurde. Soll das heißen, daß Trotzkis Beseitigung für ihn ein «legaler Mord», Hinrichtung ist? Oder wählte er die euphemistische Einkleidung des Geschehens aus Gründen der Pietät, da der Mörder kein Vertreter der «Ordnung der absoluten Gemeinheit» war, sondern ein Agent der GPU?

In «Gespräch über Dante» (R 142ff.) erwähnt der Autor, daß

Dante im ersten Teil der *Commedia* «Ausweglosigkeit und Sinnlosigkeit umrissen» habe. Es gebe dort keine «Hoffnung auf Veränderung» (R 166). Wir sehen erneut, daß Peter Weiss die bürgerliche Welt, die Sphäre des «Weltkapitals» gleichsetzt mit dem «Inferno». «Das Furchtbare an der Hölle ist ihre Starre» (R 166), die Starre, wie sie in dem Stück *Die Versicherung* vorherrscht. Der Schritt vom «Inferno» zum «Purgatorio» sei der «Schritt von der Versteinerung zur Vernunft» (R 166). Vernunft, wie sie den Dialog zwischen Sade und Marat auszeichnen mag. Das «Paradiso»? Seine Schilderung gleicht jener der «Unterdrückten und Gepeinigten» (R 168). Sie sind die Seligen, die auf ihre Befreiung warten. *Die Ermittlung, Der Gesang vom Lusitanischen Popanz, Viet Nam Diskurs* haben sie uns vorgeführt. Wer wird sie erlösen? Hineingeleiten in das wirkliche Paradies, das noch Teil der Hölle ist, aber deren Möglichkeit? Das Stück *Trotzki im Exil* mag manchem (theologische) Antwort geben auf diese Frage. Trotzki als Symbol, als messianische Figur, Erlöser aller Unterdrückten und Gepeinigten.

Auch von diesem Stück führt eine Linie zum Surrealismus. Die Namen Lautréamont, Freud und Trotzki verkörpern für André Breton – den Peter Weiss im 14. Auftritt eine Stimme des Zweifels am Marxismus sein läßt («Neben allen Forderungen der Loyalität gegenüber der Partei gibt es eine höhere Forderung, die Forderung der Wahrheit», T 139) – «die erhabenste Leistung, die je dem Willen entsprang, über die Dichtung hinauszugelangen, den Einzelmenschen tiefer zu ergründen und die Gesellschaftsordnungen revolutionär umzugestalten»[1]. Nachdem der aus Rußland verjagte Trotzki die Türkei verlassen und in Frankreich um Asyl gebeten hatte, verwies ihn die französische Regierung des Landes. Die Surrealisten erhoben Protest, den sie mit einer Huldigung an Trotzki verbanden. Er sei der Verfasser einer «Formel», «die unserem Leben und Handeln immer neu wieder Sinn und vernünftige Begründung gibt». «Der Sozialismus», hieß es in der Flugschrift von 1934, «wird einen Sprung aus dem Reiche des Zwangs, der Notwendigkeit in das Reich der Freiheit bedeuten, auch insofern, als der widerspruchsvolle, unausgewogene heutige Mensch einem neuen glücklicheren Geschlecht den Weg bereiten wird[2].» Diese Worte stammen, wohlgemerkt, aus dem Jahre 1934. In seinem 14. Auftritt läßt Peter Weiss Trotzki mit Diego Rivera, dem mexikanischen Maler, und André Breton, dem führenden surrealistischen Dichter – dessen Gedanke, die künstlerische Revolution des Surrealismus mit der marxistischen Ideologie zu verbinden, zwischen 1927 und 1932 unternommen, sich als unrealisierbar erwiesen hatte –, über die Schauprozesse diskutieren. Nicht etwa über Kunst, was näher gelegen hätte. Dieses Thema war in Bild 7 in einer Konfrontation mit den Zürcher Dadaisten behandelt worden. Auf Richard Huelsenbecks Vorwurf: «Ihr habt viel zu viel Respekt vor der Kunst. Ihr glaubt noch immer an die großen Werke», hatte Trotzki bei Peter Weiss geantwortet: «Ein einziges großes Werk. Kollektiv geleistet ... Was kommen wird, das ist die Massenkunst, die Gemeinschaftskunst, das ist die klassenlose Kunst» (T 55 bzw. 57). Das sind Platitüden, die sich, wie vieles andere, im Munde eines so gebildeten und feinsinnigen Mannes wie Trotzki peinlich ausnehmen. Dem steht denn auch eine Beschreibung entgegen, die Nadeau von dem Besuch Diego Riveras und André Bretons bei Trotzki in Mexiko 1938 gibt und die wohl in Auftritt 14 bei Peter Weiss verarbeitet ist. «In Trotzki», schreibt Nadeau, «findet Breton einen aufgeschlossenen, verständnisvollen Geist, dessen Meinung nach die Kunst 1938, falls sie weiter auf den Umsturz hinarbeiten will, von allen Regierungsformen unabhängig bleiben, alle Weisungen und Verhaltensmaßregeln ablehnen, ganz nach ihren eigenen Vorstellungen arbeiten und ihren eigenen Weg gehen muß ... ‹Der Kampf um die künstlerische Wahrheit› im Sinne der ‹unerschütterlichen Treue des Künstlers zu seinem inneren Ich› sei die einzige brauchbare Richtlinie, meint Trotzki. Und Breton hatte ja in den letzten Jahren auch nichts anderes gesagt. Entflammt durch diese Übereinstimmung seiner und Trotzkis Ansichten setzt er sich bei vielen Künstlern der alten und neuen Welt für die Gründung eines ‹Internationalen Verbandes für unabhängige revolutionäre Kunst› ein[3].» Diese Treue zum «inneren Ich» als Voraussetzung für «unabhängige revolutionäre Kunst» findet weitere Akzentuierung nach dem Münchner Abkommen (1938). In einem Brief an Breton schreibt Trotzki, daß «wahrhaft unabhängiges Kunstschaffen schon durch seine Gesinnung unfehlbar revolutionär ist, denn es kann keinen Ausweg aus unerträglichen, beklemmenden gesellschaftlichen Verhältnissen mehr suchen. Ohne irgendeine Richtlinie von außen her zu erwarten, ohne sie hinzunehmen, und indem sie eine solche zurückweisen und jene mit Verachtung strafen, die sich ihr beugen, soll die Kunst überhaupt und jeder einzelne Künstler einen solchen Ausweg aus eigener Kraft suchen ...[4]» Gewiß, Trotzki schrieb dies unter dem Eindruck der politischen Ereignisse, aber angesichts dessen, was 1939 und später, bis heute, folgte, besteht wenig Grund anzunehmen, daß er seine Meinung, die ganz erheblich von jener in seinem Buch *Literatur und Revolution* (1924) dargelegten differiert[5], noch einmal geändert hätte. Im Gegenteil, wagen wir zu behaupten.

Warum hat Peter Weiss es vorgezogen, Dadaismus und historischen Materialismus zu konfrontieren, statt letzteren dem Trotzkismus, dessen ästhetischem Aspekt, gegenüberzustellen? Wir sind auf Vermutungen angewiesen. Im ersten Fall ist der Kontrast gewiß effektvoller. Anarchischer Nihilismus, wenn man will, gegen eine neue Ordnung in der Kunst. Die Vorstellungen der Dadaisten dienen nur als grauer Hintergrund, vor dem sich um so leuchtender die positive neue Kunst, eine Massen- oder Volkskunst, abhebt. Solches will sich ausgezeichnet in das Konzept des Autors einfügen. In Trotzkis Äußerungen zum künstlerischen Schaffen, wie Breton sie nach einem Gespräch schildert, spiegelt sich jedoch eine völlig andere Auffassung. In ihnen formuliert sich so etwas wie ein «dritter Standpunkt», da der Kunst Unabhängigkeit zugestanden wird. Für dergleichen ist jedoch nach radikaler Teilung der Welt in Gut und Böse kein Platz mehr. Peter Weiss' Trotzki ist ein «theologisierter» Trotzki, eine Legendenfigur – der Erlöser.

Des historischen Trotzki schriftliche und mündliche Äußerungen zeigen, daß er einen Sinn für die Realität hatte und zwischen Wirklichkeit und Traum, Wissen und Glauben sehr wohl zu unterscheiden wußte. Nehmen wir ihn als das, als was er in *Trotzki im Exil* erscheint, als phrasendreschenden Phantasten, so drängt sich dem Leser der Eindruck auf, das Stück, dessen Hauptfigur er ist, sei gerade das Gegenteil von dem, was der Autor angeblich im Sinne hatte: Es sei ein Spiel von der Widerlegung der «nüchternen Voraussicht des dialektischen Materialismus» (T 141), auf den er und sein Schöpfer sich unermüdlich berufen. Denn gerade sein, des großen Revolutionärs, Schicksal und die weitere Entwicklung der bolschewistischen Partei zu einem Funktionärsbürgertum zeigt doch, daß die Geschichte keiner Gesetzmäßigkeit im marxistischen Sinne folgt. Regisseur seines Geschichtsdramas wäre dann der Mensch selbst, unverbesserlich, unveränderlich, da an sein Menschsein gebunden. Für Peter Weiss' Stück würde das bedeuten, daß es aus einer ähnlichen Perspektive gesehen werden müßte wie *Marat/Sade*: als Groteske. Der Phrasendrescher Trotzki, Coulmier verwandt, und die Realität, die bolschewistische Realität. Wieder hat die Wirklichkeit die Literatur einge-holt, zum zweiten Mal. Streng genommen, ist damit erneut eine Ganzheit der Welt erreicht. Freilich nicht im Heil, sondern in der menschlichen Unmenschlichkeit.

Peter Weiss' reformatorisches Tendenzdrama, seine «geistliche» Revue, ist getragen vom Hunger nach Ganzheit. Sie schildert einen idealisierten Trotzki, der es verstanden hat, in seinem Leben Kunst und Revolution zu vereinigen. In seiner Persönlichkeit findet eine in sich zerrissene Welt Versöhnung; sie wird zum Symbol, in dem Do-kumentation und Wunschtraum verschmelzen. Wie der Autor früher die eigenen Wünsche und Probleme bei seinen Dichtern ausgespro-chen fand, sich verstanden fühlte in einer verständnislosen Umwelt, so verkörpert «sein» Trotzki das Heil, eine sinngebende, alldeutende Weltanschauung. Rebellion gegen die Eltern, die bürgerliche Gesell-schaft, die westliche Welt mündet in Unterwerfung unter die Diszi-plin einer Ideologie, die Stillung des Verlangens nach einer Kunst und Politik gleicherweise umgreifenden Dasein verheißt. In seinem Buch *Die Idee der Staatsraison in der neueren Geschichte* schreibt Friedrich Meinecke 1924[6], trotz der Niederlage von 1918 sei das «tiefe Verlangen nach innerer Einheit und Harmonie aller Lebensge-setze und Lebensvorgänge ... im deutschen Geiste mächtig erhalten» geblieben. Vielleicht täte man gut daran, das «trotz» durch ein «weil» zu ersetzen. Denn im «Über-Ich» des «Führers» mit seinen «sinn»-gebenden Befehlen hebt sich die Absurdität der menschlichen Existenz für manchen auf ähnliche Weise auf wie in einer Ideologie, die die Kräfte zusammenfaßt und wollüstigen Gehorsam fordert. Ihr abso-luter Anspruch vermag die Spannung zwischen Kunst und Leben, Gedanke und Aktion, die sich durch eine Art Haßliebe definiert, im Glauben zu versöhnen. Es ist die gleiche Ganzheit, in der die Absur-dität keinen Platz hat, wie sie für die Schriftsteller in Vietnam, so wir Peter Weiss' *Notizen* glauben wollen, charakteristisch ist. Sie wird erkauft mit dem, was der umstrittene Ernst Troeltsch einmal treffend die den Deutschen eigentümliche Neigung zu einer «Mischung aus Mystik und Brutalität» nannte.

Das Fazit zu diesem Stück kann nur lauten, daß der Autor mit ihm an einem Tiefpunkt angelangt ist, in einem Bereich sich befindet, wo seine Arbeit nicht mehr mit künstlerischen Maßstäben gemessen werden kann. Zudem hat er sich mit dem Werk genau zwischen die Stühle gesetzt. Da es in seiner Unzulänglichkeit weder vom künstlerischen noch vom politisch-historischen Standpunkt aus zu verteidigen ist, wäre es nur als untragisches, konfliktloses Märtyrerdrama zu rechtfertigen. Das Erlebnis des erwarteten Heilsgeschehens würde dann Dichter, Schauspieler und Zuschauer vereinigen. Diese Voraussetzung ist in der «westlichen Welt» so gut wie nicht gegeben. Der dogmatisch-kultische Gehalt muß deshalb, da er keine Profanierung im ästhetischen Spektakel erfährt, ohne Echo bleiben. Fragen wird sich der Leser, so er sich über einen derart komplizierten, durch Lügen und Entstellungen verdeckten Sachverhalt wie Trotzkis Rolle in der russischen Revolution informieren will, weshalb er auf ein Theaterstück zurückgreifen soll, das diesem schon gar nicht gewachsen sein kann. Und was geschieht mit dem Stück in jener Welt, die in Analogie zur «westlichen» als die «östliche» zu bezeichnen wäre? Dort reagiert man mit Empörung und Hohn. Einige Überlegungen zu diesem Thema bringt der folgende Exkurs.

Beim Lesen des Briefwechsels
Lew Ginsburg - Peter Weiss

In dreißig Jahren wird der Tag von Christi Geburt zum zweitausendsten Male wiederkehren. Nehmen wir an, ein deutscher christlicher Schriftsteller verfasse zu diesem Anlaß ein Theaterstück. Er wolle damit, mag er versichern, einen Beitrag zum Christus-Jahr leisten. Gewiß wird ihm das niemand verübeln, auch wenn vielleicht der eine oder andere Zeitgenosse den Kopf schüttelt. Selbstverständlich geht man davon aus, daß Held des dramatischen Beitrags zum Christus-Jahr, nun freilich, Christus sei. Oder, wenn es schon gar nicht anders geht, Paulus, Johannes. Gefehlt. Unser Autor hat sich in den Kopf gesetzt, Arius, den zwielichtigen Presbyter aus Alexandria, zu seinem Helden zu machen. Der «Arianische Streit» interessiert ihn als Klärung von Gedankenpositionen. Die Tatsache, daß die Kirchenversammlungen von Nicäa und Konstantinopel den Mann verdammten, seine Lehre verwarfen, als «ketzerisch», wie man später sagen wird, abtaten, kann dem unverdrossenen Dramatiker nichts anhaben. Er steht über den Dingen. In einem Punkt hat er zweifellos recht: daß es dem Presbyter, den man 320 aller Ämter enthob, nicht ernst gewesen sei mit seinen Bemühungen um die Lehre, um das Christentum, kann wohl kaum ein vernünftiger Mensch bestreiten. Oder doch? Nach offizieller Lehre, worunter immer diejenige zu verstehen ist, die sich mit Hilfe weltlicher Macht, mit Feuer und Schwert, durchzusetzen vermochte, ist er das, was in einer anderen Glaubenslehre, ohne Gott allerdings, ein «Trotzkist» sein wird. Ein Abenteurer, Renegat, ein Judas – ein Ketzer, also ein «frevelhafter, verworfener Mensch», der sich, wenn wir die Wortgeschichte befragen, mit den «Sodomiten» in diese Bezeichnung zu teilen hat. Müssen wir es aussprechen? Er ist ein Opfer jener Verteufelung, die meist dann in Erscheinung tritt, wenn es einzig um den Himmel oder einzig um die Idee oder die Lehre geht. Noch einmal: ein Theaterstück über Arius? Warum nicht. Ihm kommt ganz gewiß in der Geschichte des Christentums ein Platz zu, vielleicht sogar ein bedeutender, worüber die Theologen befinden mögen. Aber wird die Gegenseite, die den Namen getilgt, die Lehre verworfen hat, bereit sein, den Dialog mit dem Ausgestoßenen zu erneuern? Und wird sie nicht, wie der Sowjetrusse Lew Ginsburg im Falle von Peter Weiss' *Trotzki im Exil* dann sagen, «die Wahl des Themas sei nicht zufällig», man wolle den Arius im Christus-Jahr vorsätzlich «unterschieben»? Wir können es ihm nicht einmal verdenken, denn eine Religion, oder eine Sozialreligion, im entsprechenden Fall, fordert nun einmal Allgemeingültigkeit und gründet sich auf Dogmen, deren Wahrheitsgehalt unanfechtbar ist. Zu tadeln wäre also dann nicht der, der dem Arius-Verfasser keine lauteren Motive zubilligt, sondern jener, der erwartet, daß Gäste orthodox jüdischen Glaubens auf die Frage verzichten, ob das Mahl auch koscher sei. Ein Dialog Christus–Arius ist unter diesen Voraussetzungen nicht möglich. Wer Vernunftsatz und Glaubenssatz gleichwertig behandelt, erliegt fundamentalem Irrtum. Nun, verzichten wir auf weiteres Spiel mit der Analogie und nennen wir die Dinge beim Namen.

Alles verlief so programmgerecht, daß man sich versucht fühlt, von einer Gesetzmäßigkeit zu sprechen. Natürlich, Peter Weiss interessiere sich «nicht sehr für die historische Wahrheit», ließ sich Lew Ginsburg zu *Trotzki im Exil* vernehmen, wobei *die* «Wahrheit» gemeint ist, die Jahr für Jahr durch Konzilsbeschluß geändert werden kann. Die «Verräterrolle Trotzkis» sei «längst geklärt», belehrt uns die Stimme aus der Sowjetunion, der Autor Weiss handele «der historischen Wirklichkeit, Logik, Vernunft und elementaren Politgrammatik zuwider». Getadelt wird die Verbreitung der «verleumderischen maoistischen Version von der ‹bourgeoisen Entartung› der Sowjetgesellschaft», kurz, Peter Weiss' Beitrag zum Lenin-Jahr gilt «als grobe ideologische Sabotage». Und der Angegriffene? Er sucht dem Papst umständlich wortreich zu beweisen, daß Calvin und Luther, Luther und der Papst miteinander reden müßten. Er nennt seine Arbeit den «Versuch, gerechte historische Proportionen wiederherzustellen», appelliert an die Vernunft, tritt ein für klärenden Dialog, spricht von Dogmen, die er durchbrechen wolle, um Trotzki herauszuführen aus dem Exil. Was er zugibt: daß sich darüber streiten ließe, «inwieweit ein solches Stück den gegenwärtigen sozialistischen Interessen dienlich ist». Es ist deprimierend, einen Gegner der Todesstrafe mit deren Befürwortern in einem Dialog zu erleben, der allen Ernstes darüber rechtet, ob die Verhängung eines Todesurteils durch ein sozialistisches Gericht einen humaneren Akt darstelle, als wenn das gleiche durch eine «bürgerlich-kapitalistische» Instanz geschieht. Als hätte es nie Ketzerverbrennungen, nie Schauprozesse, heimliche oder offene Morde im Namen einer Glaubenslehre oder einer Ideologie gegeben. Mit dem Schwert ins Paradies – Prinzipien, die einander

ausschließen. Wir erleben so etwas wie einen zweiten Universalien-
streit, nur daß er nicht mehr mit Waffengewalt entschieden werden
kann. Von geradezu selbstmörderischer Amnesie zeugt Peter Weiss'
Äußerung, daß «die Streitpunkte zwischen der Sowjetunion und
China doch eher zu einer Einigung führen (müssen) als die Gegensätze zwischen der Sowjetunion und den USA»[2]. Sollte der Autor
des *Trotzki* wirklich nicht wissen (wollen?), daß als größter Gegner
der (etablierten) Kirche stets der Abweichler gilt, und daß sich ein
Papst zu jeder Zeit eher mit einem Dalai Lama verständigen konnte
als mit Arius, Luther oder Calvin? Nicht die Juden, sondern die *ge-
tauften* Juden, die sogenannten Neuchristen, wurden unerbittlich
als Ketzer verfolgt. Das gleiche gilt für den rein ideologischen Bereich.
Trotzki ist und wird *per definitionem* ein Hauptfeind des ortho-
doxen Parteimarxismus bleiben. So wie dieser sich mit den Nazis
arrangiert und die Sozialdemokraten bekämpft hat, wird er mit den
Kapitalisten seinen Frieden machen, zu Lasten Maos. Näheres zu dem
Problem läßt sich nachlesen bei Leszek Kolakowski[3], einem Ketzer.
Daß Theorie und Praxis Kehrseiten ein und derselben Münze seien,
ist ein Wunschtraum. Tatsächlich stehen die beiden Seinsweisen lediglich in einem regulativen Verhältnis zueinander. Wie zur Wirklichkeit die Idee, die heuristisches Prinzip ist und in dem Augenblick
verkommt, da sie, wie der seit biblischen Zeiten geforderte «neue
Mensch», gewaltsam Wirklichkeit werden soll. In erster Linie ist
diese Welt «eine Welt von Leibern», wie es in *Marat/Sade* heißt.
Daran wird sich nichts ändern, wie nicht zuletzt das Beispiel des
Autors Peter Weiss zeigt, der die «größte gesellschaftliche Umwäl-
zung unseres Jahrhunderts» besingt, aber seine Bücher in einem kapitalistischen Verlag erscheinen läßt, bestimmt *per definitionem* von
der «Ordnung der absoluten Gemeinheit, der absoluten Habgier, des
absoluten Eigennutzes» (*Trotzki im Exil*), als sie einem Genossen-
schaftsunternehmen anzuvertrauen[4], das immerhin einen bescheide-
nen Beitrag zur Verwirklichung des Sozialismus darstellt, sich jedoch
– um beim Thema zu bleiben – in einer linken Ketzersituation befindet. Nun, haben die Deutschen nicht von jeher volltönendes spekula-
tives Postulat der kleinen, aber wirksamen Gebärde vorgezogen? Der
Begriff «Menschheit» kommt in ihrem Vokabular weitaus häufiger
vor als das schlichte, verpflichtende Wort «Mensch». Vielleicht ist es
tatsächlich nur in Deutschland möglich, daß aktienstarke linke Autoren die «engagierten Proteste» von ihrem Butler abgeben lassen.

Nachbemerkung

Dieser Versuch, die geistige und künstlerische Entwicklung des Schriftstellers Peter Weiss an Hand einer Analyse seiner Werke nachzuzeichnen, konnte ein zentrales Motiv isolieren: die Erfahrung der Hölle. Die Hölle, hatten wir eingangs mit Sartre gesagt, das seien die anderen. Sie sind die Mächtigen. Ihr «natürliches» Handeln, ihre Grausamkeit und Un-Menschlichkeit, ist Bestätigung ihrer Freiheit, die des Abhängigen, des wehrlosen Schwachen bedarf. Dessen Erfahrung von Abhängigkeit, von Unfreiheit und Ungerechtigkeit ist zugleich die Erfahrung der Grausamkeit. In dieser Situation der Abhängigkeit, der Isoliertheit, des Außenseitertums und der Unfähigkeit zur Veränderung vermag das Opfer in masochistischem Leidensgenuß als partiellem Mitvollzug des Sadismus einen Teil seiner Freiheit zurückzugewinnen. Dies entspricht Sartres eingangs erwähnten Vorstellungen. Es zeigt sich, daß hier, bedingt durch die Zeitumstände und gesellschaftlichen Verhältnisse, eine Parallelität gegeben ist zwischen Brecht und Peter Weiss' Frühwerk. Entfremdung, Einsamkeit, «unendliche Vereinzelung» bestimmen die Situation des Menschen hier wie dort. Aber während bei Brecht ein «ungeheurer Lebenswille» hinter dem grimmigen Zynismus steht, mit welchem dem Chaos begegnet wird, dominiert bei Peter Weiss die sadistische und masochistische Obsession. Statt anarchistischer Revolte Selbstgenuß, Zurücknahme der Freiheitsmöglichkeiten nach innen. Zieht man noch einen Vergleich mit Beckett, auf die Ähnlichkeit von dessen Thematik zum frühen Brecht Marianne Kesting hingewiesen hat [1], so ergeben sich drei Antworten auf die «entleerte Welt, die sich auf den Untergang vorbereitet»: Brechts Wille zu überleben, Becketts Wunsch «auszulöschen» und Peter Weiss' «Lust am Untergang». Solches konnte jedoch nur eine Phase sein, ein Durchgangsstadium. Was darauf folgt, ist die Anklage. Bei Brecht wie bei Peter Weiss liefen eine Zeitlang «Anklage und zynische Bejahung der chaotischen Zustände dicht nebeneinander» [2]. Mit dem Bekenntnis zur marxistischen Geschichtsinterpretation können die Gesellschaft und ihre Repräsentanten unter konkrete Anklage gestellt werden. Eine Perspektive zur Veränderung der *conditio humana* ist jetzt gewonnen. Doch hier schon trennen sich die Wege von Brecht und Peter Weiss. Brechts an Lessings Wahrheitsbegriff erinnerndes «Vervollständigt die vervollständigte Wahrheit ... Verändert die veränderte Menschheit»³, das die Geschichte verflüssigt, humanisiert, findet keine Entsprechung im Werk des Jüngeren. Er identifiziert sich nach *Marat/Sade* mehr und mehr mit dem statisch-sterilen Begriff einer «gültigen Wahrheit». Er gewinnt dadurch einen archimedischen Punkt, von dem aus er die Hölle aus den Angeln heben zu können glaubt. Doch zu welchem Preis!

Die Lokalisierung der Hölle im Diesseits, ihre Definition durch politisch-soziologische Kategorien macht sie überwindbar. Es wiederholt sich, was einst mit der germanischen Totenwelt geschah. Hölle bedeutete ursprünglich das «Bergende», meinte die andere, die Unterwelt. Mit dem Vordringen des Christentums wurde sie, als heidnische Erfindung, mit einer negativen Wertbestimmung versehen und zu einem Ort der Qual, des Leidens umfunktioniert. Sie wurde weltanschaulich definiert und – verteufelt.

Das Paradies, als Verneinung der Hölle, erscheint realisierbar. Zugleich findet der Autor die Möglichkeit, sie in einem säkularisierten Welttheater darzustellen. Da jedoch die Lüge und das Böse überhaupt dogmatisch eingezäunt, «zugeordnet» sind, zur «vorgeschriebenen» Spielordnung gehören und als gegeben gelten, muß das bewegte dialogische Spiel vom geschlossenen starren monologischen Bericht (als Montage) verdrängt werden. Theater hört auf, Theater zu sein, es gewinnt illustrativen, verkündenden Charakter. Nicht Brechts Aufforderung dient es, «in jeder Lage neu nachzudenken», sondern kultischem Nachvollzug. Spannung der Wahrheitssuche wurde zur Feier der Wahrheitsfindung – als dokumentarisches Weihespiel.

Den Weg des Autors Peter Weiss von den existentialistischen Anfängen zum marxistischen Welttheater zu beschreiben, war Ziel dieses Versuchs, der zur Botschaft des Irrationalismus vom Standpunkt radikaler kritischer Liberalität aus Stellung nimmt. Bequemer Vereinfachung zu widersprechen, bedeutet dabei keinesfalls, dem Vereinfachten das Wort zu reden, das Angegriffene zu rechtfertigen. Im Gegenteil. Da Peter Weiss nicht dazu neigt, die präzeptorale Gebärde zu verleugnen, schien es erlaubt, ihn auch da beim Wort zu nehmen, wo polemische Schärfe nicht zu vermeiden war. «Die Aufgabe eines Autors», schreibt Peter Weiss in «10 Arbeitspunkte eines Autors in der geteilten Welt» (M 118), sei hier: «immer wieder die Wahrheit, für die er eintritt, darzustellen, immer wieder die Wahrheit unter den Entstellungen aufzusuchen.» Niemand wird ihm das

Recht bestreiten, für «seine» Wahrheit einzutreten. Ob es indessen im 20. Jahrhundert, einer Zeit der Unmenschlichkeit, nach Erfahrungen, wie bislang keine Generation sie zu machen hatte, noch möglich ist, von «gültiger Wahrheit» zu sprechen, wie Peter Weiss es tut (M 118), ist eine andere Frage. Sollte es wirklich nötig sein, sie zu diskutieren? Bestes Alibi der Unmenschlichkeit war, wie die Geschichte lehrt, bislang noch immer die Berufung auf die «gültige Wahrheit». Zudem: verändern kann der Mensch die Welt mithilfe von Bajonett und Wissenschaft, sie neu machen nur mit der Kunst: als Spiel — Schein.

Anmerkungen

Die Werke von Peter Weiss werden nach folgenden Ausgaben und in folgenden Abkürzungen zitiert:

Abschied von den Eltern, Frankfurt/M. 1964, es 85 = A
Der Schatten des Körpers des Kutschers, Frankfurt/M. 1964, es = Sch
Fluchtpunkt, Frankfurt/M. 1966, es 125 = F
Materialien zu Peter Weiss' Marat/Sade, Frankfurt/M. 1967, es 232 = M
Dramen 1 und 2, Frankfurt/M. 1968 = D 1 bzw. D 2
Das Gespräch der drei Gehenden, Frankfurt/M. 1968, es 7 = G
Notizen zum kulturellen Leben der Demokratischen Republik Viet Nam, Frankfurt/M. 1968 = N
Rapporte, Frankfurt/M. 1968, es 276 = R
Trotzki im Exil, Frankfurt/M. 1970 = T

Vorbemerkung

1 *Die Zeit*, 10. 9. 1967.
2 Siehe oben.

Fesselung als Befreiung

1 Henning Rischbieter, *Peter Weiss*, Velber bei Hannover 1967, fragt zur Schlußszene: «Der Strick, mit dem sich Pablo selbst stranguliert? Die Schlußwendung mit dem Nabelstrang läßt den Turm plötzlich noch einmal in anderem Licht erscheinen: als Bergendes, als Mutterschoß, in dem man sicher war. Die Freiheit davon ist der Tod? ... Er [Peter Weiss] hat sich im *Turm* in Kafkas Falle gefangen» (S. 37). – Manfred Karnick, *Peter Weiss' dramatische Collagen*, in: *Dürrenmatt – Frisch – Weiss*, München 1969, meint: «Niente erdrosselt sich in seinem Befreiungsversuch ... Freiheit, Selbstverwirklichung, Heimat gibt es nur mehr um den Preis des Todes ... Eine Parabel im epigonalen Kafka-Stil also, ein autistisches Spiel ohne Welt im Theater des Innern» (S. 117).
2 Rischbieter, op. cit., S. 7: «Zu dem von Weiss vorgelegten Manuskript *Der Vogelfreie* (geschrieben 1946) sagt Suhrkamp: ‹Die Visionen bleiben Phantasien einer innerlichen Welt, ihre Realität ist nicht die Realität von anderen Menschen.›»
3 Peter Szondi, *Theorie des modernen Dramas*, Frankfurt/M. 1967, S. 100.
4 Szondi, op. cit., S. 100.
5 «Philosophische Schriften».
6 Die Figur des Zauberers erinnert, darüber hinaus, an Thomas Manns «tragisches Reiseerlebnis» *Mario und der Zauberer*. Auch Thomas Manns Zauberer verkörpert das Prinzip des bindenden Gehorsams, des Willenszwangs, gegen den sich die Empörung richtet.
7 Vgl. zu diesem «epischen Formprinzip» Szondi, op. cit., S. 66.
8 Rischbieter, op. cit., S. 7.

9 Szondi, op. cit., S. 40.
10 In Hermann Hesses Roman *Demian. Die Geschichte einer Jugend von Emil Sinclair*. Von Einfluß auf die von Peter Weiss angewandte Alter-ego-Technik könnte gewiß auch H. Hesses Kompositionsprinzip sich ergänzender Kontrastfiguren gewesen sein; hierauf deutet auch die Wahl des Namens «Pablo»: Pablo begegnet im *Steppenwolf* als Alter ego von Harry Haller.
11 Vgl. Wolfgang Paulsen, *Walter Hasenclever*, in: *Expressionismus als Literatur*, Bern 1969, S. 535.
12 Karnick, op. cit., S. 117.
13 Rischbieter, op. cit., S. 37.

Selbstanalyse und Bekenntnis

1 Peter Weiss in: *Partisan Review* 32 (1965), S. 220–232.
2 Vgl. Johannes Klein, *Georg Trakl*, in: *Expressionismus als Literatur*, op. cit., S. 374 ff.
3 Vgl. hierzu Karl Heinz Bohrer, «Die Tortur. Peter Weiss' Weg ins Engagement», in: *Die gefährliche Phantasie oder Surrealismus und Terror*, München 1970, S. 62–88. Die geistvollen Ausführungen des Autors zwängen die Problematik wohl in zu enge Perspektive, wie sich bereits im Titel des Essays andeutet.

Vermessung der Hölle

1 Vgl. Walter H. Sokel, *Die Prosa des Expressionismus*, in: *Expressionismus als Literatur*, op. cit., S. 153 ff.
2 Alfred Döblin, *Aufsätze zur Literatur*, Olten und Freiburg 1963, S. 16.
3 Döblin, op. cit., S. 16.
4 Döblin, op. cit., S. 17.
5 Döblin, op. cit., S. 22.
6 Friedrich Spielhagen, *Die epische Poesie und Goethe*, in: *Neue Beiträge zur Theorie und Technik der Epik und Dramatik*, Leipzig 1898.
7 *Neue Gleise. Gemeinsames von Arno Holz und Johannes Schlaf*, Berlin 1892, S. 211.
8 op. cit., S. 166.
9 G. E. Lessing, *Gesammelte Werke*, München 1959, Bd. II, S. 875 f.
10 Lessing, op. cit., S. 883 f.
11 *Das Groteske in Malerei und Dichtung*, Oldenburg/Oldbg. 1960.
12 Zit. nach Maurice Nadeau, *Geschichte des Surrealismus*, Reinbek bei Hamburg 1965, S. 170.
13 Zit. nach Nadeau, op. cit., S. 168.

Im Seelenlabyrinth

1 Karnick, op. cit., weist hin auf «die vielen Ufer- und Wasserlandschaften in *Gespräch*», S. 156. Dazu Peter Weiss: «Das Meer ist das Element des

Traums, des Schlafs, der Geburt» (R 16). Das gilt für das Wasser überhaupt.

2 Breton, zit. nach Nadeau, op. cit., S. 63.
3 Breton, zit. nach Nadeau, op. cit., S. 63.
4 Vgl. auch Karnick, op. cit.: «... die absurden Geschicke des Brautpaars und der durchgehende Beerdigungswagen aus einer ‹Moritat von Durand› und aus René Clairs ‹Entr'acte› erscheinen, verändert und verschmolzen, im *Gespräch* ...» (S. 126).

Gesellschaftsdiagnose als surrealgroteske Moritat

1 Paul Pörtner, *Literatur-Revolution 1910–25. Dokumente. Manifeste. Programme*, Bd. I. *Zur Aesthetik und Poetik*, Darmstadt, Neuwied, Berlin-Spandau 1960, S. 380.
2 Pörtner, op. cit., S. 391 f.
3 Vgl. auch Rischbieter, op. cit.: «Elias Canetti schreibt 1932 das Drama ‹Hochzeit› – es wirkt, setzt man es zu Weissens Werk in Beziehung, wie die lang angehaltene, insistierende Variante der ersten Szene der *Versicherung* ...» (S. 28).
4 Der Name «Grudek» erinnert, wie schon angemerkt wurde, an Trakls Gedicht ‹Grodek› und das Höllen-Erlebnis.
5 Erwin Piscator, *Das politische Theater*, Reinbek bei Hamburg 1963, S. 133.
6 Vgl. hierzu Peter Weiss' Anmerkung D 1, 260.

Hiobs clownesker Rückzug aus der Sinnfrage

1 Vgl. hierzu auch Kleists Gedanken «Über das Marionettentheater».
2 Karnick, op. cit., weist darauf hin, daß die «Spazierstock-Pantomime» (D 1, 121) «unverändert von Charly Chaplin übernommen» sei, und sieht Anklänge an Aragon («Rolle des Schranks», D 1, 125–128) sowie an Blaise Cendrars («Entsprechung zum lieben Gott des *Mockinpott*», D 1, 149 f.) 122 bzw. 155.

Freud gegen Marx

1 Vorzügliches leistet die Analyse von Luc Lamberechts, «Peter Weiss' Marat-Drama. Eine strukturelle Betrachtung», in: *Studia Germanica Gandensia*, X, 1968, S. 133–151.
2 Vgl. hierzu auch M 146.
3 Sade wurde am 5. März 1801 wegen eines gegen Napoleon Bonaparte und Joséphine de Beauharnais gerichteten Pamphlets, d. h. aus politischen und moralischen Gründen, in Charenton eingesperrt.
4 Lamberechts, op. cit., hat hierfür folgendes Schema aufgestellt: I. Akt → II. Akt: 26 → 27; 12, 15, 18, 23 und 24 → 28; 17, 22 → 29; 9, 25 → 30 (S. 141).

5 Vgl. zur Figur der Corday die Ausführungen zum «Theater der Grausamkeit». Die Verbindung von Mord und Coitus findet sich auch bei
  Genet *(Les Nègres)* und Ionesco *(La Leçon).*
6 Zu den verschiedenen Fassungen des Epilogs vgl. M 56 f.
7 Lamberechts, op. cit., gibt folgendes Schema:
  Kontrapunktische Szenen: 9   16 | 17   21 | 22   25 |
  Gespräche Marat/Sade: 12, 15 | 18 | 23, 34 |
8 Martin Esslin, *The theatre of the absurd,* New York 1961, S. 293.
9 Nadeau, op. cit., S. 41.
10 André Breton, *Die Manifeste des Surrealismus,* Reinbek bei Hamburg
   1968, S. 98.
11 Breton, op. cit., S. 58.
12 Breton, op. cit., S. 118.
13 Nadeau, op. cit., S. 200.
14 Nadeau, op. cit., S. 125.
15 Nadeau, op. cit., S. 20.
16 Nadeau, op. cit., S. 66.
17 Nadeau, op. cit., S. 212.
18 Nadeau, op. cit., S. 81.
19 Nadeau, op. cit., S. 100.
20 Pierre Naville, zit. nach Nadeau, op. cit., S. 107.
21 Naville, zit. nach Nadeau, op. cit., S. 110.
22 Breton, op. cit., S. 56.
23 Nadeau, op. cit., S. 85.
24 Nadeau, op. cit., S. 82.
24a Vgl. Nadeau, op. cit., S. 123
25 Nadeau, op. cit., S. 191.
26 Breton, op. cit., S. 77.
27 Breton, op. cit., S. 99.
28 Vgl. Szondi, op. cit., S. 50.
29 Lamberechts, op. cit., weist darauf hin, daß Weiss die Verneinung des
   Dialogs «durch die Anwendung eines sich in Monologe auflösenden
   Zwiegesprächs» erreiche. «Denn alle Personen der ‹Ermordung Marats›
   stehen im Banne der Vereinzelung, ihre Monologe haben gerade die
   Bedeutung eines hoffnungslosen Versuchs, eine neue Kontaktgewinnung
   zu bewirken. Es findet aber keine Dialektik zwischen Wort und Gestalt
   statt: die Worte bilden zwar die Personen, das Wort wird also Gestalt,
   doch die Gestalt vermag es nicht, Wort zu werden» (S. 149).
30 Vgl. Karnick, op. cit.: «Daß das Collage-Prinzip der künstlerischen Eigenart von Peter Weiss in all ihren Ausdrucksbereichen entspricht,
   steht ... außer Zweifel» (S. 130). – Vgl. dazu auch M 148.
31 Vgl. Piscator, op. cit., S. 62.
32 Antonin Artaud, *Das Theater und sein Double,* Frankfurt 1969, S. 91.
33 Artaud, op. cit., S. 201.
34 Artaud, op. cit., S. 41.
35 Artaud, op. cit., S. 91.

Appendix I: Orientierungs- und Korrespondenzgestalten

1 Günter Blöcker, *Die neuen Wirklichkeiten. Linien und Profile der modernen Literatur* (Taschenbuchausgabe), München 1968, S. 249.
2 Vgl. Wilhelm Emrich, *Franz Kafka,* in: *Deutsche Literatur im 20. Jahrhundert,* hrsg. von Otto Mann und Wolfgang Rothe, Bd. 2 *Gestalten,* Bern–München 1967, S. 184.
3 Vgl. Anm. 10 *(Fesselung)* zu H. Hesses Kompositionsprinzip sich ergänzender Kontrastfiguren.
4 Vgl. Anm. 1 *(Selbstanalyse).*
5 *Ein Henry Miller Lesebuch,* hrsg. von Lawrence Durrell, Reinbek bei Hamburg 1961, S. 8.
6 *Miller Lesebuch,* op. cit., S. 145.
7 *Miller Lesebuch,* op. cit., S. 313.
8 *Miller Lesebuch,* op. cit., S. 315.
9 *Miller Lesebuch,* op. cit., S. 65.
10 Nadeau, op. cit., S. 62.
11 Breton, op. cit., S. 27.
12 Nadeau, op. cit., S. 47 f.
13 Lautréamont, *Das Gesamtwerk,* Reinbek bei Hamburg 1963, S. 10.
14 Artaud, op. cit., S. 88.
15 Vgl. Marquis de Sade, *La nouvelle Justine ou Les malheurs de la vertu.*
16 Artaud, op. cit., S. 11.
17 Artaud, op. cit., S. 131.
18 Artaud, op. cit., S. 98.
19 Artaud, op. cit., S. 98.
20 Artaud, op. cit., S. 110 f.
21 Artaud, op. cit., S. 111 f.
22 Artaud, op. cit., S. 107.

Über die Möglichkeit der Demonstration von «objektiver Absurdität»

1 Breton, op. cit., S. 108.
2 Szondi, op. cit., S. 109.
3 Piscator, op. cit., S. 133.
4 Piscator, op. cit., S. 65.
5 Piscator, op. cit., S. 133.
6 Piscator, op. cit., S. 150 f.
7 Band IV, S. 146.
8 Käte Hamburger, *Die Logik in der Dichtung,* Stuttgart 1968², S. 269 ff.

Bewußtmachung des Inferno als Bedingung des Paradiso

1 *Auschwitz, Bericht über die Strafsache gegen Mulka und andere vor dem Schwurgericht Frankfurt,* Bonn 1965.

2 Vgl. *Dichten und Trachten* 25, Suhrkamp Verlag 1965.

3 1963 hatte Peter Weiss geäußert: «Als Ausdrucksmittel taugt fast alles, wenn der Stückeschreiber damit seine Ansichten manifestieren kann: vom schizophrenen Welttheater bis zum Bänkellied» (zit. nach Rischbieter, op. cit., S. 10). Zwei Jahre später, 1965, sagte Peter Weiss im Gespräch: «Und ich glaube, es gibt heute auch wieder die Möglichkeit, ein Welttheater zu machen im Sinne des umfassenden Blicks, indem man versucht, diese großen Bestrebungen auf die Bühne zu bringen, die heute aktuell sind, diese heutige Auseinandersetzung aufzugreifen und sich darin zurechtzufinden» (M 110). Mit der Konversion fand der Autor einen eschatologischen Bezugspunkt.

An der Pforte zum Paradies

1 Vgl. hierzu die Kontroverse zwischen H. M. Enzensberger und P. Weiss in: *Kursbuch* 2/65 und 6/66: Peter Weiss vertritt in seinem Beitrag den Standpunkt: «Die konkrete Trennungslinie zieht sich zwischen den verschiedenartigen Auffassungen von der gesellschaftlichen Ordnung hin, und hier müssen die Streitpunkte zwischen der Sowjetunion und China doch eher zu einer Einigung führen als die Gegensätze zwischen der Sowjetunion und den USA.»

2 Vor allem in Kapitel 3 des Bandes *The Angolan Revolution. Vol. 1. The Anatomy of an Explosion* (1950–1962) von John Marcum, Cambridge (USA) und London 1969, oder in *Angola: A Symposium. Views of a Revolt*, London 1962, um nur einige (objektive) Werke zu nennen.

3 Bertolt Brecht, *Gesammelte Werke*, Frankfurt/M. 1967. Bd. 8, S. 222.

Deklamationen über Inkommensurables

1 Wir kürzen diese Ausgabe im folgenden «Di» ab.

2 T. W. Adorno, *Minima Moralia. Reflexionen aus dem beschädigten Leben*, Frankfurt/M. 1964, S. 187.

3 Bernd Jürgen Warneken, «Kritik am ‹Viet Nam Diskurs›», in: *Über Peter Weiss*, Frankfurt/M. 1970, S. 112 ff.

4 op. cit., S. 120.

Das Idealbild: eine heile Welt

1 Adorno, op. cit., S. 190 f.

2 Brecht, op. cit., Bd. 8, S. 222.

3 Wolfgang Koeppen, *Tauben im Gras,* Stuttgart 1951, S. 7.

4 Piscator, op. cit., S. 76.

5 Piscator, op. cit., S. 71.

6 Piscator, op. cit., S. 76.

Revolution als Glaubensbekenntnis

1 Nadeau, op. cit., S. 101.
2 Zit. nach Nadeau, op. cit., S. 179 f.
3 Nadeau, op. cit., S. 196.
4 Nadeau, op. cit., S. 197.
5 Die Schlußsätze wirken, heute gelesen, wie barer Hohn! Vom kommunistischen Menschen der Zukunft heißt es dort, daß er in seiner durchschnittlichen Erscheinungsform sich «zu den Höhen eines Aristoteles, Goethe oder Marx erheben» werde. «Und über dieser Bergkette», lautet der letzte Satz, «werden sich neue Gipfel erheben.»
6 *Die Idee der Staatsraison in der neueren Geschichte*, S. 490.

Appendix II: Beim Lesen des Briefwechsels Lew Ginsburg – Peter Weiss

1 Abgedruckt in: *Über Peter Weiss*, op. cit., S. 136 ff.
2 In: *Kursbuch* 6; vgl. auch Anm. 1 *(An der Pforte).*
3 *Der Mensch ohne Alternative*, München 1962.
4 (anonym) «Verlag der Autoren — Gebrochenes Bein», in: *Der Spiegel* 1969, Nr. 8, S. 138.

Nachbemerkung

1 In: *Bertolt Brecht in Selbstzeugnissen und Bilddokumenten*, Hamburg 1959 (rowohlts monographien Bd. 37).
2 Kesting, op. cit., S. 31.
3 Bertolt Brecht, op. cit., Bd. 1, S. 611 f.

Im übrigen sei auf die Bibliographie verwiesen, die dem Band *Über Peter Weiss*, e s 408, beigegeben ist, in ihren Angaben aber leider nicht völlig zuverlässig erscheint.

Wichtige Daten zu Leben und Werk

1916	8. Nov. in Nowawes bei Berlin geboren
1918	bis 1929 Bremen
1929	bis 1934 Berlin
1934	Emigration mit den Eltern nach London
1935	Erste Ausstellung von Bildern in London
1936	bis 1938 Studium an der Kunstakademie in Prag
1937	Sommer, und
1938	Juni bis Dezember, Aufenthalt in Montagnola, Tessin; Begegnung mit Hermann Hesse
1939	Übersiedlung mit den Eltern nach Schweden
1940	Erste Ausstellung von Bildern in Stockholm
1946	Erstes Buch in schwedischer Sprache: *Från ö till ö (Von Insel zu Insel)*, Prosagedichte
1947	Erste Deutschlandreise nach dem Krieg; Begegnung mit dem Verleger Peter Suhrkamp *De besegrade (Die Besiegten)*, Prosagedichte
1948	*Der Turm*, das erste Stück (Hörspiel) entsteht, 1949 in Stockholm aufgeführt
1952	Drama *Die Versicherung*, uraufgeführt 1966 *Der Schatten des Körpers des Kutschers*, 1960 gedruckt Experimental- und Dokumentarfilme
1960/61	*Abschied von den Eltern*, Buchausgabe 1961
1960/61	*Fluchtpunkt*, Buchausgabe 1962
1962	*Gespräch der drei Gehenden*, Buchausgabe 1963; Beginn der Arbeit an *Marat/Sade*
1962/63	*Nacht mit Gästen*, 1963 uraufgeführt
1963	Erste und zweite Fassung von *Marat/Sade* vollendet; Auszeichnung mit dem Charles-Veillon-Preis für *Fluchtpunkt*; *Mockinpott* begonnen, 1968 vollendet und uraufgeführt
1964	29. April Uraufführung von *Marat/Sade* in Berlin (Schiller-Theater) Frühsommer: Zuhörer beim Auschwitz-Prozeß in Frankfurt/M.
1964	*Die Ermittlung*, 1965 uraufgeführt
1965	Auszeichnung mit dem Lessing-Preis der Stadt Hamburg

und dem Literaturpreis der Schwedischen Arbeiterbildungs-
bewegung
1966   Heinrich-Mann-Preis der Deutschen Akademie der Künste;
Gesang vom Lusitanischen Popanz, 1967 uraufgeführt
1966/68 *Viet Nam Diskurs,* 1968 uraufgeführt
1967   Reise nach Cuba
1968   Reise nach Nordvietnam
Viet Nam Notizen erscheinen
«Das Material und die Modelle. Notizen zum dokumentarischen Theater» veröffentlicht
1968/69 *Trotzki im Exil,* 1970 uraufgeführt und veröffentlicht
1971   *Rapport 2*

Inhalt